2016-2017年中国工业和信息化发展系列蓝皮书

The Blue Book on the Development of Big Data Industry in China (2016-2017)

2016-2017年
中国大数据产业发展
蓝皮书

中国电子信息产业发展研究院　编著

主　编／樊会文

副主编／潘　文　韩　健

人 民 出 版 社

责任编辑：邵永忠　刘志江
封面设计：黄桂月
责任校对：吕　飞

图书在版编目（CIP）数据

2016－2017年中国大数据产业发展蓝皮书／樊会文 主编；
中国电子信息产业发展研究院 编著．—北京：人民出版社，2017.8
ISBN 978－7－01－018019－9

Ⅰ.①2…　Ⅱ.①樊…　②中…　Ⅲ.①数据处理—信息产业—产业发展—白皮书—中国—2016－2017　Ⅳ.①F492

中国版本图书馆CIP数据核字（2017）第190610号

2016－2017年中国大数据产业发展蓝皮书

2016－2017 NIAN ZHONGGUO DASHUJU CHANYE FAZHAN LANPISHU

中国电子信息产业发展研究院 编著

樊会文 主编

人民出版社出版发行

（100706　北京市东城区隆福寺街99号）

三河市钰丰印装有限公司印刷　新华书店经销

2017年8月第1版　2017年8月第1次印刷

开本：710毫米×1000毫米 1/16　印张：20.5

字数：330千字

ISBN 978－7－01－018019－9　定价：100.00元

邮购地址　100706　北京市东城区隆福寺街99号

人民东方图书销售中心　电话（010）65250042　65289539

前　言

一

数据是国家基础性战略资源，是21世纪的“钻石矿”。大数据是以容量大、类型多、存取速度快、应用价值高为主要特征的数据集合，正快速发展为对数量巨大、来源分散、格式多样的数据进行采集、存储和关联分析，从中发现新知识、创造新价值、提升新能力的新一代信息技术和服务业态。随着大数据的快速发展和融合创新，大数据正成为全球范围内加速企业技术创新、推动传统产业转型升级和生产方式变革、促进政府职能转变、引领社会管理变革的利器。大数据有望成为继互联网之后信息技术产业领域的又一重大创新，为全球经济社会发展带来新思路、新手段。对于国家而言，大数据已成为衡量国家综合国力的重要标准之一；对于企业而言，大数据已经抢占新一轮竞争制高点的关键。

从全球范围看，大数据成为完善政府治理、提升社会服务能力、推动经济社会发展的新手段。美、澳、英、法等国纷纷制定大数据战略规划，将大数据应用上升为国家战略，力图抢占大数据领域的国际竞争优势。美国总统科技顾问委员会牵头编制《联邦大数据研究与开发计划》，扩大政府对该重要领域的投资；欧盟推出了“数据驱动的经济”战略，倡导欧洲各国抢抓大数据发展机遇。澳大利亚政府发布《澳大利亚公共服务信息与通信技术战略》，强调应增强政府机构的数据分析能力从而促进更好的服务传递和更科学的政策制定；英国发布《把握数据带来的机遇：英国数据能力战略》，旨在确保英国在数据挖掘和价值萃取中的世界领先地位；法国政府发布了《数字化路线图》，大数据成为重点支持领域，后续的《法国政府大数据五项支持计划》，更是把大数据发展提至前所未有的高度。

从国内看，党中央、国务院对大数据产业发展给予高度重视和大力支持。习近平总书记在实施网络强国战略的讲话中，特别指出建设全国一体化的国家大数据中心，推进技术融合、业务融合、数据融合。党的十八届五中全会提出“实施国家大数据战略”，全面推进大数据发展。国务院印发《促进大数据发展行动纲要》，从国家大数据发展战略全局的高度，提出了我国大数据发展的顶层设计，加快了建设数据强国步伐。在此基础上，《大数据产业“十三五”发展规划》进一步提出支持大数据技术和产业创新发展，提升大数据产业支撑能力，培育新业态、新模式。

在系列政策的助推下，我国大数据产业从无到有，市场规模持续扩大，行业应用得到快速推广。2016 年我国包括大数据核心软硬件产品和大数据服务在内的市场规模达到 3100 亿元。具体来看，区域发展层面，我国通过批建贵州、京津冀、珠江三角洲、上海、河南、重庆、沈阳、内蒙古等 8 个大数据综合试验区，对大数据的区域发展进行整体规划布局，推动产业集聚区形成地方特色。技术创新层面，我国大数据骨干企业在技术创新和服务研发方面取得重要进展和突破，互联网龙头企业服务器单集群规模急剧扩大。企业发展层面，我国已经初步形成了由互联网企业（以百度、阿里巴巴、腾讯为代表）、传统 IT 厂商（以华为、联想、浪潮、曙光、用友等为代表）、大数据企业（以人大金仓、亿赞普、拓尔思、数据堂等为代表）共同组成的市场供给关系。产业体系层面，跨区域经营互联大数据中心（IDC）业务的企业达到 295 家，主要云计算平台的数据处理规模已跻身世界前列。支撑能力方面，大数据技术、交易、开放共享、工业大数据等国家标准的研制工作有序进行，数据安全保障体系和法律法规不断完善。

二

当前，我国经济发展迈入新常态，各行业均进入创新转型、优化升级的发展轨道。我国大数据产业既面临着宏观经济下行压力增大和结构调整的挑战，又面临着与云计算、物联网等新兴技术领域加速融合、国家政策重点推动、各领域业务强劲增长等巨大机遇。总体而言，在未来一段时期内，我国大数据产业发展将主要面临以下形势。

第一，新政策的落地将优化产业发展环境。2016 年，国家发改委、工信部、科技部等部委围绕大数据产业发展规划、产业扶持、应用推广等内容出台了一系列政策，将为大数据产业持续健康有序发展奠定良好基础。2017 年初，工信部、国家发改委连续出台《大数据产业“十三五”发展规划》《信息产业发展指南》《软件和信息技术服务业“十三五”发展规划》等产业发展的重大利好政策，将从更广的范围、更深的层次激发产业发展活力。特别是《大数据产业“十三五”发展规划》的落地，将从区域布局、技术研发、产业体系、支撑能力等各方面推动新型业态的不断演进发展，为大数据的行业应用带来新的空间。

第二，大数据产业引领的新一轮科技革命和产业变革持续发酵。大数据快速发展并与物联网、云计算、移动互联网等新一代信息技术加速融合创新，促进物联网、云计算、人工智能等新技术深刻地融入数据分析体系，重塑信息技术的技术架构、开发模式、产品形态和商业模式，推动产业进入创新变革的关键时期。同时，以大数据为代表的新一代信息技术广泛渗透，推动金融、能源、通信等传统行业领域业务流程、业务系统的重塑和生产模式、组织形式的变革，加快向数字化、网络化、智能化转型升级，引发经济社会重大变革。

第三，数据实时分析处理需求激增进一步激发大数据产业发展内生动力。当前，数据资源已然成为国家重要的战略资源和核心创新要素。据统计，全球所掌握的数据，每 18 个月就会翻倍。到 2020 年，全球的数据量将达到 40ZB，其中我国所掌握的数据将占 20%。面对爆发式增长的海量数据和对数据的实时分析处理需求，传统架构的信息系统已难以应对，一方面，软件升级换代成为迫切需求，另一方面，大数据采集整合、数据存储运算、数据分析挖掘、数据应用和消费服务等将迎来广阔的市场空间。内存计算、一体化数据存储处理服务器硬件产品成为新的增长点。

第四，产业发展面临一些新挑战、新问题。从全球范围看，数据驱动仍将是今后的主基调，围绕大数据的技术路线主导权、价值链分工、数据安全、数据主权的竞争将不断升级。未来很长一段时间内，发达国家都将强化大数据领域布局以稳固其领先优势，我国存在与其差距拉大的风险。同时，我国大数据产业还存在一些发展中不可回避的问题，包括：数据资源开放共享程度低，数据价值难以被有效挖掘；技术创新与支撑能力不强，对开源技术和相关生态系统影响弱；数据所有权、隐私权等相关法律法规和信息安全、开放共享等标准规范不健全，尚未建起兼顾安全与发展的数据开放、管理和信息安全保障体系。

三

“十三五”时期是我国大数据产业崛起的重要窗口期，必须抓住机遇加快发展，实现从数据大国向数据强国转变。为此，我们应当紧密结合国内外大数据产业面临的形势，深入把握产业发展规律，着力做好和推进以下几项工作。

第一，做好国家相关政策的贯彻落实。贯彻落实好《促进大数据发展行动纲要》的任务安排，具体包括：一是以技术研发、产品体系、服务支撑为三大着力点，推动关键技术产品的研发和产业化。二是大力推动工业和信息通信业大数据应用的不断深化，支持大数据与公共服务、社会治理、金融、能源、交通和农业等各领域的创新融合应用发展。三是繁荣大数据产业生态，优化大数据产业的区域布局，合理规划大数据的基础设施建设，促进大数据领域创业创新。四是完善大数据产业发展的支撑体系，包括支持数据交易流通的平台探索、培育大数据开源社区项目、加快大数据标准体系建设、建立大数据统计及评估体系、完善大数据安全保障体系等。

第二，加快构建适应发展要求的大数据产业体系。按照《大数据产业“十三五”规划》的具体工作要求，做好以下几项重点工作：一是进一步加大支持力度，利用项目资金支持关键技术产品的研发和产业化，形成一批自主创新、技术先进、满足重大应用需求的产品和解决方案。二是大力推动工业大数据的应用和发展，促进大数据与工业融合创新，支持工业大数据技术产品的应用示范，支撑“中国制造 2025”“互联网 +”等战略。三是加强制造企业与信息服务企业的合作，推进大数据在研发、设计、生产、制造、售后服务等全生命周期的应用，形成一批工业大数据优秀的解决方案，推动工业大数据与工业云、工业互联网、CPS 等协调发展。四是支持地方开展大数据产业集聚区建设，鼓励并支持地方结合自身的基础和优势，发展大数据产业，推动大数据产业的集聚发展。五是推动大数据标准体系建设，加快数据质量、数据安全、数据开放共享和交易等标准的研制工作，结合大数据综合实验区和产业集聚区，选择一批关键急需的标准在综合实验区开展应用试点，并积极参与国际标准的制定工作，推进标准的国际化，提高我国大数据标准制定的国际话语权。

四

基于对上述问题的深入思考，赛迪智库软件产业研究所研究编撰了《2016—2017 年中国大数据产业发展蓝皮书》。本书在总结中国大数据产业整体发展情况基础上，从产业运行、行业发展、企业情况、重点区域、特色园区、热点分析、政策环境等多个维度对中国大数据产业发展进行剖析，并对 2017 年中国软件产业发展趋势进行展望。全书分为综合篇、行业篇、应用篇、区域篇、企业篇、政策篇、热点篇和展望篇共 8 个部分。

综合篇，从大数据产业链条及各环节成长性分析展开，在对 2016 年全球大数据产业发展状况进行研究的基础上，对我国大数据产业的发展现状进行了阐述，分析了产业发展的主要问题，并提出相应的对策建议。

行业篇，选取大数据软件、大数据硬件、大数据服务、大数据安全等 4 个行业进行专题分析，对各行业领域 2016 年整体发展情况进行回顾，并从发展概况和发展特点进行总结。

应用篇，选取政务大数据、工业大数据、金融大数据、能源大数据、农业大数据、健康大数据、电商大数据、社交大数据、电信大数据、交通大数据等 10 个方面，从应用需求、发展特点和应用案例三个方面梳理 2016 年大数据的应用发展情况。

区域篇，对贵州省、京津冀地区、珠三角地区、上海市、重庆市、河南省、沈阳市、内蒙古自治区等 8 个国家大数据综合试验区进行专题研究，分析各区域产业整体发展情况、发展特色。

企业篇，选取了大数据软件、大数据硬件、大数据服务、大数据安全等 4 个行业领域的代表性骨干企业，分析其发展情况和发展策略。

政策篇，对 2016 年中国大数据产业政策环境进行了分析，从政策背景、主要内容、政策影响三个方面对《工业和信息化部关于大数据产业发展规划（2016—2020年）》《国务院关于印发政务信息资源共享管理暂行办法的通知》等重点政策进行了解析。

热点篇，总结论述了2016年大数据产业的热点事件，选取了两批次八个国家大数据综合试验区获批建设和阿里云飞天平台入选世界互联网领先科技成果等热点问题，分别进行了事件回顾和事件评析。

展望篇，在对主要研究机构预测性观点进行综述基础上，展望2017年我国大数据产业整体发展趋势、重点行业发展趋势以及重点区域发展趋势。

赛迪智库软件产业研究所注重研究国内外大数据产业的发展动态和趋势，尽量发挥好对政府机关的支撑作用，对区域经济、大数据综合试验区（集聚区）、大数据企业及联盟协会的服务功能。希望通过我们不断的研究工作，对推动大数据产业按照“建设数据强国”的总要求不断发展起到促进作用。

工业和信息化部信息化和软件服务业司司长

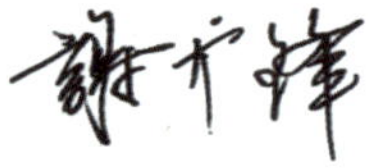

目　　录

应 用 篇

区 域 篇

企 业 篇

政 策 篇

热 点 篇

展 望 篇

综 合 篇

第一章　大数据产业链条及特点

大数据运行生命周期包括数据的生产、采集、存储、处理、挖掘和应用。大数据核心产业是指基于大数据生命周期的软件、硬件和服务等，具体可分为大数据硬件、大数据软件、大数据服务和面向行业特点的大数据解决方案。从创新活力和市场需求来看，未来五年，行业大数据应用和互联网大数据应用将是成长潜力突出的领域。

一、大数据产业链分析

（一）大数据运行生命周期

大数据运行生命周期涵盖从数据的产生、采集、存储、处理，到分析挖掘，直至最终的展示与应用。

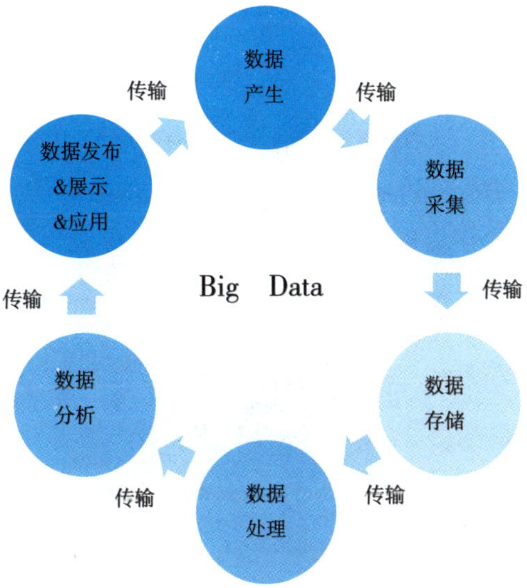

图 1－1　大数据运行处理的生命周期

资料来源：赛迪智库，2017 年 4 月。

（1）数据的产生和采集是大数据的源头，是海量数据的来源。

（2）数据的存储和处理是对数据资源的管理，通过对已收集的数据进行有效的组织，为数据的分析和应用创造基础。

（3）数据分析通过对大数据的智能分析，将数据中蕴藏的信息、知识和智慧提炼出来。

（4）数据发布、展示环节将数据分析的结果利用各种直观的形式展现给用户，使得用户能够更清晰、方便、深入地理解数据分析结果并加以使用。

（5）数据应用将数据分析过程得到的知识规律应用于各个不同的领域，以求最大化地发挥数据分析成果和作用。

（二）大数据产业的三种范畴

大数据涉及经济领域的方方面面，在各行各业、各个领域中都有大数据的应用，因此大数据产业的范围界定并不清晰，其涵盖范围很广，我们给出大数据产业的狭义范围、扩展范围和广义范围。

大数据产业的狭义范围：大数据核心产业。指专门应用于大数据运行处理生命周期的软件、硬件、服务等，包括大数据硬件、大数据软件、大数据服务和行业大数据。其中行业大数据指的是面向行业特点的大数据解决方案和大数据服务。

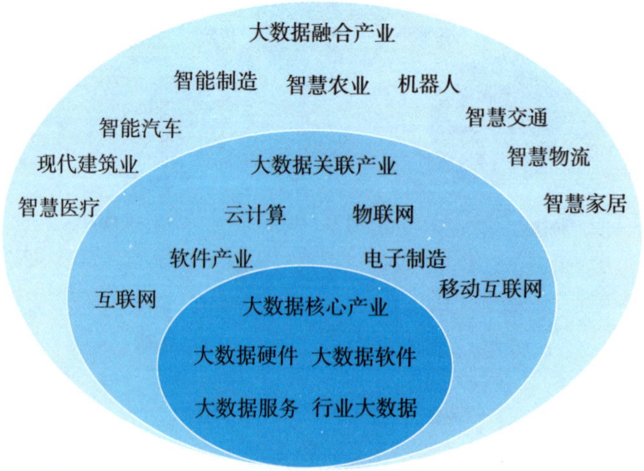

图1-2　大数据产业的狭义、扩展和广义范围

资料来源：赛迪智库，2017年4月。

大数据产业的扩展范围：大数据关联产业。指在大数据运行处理的过程中，为其提供基础设施、处理工具、相关技术等的产业，包括云计算、物联网、移动互联网、互联网、软件产业等。

大数据产业的广义范围：大数据融合产业。指大数据与其他行业领域融合产生的新兴业态、升级业态，包括智能制造、智慧农业、现代建筑业、机器人、智慧交通、智慧医疗等。

一般，我们所说的大数据产业特指大数据核心产业。

（三）大数据核心产业链环节

大数据核心产业环节如图 1－3 所示。

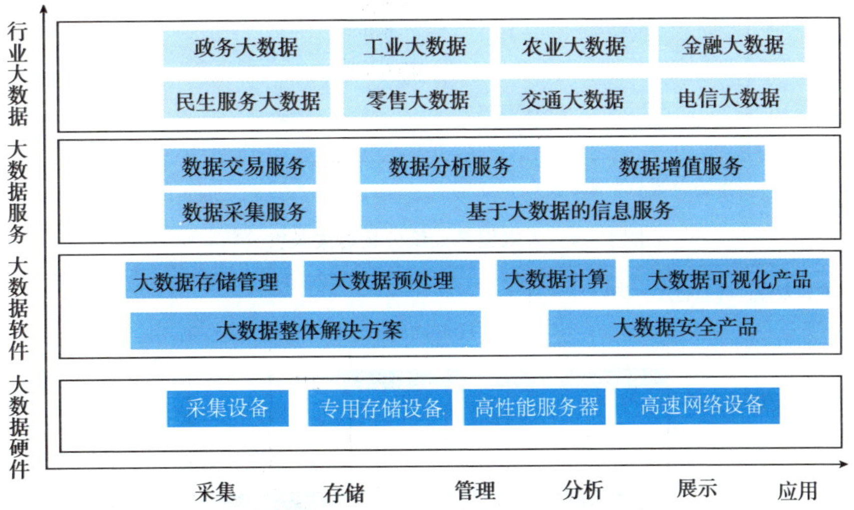

图 1－3　大数据产业链条

资料来源：赛迪智库，2017 年 4 月。

二、大数据产业环节成长性前景分析

大数据产业细分领域的成长潜力可以从内部因素创新活力和外部因素市场需求这两个维度来衡量。从市场需求看，传统行业对大数据能够带来的效率提升、决策支持等需求最为迫切，互联网应用天生具备大数据基因，大数据通用解决方案也将是企业级用户的必选方案，数据资源则将成为快速崛起的新领域。从创新活力看，互联网大数据的服务模式创新和商业模式创新最为活跃，大数据分析产品和行业大数据应用则将迎来大范围的技术创新。综合来看，未来五年，行业大数据应用和互联网大数据应用将成为成长潜力突出的领域。而这两个领域中最具有发展前景和商业前景的则是平台型大数据企业。

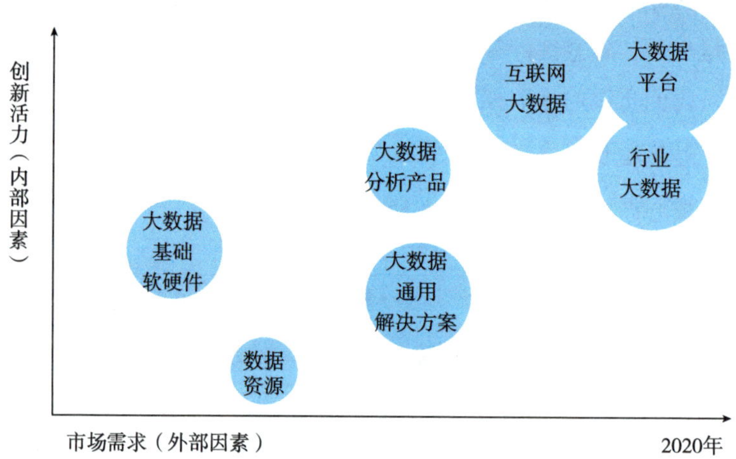

图1-4　大数据产业细分领域成长性分析

资料来源：赛迪智库，2017年4月。

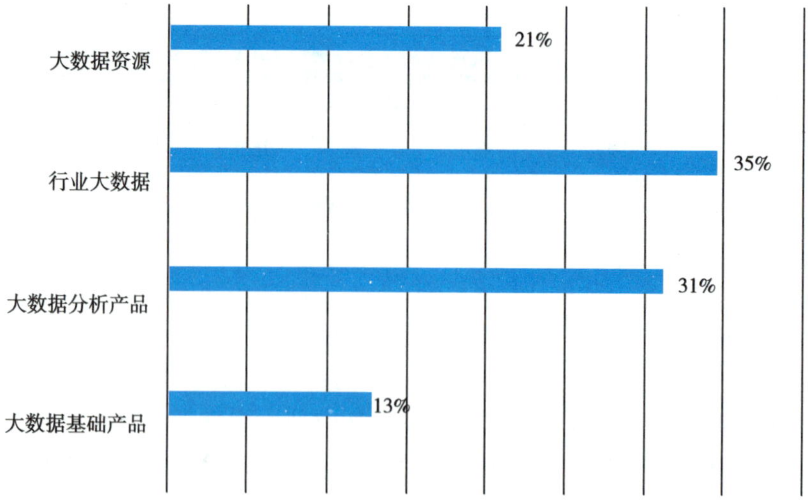

图1-5　大数据细分领域发展前景调研分析

资料来源：赛迪智库，2017年4月。

对国内 500 家大数据企业的调研结果显示，行业大数据是大数据产业最具发展前景的领域。

从行业应用领域来看，媒体社交娱乐、政务、工业、金融将是近期市场空间最大的大数据应用领域。

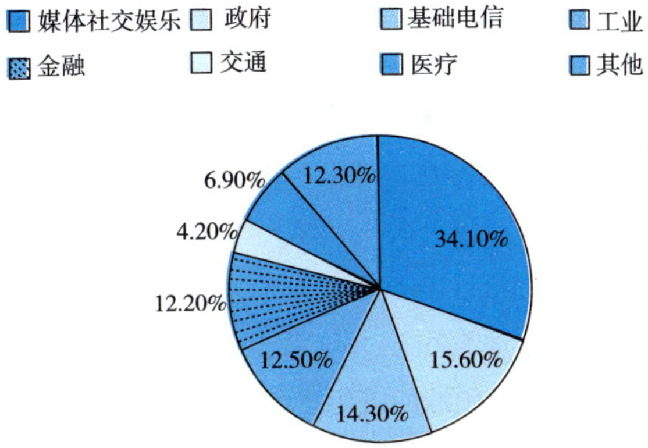

图 1－6　行业大数据市场前景分析

资料来源：赛迪智库，2017 年 4 月。

第二章　2016 年全球大数据产业发展状况

2016 年，全球大数据市场规模实现 16.5% 的增长，连续三年保持 15% 左右的平稳增长速度。各国政府在构建数据驱动战略体系、数据安全保护、行业领域应用等方面积极推动和实践，引导大数据产业健康蓬勃发展。亚马逊、IBM、甲骨文等 IT 巨头纷纷推出大数据技术、产品和服务，整合大数据产业相关资源，大数据初创企业也积极参与市场布局，竞争力保持强盛态势。大数据在教育、交通、能源等领域的应用逐步深入，大数据商业模式日益成熟。大数据基础设施、法律法规、政策体系和数据标准等产业生态环境逐步完善，各国不断提升国家对数据资源的掌控能力和竞争力。

一、产业规模进入平稳增长阶段

随着大数据在各个领域应用全面展开，全球大数据产业规模增长动力强劲。Gartner 2016 年技术成熟度曲线显示，大数据作为新兴领域，已经进入应用发展阶段，基础设施建设带来的规模性高速增长出现逐步放缓的趋势，技术

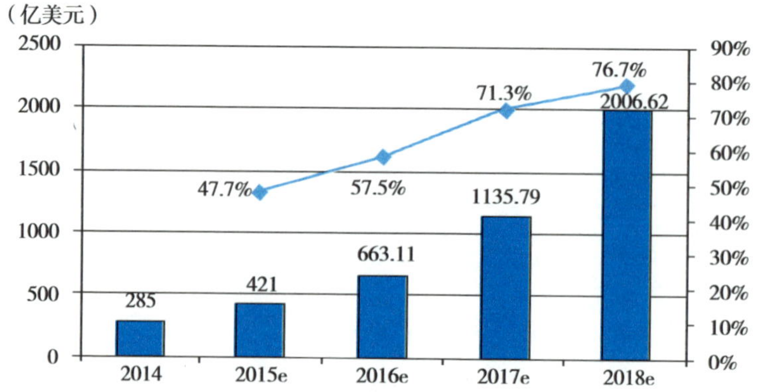

图 2-1　2014—2018 年全球大数据市场规模

资料来源：《2015 年中国大数据交易白皮书》，2015 年 12 月。

创新和商业模式创新推动各行业应用逐步成熟，应用创造的价值在市场规模中的比重日益增大，并成为新的增长动力。从总体规模看，2016 年，全球大数据市场规模实现 16.5% 的增长，连续三年保持增速在 15% 左右。同时，大数据成为全球 IT 支出新的增长点，Forrester 调研发现，2016 年，有近 40% 的企业正在实施和扩大大数据技术的应用，另有 30% 计划在未来 12 个月内应用大数据。

二、政府加大引导力度，发挥示范带头作用

大数据技术的研发和应用需要有完善的基础设施、海量的数据共享、有序的市场环境和积极的政策扶持做支撑，政府在这些方面均扮演着重要的角色。因此，政府既是大数据发展的推动者，也是大数据应用的实践者。2016 年 5 月，美国政府发布了《联邦大数据研发战略计划》（The Federal Big Data Research and Development Strategic Plan，以下简称《计划》），以加速其 2012 年提出的“大数据研发行动”进程。《计划》旨在构建数据驱动战略体系，基于大数据的分析、信息提取以及做出决策和发现的能力将激发联邦机构和整个国家的新潜能，加速科学发现和创新进程，并培育 21 世纪下一代科学家和工程师，促进经济增长。美国国土安全部、国防部、能源部、卫生和人类服务部、国家卫生研究院等部门全面参与大数据计划，充分说明了政府在推动大数据应用中的重要作用，也体现出政府管理能力在采用大数据后的有效提升。欧盟于 2016 年正式颁布《一般数据保护条例》，取代实施了 20 年的《1995 年数据保护指令》，规范大数据时代的数据保护。英国将大数据充分应用于财政、农业、医疗、城市规划、航空等各个领域，不断提升政府职能，服务于民生。仅在税收方面，英国政府就通过利用大数据检索出了 200 亿英镑的逃税与诈骗。

三、IT 巨头引领市场发展，初创企业加紧市场布局

亚马逊、IBM、甲骨文、谷歌等 IT 巨头积极布局大数据产业链，通过自主研发和并购，纷纷推出大数据技术、产品和服务。亚马逊通过 Amazon Web Services（AWS）提供计算、存储、数据库、分析、应用程序，以及部署服

务，为Web和移动应用、物联网、游戏开发、数据处理和数据仓库、存储、归档等各类工作负载提供支持。AWS在2016年已经达到130亿美元的营收，并推出三个基于深度学习的人工智能服务：图像识别技术Rekognition、深度学习支持的文字转语音技术Polly、深度学习支持的自然语言理解和自动语音识别Lex。IBM发布了大数据解决方案，帮助企业用户将自身拥有的企业数据与消费者产生的非结构化数据结合起来，从而帮助企业全面监控商业流程，预测和塑造所预期的商业结果，已在医疗、公安、保险、公共服务等领域拥有成功案例。甲骨文发布了大数据机和大数据平台解决方案，可供企业对大数据进行捕获、组织、分析和决策。除了谷歌、IBM、亚马逊、微软等大型企业外，众多初创企业参与其中，为大数据发展带来了新的活力。创建于2012年的Aviso公司开发的预测分析应用已经被销售机构用于改善销售预测流程；2014年成立的Cazena公司开发的大数据即服务产品可以让企业把基于云的数据湖和数据集市结合起来，用于配置和优化大数据系统；2013成立的MapD Technologies公司开发的大数据分析平台利用大规模并行的商用GPU跨数十亿行数据集执行SQL查询，可以查询大数据以及实现大数据可视化。虽然，IT巨头纷纷通过收购大数据相关企业来实现技术整合，但在短期内，市场不会出现垄断局面，小企业的参与度和竞争力依然强盛。

四、大数据应用日益成熟，各领域应用逐步深入

随着大数据技术和商业模式的进一步成熟，国外大数据应用的成功案例越来越多，相继在政府管理、公共服务、商业分析、企业管理、金融、娱乐和个人服务等不同的领域中涌现。其中，以政府数据和公共数据为基础，以数据汇集和共享为支撑，以提高政务效率和服务能力为目标的政府管理和公共服务领域大数据应用相对成熟和广泛。例如在教育领域，美国阿拉巴马州对95所学校的学生数据进行深入挖掘，提炼出学生辍学前的“信号”，并制定有针对性的措施，使辍学率由48%降低到30%以下；在交通领域，法国里昂通过采集的交通信号灯、二氧化碳传感器、汽车的数据以及来自社交媒体的交通数据源，实时报告交通情况并侦测拥堵时间，以改善交通拥堵情况；在城市管理领域，西雅图市用大数据节电，通过对四个主要城区的电力管理

系统的数百个数据集进行分析，可将全市耗电量降低25%。

五、产业生态环境逐步优化，基础设施不断完善

国外政府、企业和产业组织非常重视大数据产业生态建立和环境优化，不断地通过建设基础设施，制定法律法规、政策体系和数据标准，加强数据安全和隐私保护等方法完善大数据生态环境，进而提升国家对数据资源的掌控能力和核心竞争力。在数据资源方面，美国颁布了空间数据标准、数据传输接口标准、数据加密标准、数字制图数据标准、医疗行业数据标准等，并通过 Data. gov 网站积极推动政府数据开放，为数据资源流通提供基础；在法律法规方面，美国、加拿大、英国等国家建立有较好的法律法规体系基础，并在此基础上不断完善，如美国先后颁布了《信息自由法》《隐私权法》《数据质量法》以及后来的《开放政府指令》；在人才培养方面，美欧等国普遍采取研究与实践结合的培养方式，大大提高了人才的培养速度和成功率。

第三章 2016 年我国大数据产业发展状况

2016 年，我国大数据产业进入稳步成长阶段，大数据核心产业规模达到 3100 亿元，预计到 2020 年将达到 10000 亿元的规模。随着《促进大数据发展行动纲要》的进一步实施，《大数据产业发展规划（2016—2020 年）》等政策的颁布，我国大数据产业发展政策环境进一步优化。2016 年我国两批次八个国家级大数据综合试验区开始建设，我国大数据集聚发展布局初步形成，各区域特色化发展态势初现。以阿里巴巴为代表的大数据企业不断创新，开源技术成为大数据技术创新和产业进步的重要力量。大数据在金融、电信、交通等行业领域不断深化应用，随着《中国制造 2025》战略的推进，工业大数据成为行业焦点。我国大数据产业发展也存在工业大数据服务与应用能力较弱、产业统计和评估指标体系缺失、产业公共服务能力不足、交易机制和法规体系不完善、数据主权保护能力薄弱等问题。

一、发展现状

（一）产业规模保持高速增长，产业发展进入稳步成长阶段

2016 年，随着政府持续发力推动大数据应用发展、《促进大数据发展行动纲要》等政策进一步贯彻落实、各地方省市纷纷出台措施推动大数据发展、大数据在各行业的应用逐渐加快，大数据产业已经度过概念炒作期，进入稳步成长阶段。赛迪研究院预测，包括大数据硬件、大数据软件、大数据服务等在内的大数据核心产业环节 2016 年达到 3100 亿元，将在 2020 年超过 1 万亿元；大数据关联产业规模 2016 年达到 6 万亿元，将在 2020 年超过 10 万亿元；大数据融合产业规模 2016 年达到 3.5 万亿元，将在 2020 年超过 20 万亿元。从大数据核心产业结构来看，基于大数据的服务是大数据核心产业的主体，其规模约占大数据核心产业规模的 90%，未来，服务也将是大数据产业

的最核心部分。随着大数据在各行业领域的应用逐渐深入，大数据核心产业的快速发展将对融合应用产业产生明显的带动效应，大数据融合产业的市场规模将快速增长，其增速将超过大数据核心产业本身。

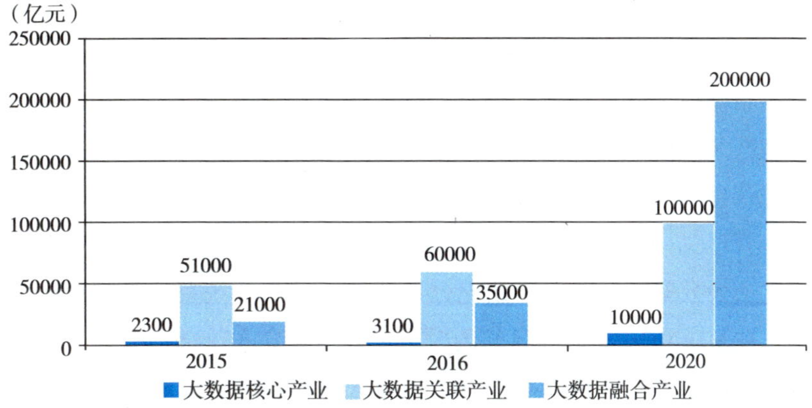

图 3－1　我国大数据市场规模

资料来源：赛迪研究院，2016 年 12 月。

（二）政府政策措施全面推进，产业环境进一步完善

2016 年，我国接连出台了多项大数据相关政策，为推动产业快速成长提供了良好发展环境。国家“十三五”规划纲要中明确提出实施国家大数据战略，把大数据作为基础性战略资源，全面实施促进大数据发展行动，加快推动数据资源共享开放和开发应用，助力产业转型升级和社会治理创新。习近平总书记在 2016 年 10 月 9 日的实施网络强国战略讲话中，指出我们要深刻认识互联网在国家管理和社会治理中的作用，以推行电子政务、建设新型智慧城市等为抓手，以数据集中和共享为途径，建设全国一体化的国家大数据中心，推进技术融合、业务融合、数据融合，实现跨层级、跨地域、跨系统、跨部门、跨业务的协同管理和服务。工信部发布了《大数据产业发展规划（2016—2020 年）》，全面部署“十三五”时期大数据产业发展工作，加快建设数据强国，为实现制造强国和网络强国提供强大的产业支撑。国家发改委等部门出台了《关于组织实施促进大数据发展重大工程的通知》《促进大数据发展三年工作方案（2016—2018）》等配套政策，进一步贯彻落实《促进大数据发展行动纲要》，推动大数据应用和发展。环保部、农业部、国家林业局、

交通运输部等部委则分别发布了《生态环境大数据建设总体方案》《关于推进农业农村大数据发展的实施意见》《关于加快中国林业大数据发展的指导意见》《关于推进交通运输行业数据资源开放共享的实施意见》等政策，指导行业领域大数据应用和发展。

同时，各省市对大数据的推进力度进一步加大，通过相关政策、项目、技术和应用推动大数据发展。一是建立组织机构。大数据不仅涉及电子信息制造、软件和信息服务、通信等信息产业，还涉及与各行各业的融合创新以及在经济社会各领域的深入应用，因此大数据发展需要能够统筹协调各个部门的专门管理机构。我国已有广东、辽宁、四川、广州、兰州、成都等多个省市成立了大数据管理局，以便充分发挥政府部门的统筹决策作用和引导带动作用，在整合利用各方资源的同时，突破传统观念、部门利益等限制，快速推进大数据发展与应用相关工作。二是出台顶层设计文件。我国各部门和地方政府对大数据的重视程度正逐步升级，相关的政策措施和规划方案处于高密度发布时期。目前，北京、上海、广东、浙江等20余个省市出台了针对大数据的发展规划或实施意见等政策，根据各省市自身条件和基础部署不同的大数据产业发展路径。三是建立产业联盟。各省市积极引导建设以企业为主体，科研机构、高等院校、用户单位等共同参与的大数据产业联盟，加强对行业发展重大问题的调查研究，共同推进大数据相关理论研究、技术攻关、数据开放共享和创新成果应用推广，参与有关产业的政策制定。目前，我国已有大数据产业联盟20余个，在推进地方大数据产业发展、建设大数据平台、推进大数据项目实施等方面发挥了重要作用。四是推动政府数据开放和数据交易。数据是政府掌握的核心资产，也是长期以来政府治理国家、服务民生的重要依托，许多国家的政府部门已成为本国最大的数据生产者和拥有者，社会各界对政府开放数据的需求也越来越强烈。目前，我国有北京、上海等省市建设了数据开放平台，尝试推动政府数据资源开放。营造数据资源交易流通的良好环境是推动大数据产业快速发展的基础。为促进企业（机构）间数据的流通、进一步发挥数据资源的增值作用，同时保护数据资源生产者、维护者的积极性，各省市纷纷试点数据交易所的建设，推动形成数据资产交易市场，以使得数据资源能够按照市场引导、价值驱动的方式在各利益相关方之间流动。目前，我国贵州、北京、辽宁等十余个省市建设了大数据交易平台。

表 3－1　我国各省市大数据政策梳理

地区	政策名称/措施
贵州	《关于加快大数据产业发展应用若干政策的意见》 《贵州省大数据产业发展应用规划纲要（2014—2020 年）》 《贵州省大数据发展应用促进条例》 《贵阳大数据产业行动计划》 《贵阳市关于加快推进大数据产业发展的若干意见》 《贵安大数据产业基地发展规划》 《贵安新区推进大数据产业发展三年计划（2015—2017）》。
浙江	《杭州市政务数据共享开放指导意见》 《浙江省促进大数据发展实施计划》
上海	《上海推进大数据研究与发展三年行动计划（2013—2015 年）》 《2014 年度上海市政府数据资源向社会开放工作计划》
广东	《广东省实施大数据战略工作方案》 《广东省大数据发展规划（2015—2020 年）》 《广东省促进大数据发展行动计划（2016—2020 年）》 《广东省人民政府办公厅关于运用大数据加强对市场主体服务和监管的实施意见》
湖北	《湖北省大数据发展行动计划（2016—2020）》
重庆	《重庆市大数据行动计划》
福建省	《福建省促进大数据发展实施方案（2016—2020 年）》 《关于运用大数据加强对市场主体服务和监管实施方案的通知》 《关于运用大数据加强对市场主体服务和监管实施方案》
陕西省	《陕西省大数据与云计算产业示范工程实施方案》
吉林省	《关于运用大数据加强对市场主体服务和监管的实施意见》
沈阳市	《沈阳市促进大数据发展三年行动计划（2016—2018 年）》

资料来源：赛迪研究院整理，2016 年 12 月。

表3-2　我国部分地方大数据产业联盟建设情况

序号	联盟名称	联盟工作内容
1	中国大数据产业生态联盟	中国大数据产业生态联盟是由工信部指导，中国电子信息产业发展研究院牵头成立的国家级大数据产业联盟，致力于落实国家大数据发展战略，提升大数据核心技术能力、繁荣大数据产业生态、深化大数据行业应用和完善大数据产业发展环境，推动大数据产业的快速发展。
2	上海大数据联盟	上海大数据联盟是在上海市经济和信息化委员会、上海市科学技术委员会联合指导下，聚集大数据领域相关的数据资源、服务平台和数据应用等主体机构自愿组成的非营利性联合体。联盟以上海创建“全球科技创新中心”总方针为指导，按照“融合创新，服务示范”的宗旨，实现大数据技术和产业领域“传播、智库、金融”等三大平台服务功能，落实上海市大数据产业发展和技术创新的具体工作要求，围绕大数据技术链、产业创新链，实现产学研用等机构在战略层面的有效结合，通过资源共享、协同行动和集成发展，形成产业核心竞争力，有效提升上海大数据关键技术创新水平，推动大数据应用和产业发展。联盟秘书处依托上海超级计算中心和上海产业技术研究院联合开展工作。
3	中关村大数据产业联盟	宗旨是把握云计算、大数据与产业革新浪潮带来的战略机遇，聚合厂商、用户、投资机构、院校与研究机构、政府部门的力量，通过研讨交流、数据共享、联合开发、推广应用、产业标准制定与推行、联合人才培养、业务与投资合作、促进政策支持等工作，推进实现数据开发共享，并形成相关技术与产业的突破性创新、产业的跨越式发展，推动培育世界领先的大数据技术、产品、产业和市场。
4	中关村大数据交易产业联盟	以推动数据资源开放、流通、应用为宗旨，努力构建中关村乃至全国大数据流通、开发、应用的完整产业链。主要工作包括建立大数据交易规范、制定大数据交易标准、研究建立大数据定价机制、研究建立大数据定价机制、发挥桥梁作用。
5	中关村—滨海大数据产业技术创新战略联盟	组织成员开展核心技术攻关、建立大数据公共技术创新平台、建立人才联合培养机制、促进科技成果转化、协助联盟成员开拓市场等。
6	京津冀大数据产业联盟	推动和维护京津冀大数据产业及应用的健康、有序和可持续发展。该联盟将积极组织有关单位推广应用新产品新技术，加强产业链整合；将组织会员单位和社会力量研究京津冀大数据的发展战略、管理体制等理论和实践问题，并向政府和有关部门提出建议。

续表

序号	联盟名称	联盟工作内容
7	深圳大数据产学研联盟	开展深化产学研交流合作，推动公共服务平台建设、推动重点实验室建设、制定国家技术标准等一系列工作，致力于推动南山区乃至深圳市大数据产业的领先发展。
8	深圳市大数据产业联盟	推动深圳市大数据产业进步，加强大数据产业链中相关企业的协同和合作，促进大数据技术的应用和推广，提升深圳大数据产业的整体发展水平。
9	深圳市宝安区大数据产业技术创新联盟	把大数据信息技术等列入重点领域及发展的前沿技术，加速突破产业瓶颈，推动宝安区进入大数据信息产业的新阶段，通过联盟合作攻关，突破共性核心技术，做优做强电子信息产业，依靠自主技术创新和产业发展解决目前所存在的问题，为宝安区乃至深圳市的经济发展提供强有力的技术支撑，为实施国家和地方发展战略目标提供有效的产业支持。
10	贵州大数据产业和应用联盟	汇聚政产学研用各界资源，共同推进面向应用的大数据相关理论研究、技术研发、数据共享、应用推广，形成开发合作、协同发展的大数据技术、产业和应用生态体系。
11	贵州大数据产业联盟	按照“自愿、平等、合作”的原则，整合上下游产业链，构建产学研用共享机制，创新政企互动模式，打造国际平台，为汇聚各方资源，促进区域经济发展贡献力量。联盟的核心任务是以推进贵州省大数据技术进步和产业化为目标，建立上下游、产学研信息、知识产权等资源共享机制。
12	浙江省大数据应用技术产业联盟	集合浙江省技术、资源、资金等多方面的优秀力量，形成研发与应用企业间的交流、合作平台，共同解决联盟内企业面临的各种技术与资源的难题，充分保证大数据的科技成果快速有效转化。
13	钱塘工业大数据产业联盟	整合多方资源，打造政用产学研协同创新，通过研讨交流、推广应用、标准研制、人才培养、业务合作等工作，服务产业生态建设，协助制定工业大数据领域的发展政策，助推工业大数据的政产学研用协同创新。
14	山东大数据产业技术创新战略联盟	整合山东省内大数据产业研发的人才、科研、设备、存储、网络、计算、软件、用户等企业及团体的资源优势，形成联合开发、优势互补、利益共享、风险共担的产学研合作机制，推进大数据技术创新、业务模式创新和服务模式的创新，更好地实现大数据技术、应用和市场的整合，促进产业链上下游企业间的协同与合作，共同推动山东省互联网产业和软件与信息服务业的大发展。

续表

序号	联盟名称	联盟工作内容
15	山东农业大数据战略联盟	采用大数据研究手段，在搜集、存储气象、土地、水利、农资、农业科研成果、动物和植物生产发展情况、农业机械、病虫害防治、生态环境、市场营销、食品安全、公共卫生、农产品加工等诸多环节大数据的基础上，通过专业化处理，对海量数据快速“提纯”并获得有价值的信息，为政府、企业乃至各种类型单位的决策和发展提供支持，为公众提供便捷的服务。
16	中国工业大数据烟台产业联盟	推进烟台市工业大数据产业的成长和科研成果转化，建立产业上下游、产学研信息、技术解决方案和成功案例的资源共享机制，建立企业与企业之间、企业与政府之间沟通的平台，促进烟台市工业大数据产业发展。
17	陕西省大数据产业联盟	以促进陕西省大数据产业发展、提升产业集群创新能力和核心竞争力为宗旨，致力于打造陕西省大数据与云计算技术产业链、创新链和服务链，探索建立长效稳定的产学研合作机制，突破产业发展的核心技术，形成产业技术标准，搭建有效的合作交流平台。
18	陕西省大数据与云计算产业技术创新战略联盟	统筹协调陕西省内大数据与云计算技术和产业相关资源，以技术创新需求为纽带，有效整合产、学、研、用各方资源，充分发挥自身优势，通过对大数据与云计算核心技术的研究及自主创新，提升陕西省在大数据与云计算技术相关领域的研究、开发、服务水平，促进大数据与云计算技术标准的推广和应用，降低风险和成本，保护知识产权，促进联盟成员的共同进步，促进产业发展，实现共赢共荣。
19	四川大数据产业联盟	研究和探讨大数据行业研究和发展的理论、政策、模式、技术、管理及应用实践，为政府有关部门提供有利于行业发展的建议和依据；为从事大数据行业的企业提供管理咨询、技术创新、企业信息化、创业辅导、投资融资、产业基金、对外合作、会议展览和培训活动等服务，积极推进行业发展；建立信息及数据共享平台，全面有效地整合大数据行业资源，收集和发布从事大数据行业的企业所需要的各种信息，为企业和机构开发新品、开拓市场、引进智力与技术提供服务；积极探索建立大数据行业的行业标准和规范，促进行业数据的交换、共享及深度利用。
20	四川崇州大数据产业创新联盟	将协调汇集地方、国家、社会数据，并提供信息储存及运营等资源。
21	重庆大数据应用产业联盟	开展面向行业应用、面向产业链建设、面向资源整合的工作，为促进重庆大数据应用的技术进步和形成产业作出力所能及的贡献。

续表

序号	联盟名称	联盟工作内容
22	重庆大数据产业技术创新联盟	以国家和地方大数据技术创新需求为导向，打造大数据生态圈，完善技术创新链条，引导创新资源向联盟成员聚集；组织联盟成员开展技术合作，突破大数据产业发展的核心技术，协助政府制定大数据产业行业规范、技术标准和产品标准；建立公共技术创新服务平台，分享大数据产业动态和技术创新市场需求；通过项目、课题以及联合技术攻关，培养大数据领域高层次人才。
23	广东省大数据技术联盟	大数据技术应用和产业发展，推进大数据技术应用，增强广东新兴产业的综合竞争能力。
24	江苏大数据联盟	围绕大数据技术链、产业创新链，运用市场机制集聚创新资源，实现产学研用等机构在战略层面的有效结合，形成产业核心竞争力，有效提升江苏大数据关键技术创新水平，同时也在积极响应江浙沪国家大数据综合试验区的创建工作。
25	南京大数据产业联盟	研讨交流、数据共享、联合开发、推广应用、产业标准制定与推行、联合人才培养、业务与投资合作、促进政策支持等工作，在大数据关键技术研发协作、数据资源公开应用合作、大数据挖掘协同等方面形成巨大的推动力。
26	甘肃省大数据产业技术创新战略联盟	将围绕大数据技术、产业、应用及服务等创新链，通过市场机制聚集各类资源，实现政府、企业、大学、研究院所等机构在战略层面的有效结合，形成大数据技术、市场、资本、人才等资源的有效融合；通过联盟内部资源共享，协同行为和集成发展，形成大数据产业上、中、下游之间和供需方之间的有效合作与对接，有效提升甘肃省大数据关键技术的创新水平，形成大数据技术、产业及应用的核心竞争力；通过大数据交易机制、共享交换平台和联合申报大数据项目机制的建立，实现大数据创新成果的快速产业化，从而推动产业结构优化升级，促进甘肃省经济社会又好又快发展。
27	东北大数据联盟	致力于大数据产业发展与应用推广的企事业单位，积极推动大数据技术与产业的自主创新与科学发展，努力掌握核心技术，坚持产学研结合及融合互动发展，共同促进大数据领域新技术、新产品、新业务的应用与市场的开拓，建设沈阳大数据产业基地。同时，在政府相关部门与行业主管部门的领导与指导下，积极研究制定大数据相关技术标准和规范，提出促进产业与应用发展的建设性意见，协助政府相关部门研究制定有利于大数据产业发展与应用示范工程建设的重大产业扶持政策和促进条例，反映联盟成员的意愿和要求，接受沈阳市经济和信息化委员会的业务指导和沈阳市软件和信息服务业协会的管理，为联盟成员在大数据相关行业发展和应用提供服务。

续表

序号	联盟名称	联盟工作内容
28	黑龙江大数据产业联盟	一是开展大数据的宣传推广，参与大数据产业人才的培养；二是提供咨询服务，支持大数据产业创业创新；三是全力推动大数据应用发展，助力大数据产业生态。
29	西南大数据联盟	积极推广新技术、新产品、新应用，促进数据融合、应用融合，包括加强产业链的整合。同时，还将共同推动和维护西南大数据产业及应用的健康、有序和可持续发展。
30	华南大数据产业联盟	解决数据孤岛遍布、通用行业标准和沟通平台缺乏的问题；联盟将通过整合和连接各方供需，促进行业交流，探索数据合作新模式。
31	宁夏云和大数据合作联盟	通过科学的合作机制和运营模式，形成集团优势。其中，联盟将开放性地做好云计算和大数据标准体系构建和制定工作，共同研究做好安全评测、电子认证、应急防范等云计算和大数据相关的安全保障基础工作，制定云和大数据安全技术实现和安全标准、服务规范。同时，将加快研发推广基于云计算和大数据环境下的技术参考实现、软件产品和解决方案，探索软件服务化的新型商业模式。
32	中国智慧城市大数据创新联盟	2016 年 7 月，中国智慧城市大数据创新联盟在成都高新区揭牌，旨在通过有效整合产、学、研各方资源和优势，搭建智慧城市相关企业和机构协同创新、市场合作、人才培养平台，促进大数据在智慧城市建设中创新应用，规范和引领国内智慧城市大数据标准化和技术发展。
33	数据中心联盟	2014 年 1 月，由中国信息通信研究院联合国内三家基础电信运营商、十余家主要互联网企业、国内主要硬件制造企业以及若干科研单位和组织等 60 多家单位共同发起组建。主要工作：推动技术和业务研究，跟踪国内国际行业发展动态，为政府和企业制定发展战略提供依据。搭建信息服务平台，提供行业、市场等公共信息服务。依据国家的有关法律、法规和方针政策，结合产业发展需求，组织制订行业公约，加强行业自律等；根据主管部门要求，协助主管部门推动相关领域标准预研，并推动标准在联盟成员中的贯彻实施；促进相关领域的国际交流合作活动；组织相关领域的管理、技术、人才、法规等方面的培训。
34	大数据（中国）产业联盟	聚合产业资源，促进商学互动，助力企业成长，推进经济结构调整，促进产业转型升级。

续表

序号	联盟名称	联盟工作内容
35	中国大数据应用联盟	是我国建立的首个以“推动大数据应用创新，建立大数据应用体系”为行动目标的大数据行业联盟。将围绕《促进大数据发展的行动纲要》部署的三个主要任务开展具体工作。还将通过标准制定、应用实践、行业评比等，引导行业逐步形成一批满足大数据重大应用需求的产品、系统和解决方案，为建立我国安全可信的大数据技术体系做一些前瞻性研究工作。
36	中国大数据应用（西北）联盟	为西北地区大数据应用相关行业提供帮助。
37	中国企业大数据联盟 BDU	是企业间的战略联盟，联盟宗旨是“开放、自律、务实、创新”，通过联盟，凝聚产业链上下游资源，吸引国内、国际先进企业、科研院所，营造良好的产、学、研、用协同发展环境。
38	中国农产品大数据联盟	建立中国农产品大数据联盟官方网站。网站集今日行情、信息雷达、数据报告、专家视点、联盟动态于一体。
39	中国互联网+旅游景区大数据应用联盟	联盟以大数据应用为主线，探索“十三五”期间新型旅游服务模式，积极推进产业转型和服务升级。
40	中国旅游大数据联盟	将整合旅游行业及参与企业的资源，为各地旅游机构和景区提供大数据与新媒体传播的整合服务。
41	中国工业大数据创新发展联盟	依托中国首席信息官联盟跨行业、跨地区资源，充分发挥“CIO+”效应，整合多方资源，打造政用产学研协同创新平台，通过研讨交流、推广应用、标准研制、人才培养、业务合作等工作，服务产业生态建设，协助制定工业大数据领域的发展政策，助推工业大数据的政产学研用协同创新，切实推进两化深度融合相关工作。
42	工业大数据应用联盟	整合国际和国内工业大数据方面的优质资源，包括众多专家的理论、各企业家的实践经验等，总结归纳工业大数据在企业应用所需要具备的各方面能力，最终通过 O2O 培训、专家引入、企业应用指导、大数据综合分析解决方案提供的方式，助推企业实现由 IT 到 DT 的转型。

续表

序号	联盟名称	联盟工作内容
43	中国心血管大数据联盟	计划建成国家心血管疾病大数据平台。该平台能够高效存储、处理、分析挖掘电子病历、医学影像、临床检验数据等多类型数据信息，构建心血管疾病大型数据库和知识库系统；建立基于云存储与Hadoop心血管疾病大数据管理和分析平台，支持数据收集共享和分析利用；开发心血管疾病预警、预测、预后模型及临床决策支持系统，为提高心血管疾病的诊治水平提供大数据支撑。
44	健康大数据产业技术创新战略联盟	建立产学研用紧密结合、多领域科技创新、多元化投融资体系和多维度促进成果转化的有效机制，形成“产业需求为导向，企业创新为主体，共性技术为核心，检测认证为依据，专利产品为特色，技术标准为引领”的产业技术创新模式，大力推动大数据技术与我国的健康医疗事业融合发展，并为我国的健康医疗事业树立全新的价值评估体系。
45	中国城市大数据产业发展联盟	联合各城市整合多方资源，通过研讨交流、推广应用、标准研制、人才培养、业务合作等，服务大数据生态建设，协助制定大数据各领域的发展策略，助推大数据生态系统创新，推进各城市之间深度合作，跨行业、跨地区资源整合，充分发挥整合效应。联盟还将构建政策标准讨论平台，积极推动大数据领域产业政策、标准研究及大数据产业发展等工作。
46	信息通信大数据产业联盟	是国内首个专注于信息通信大数据产业资源整合与创新发展的开放行业组织，秉承着“助推产业，服务会员”的理念，结合发挥“政产学研用”的资源优势，致力于搭建信息通信大数据公共交流合作服务平台。成员单位包括了我国信息通信大数据产业链上、下游的有关政府部门、知名专家、社会团体、领军企业、科研院所、投资机构、主流媒体等。
47	中国国际大数据产业联盟	旨在聚合大数据产业能量，以新形式、新理念、新方法，传播大数据行业信息，搭建大数据创新创业桥梁，推动大数据产业发展。
48	中国广电大数据联盟	搭建全国广电大数据平台并建设收视数据调查分析机构，实现数据共享、联合发布，探索广电行业协同发展的新业态、新模式。
49	语言大数据联盟	通过中译语通开放的亿万级语料及平台资源，为高等院校、科研机构、企事业单位的语言服务教学、实践、科研、业务等提供支持并开展合作，实现全球资源汇聚、交换和共享。
50	中国大数据金融产业创新战略联盟	开展大数据金融创新的理论和实践研究；建立政、产、学、研等一体化综合数据信息库，对企业提高自主创新能力、加快技术进步和产业优化升级提出建议，为政府的科学决策提供参考和依据；同时，联盟将加快大数据金融创新，对电子商务结算等，提供全国性金融技术指导与服务。

续表

序号	联盟名称	联盟工作内容
51	中国商业地产大数据联盟	有效整合商业地产大数据最强资源与最专业人才，推动商业地产的数据化升级。
52	中国法律大数据联盟	联合不同领域的组织机构和专家学者设立理事会和专家委员会，并联合成立中国法律大数据研究中心，编制《中国法律大数据蓝皮书》、组织法律大数据学术研讨会、构建法律大数据与云服务平台，对法律大数据与云技术进行深度分析、挖掘，探究法律大数据在法治国家、法治政府、法治社会一体化建设中的应用。

资料来源：赛迪研究院整理，2016 年 12 月。

表 3－3　我国各省市大数据交易平台建设情况

省市	时间	建设情况
北京	2014. 12	“北京大数据交易服务平台”上线
	2014. 6	中关村数海大数据交易平台成立
贵阳	2015. 4	全国首个大数据交易所“贵阳大数据交易所”挂牌运营
	2015. 5	贵阳现代农业大数据交易中心成立
武汉	2015. 7	东湖大数据交易所正式启动
	2015. 7	长江大数据交易所揭牌
	2015. 11	华中大数据交易所揭牌
	2016. 7	华中大数据交易平台 2.0 上线，是国内首个以活数据交易为主的大数据交易平台
江苏	2015. 10	徐州大数据交易所挂牌成立
	2015. 12	华东江苏大数据交易平台成立
河北	2015. 12	河北京津冀数据交易中心成立
河南	2016. 7	汝州市大数据交易所揭牌
浙江	2016. 6	杭州钱塘大数据交易中心揭幕，全国首个“工业大数据”应用和交易平台正式上线
陕西	2015. 8	陕西省大数据交易所揭牌
	2015. 8	陕西“西咸新区大数据交易所”正式挂牌
上海	2016. 1	上海大数据交易中心正式成立
广东	2016. 6	广州数据交易平台“广数 Data hub”宣布正式上线运营，这也是华南地区首个数据交易服务平台。
吉林	2016. 4	浪潮四平云计算中心、大数据交易所正式揭牌

资料来源：赛迪研究院整理，2016 年 12 月。

（三）大数据区域布局基本形成，特色化发展态势初步显现

随着国家大数据综合试验区等工作推进和各地方省市政策措施的逐步落地，我国大数据产业集聚发展效应开始显现。截至目前，国家发展改革委、工业和信息化部、中央网信办等三部委共批建贵州省、京津冀、珠三角、上海市、河南省、重庆市、沈阳市和内蒙古等8个国家级综合试验区，其中，京津冀和珠三角等跨区域类综合试验区围绕落实国家区域发展战略，更加注重数据要素流通，以数据流引领技术流、物资流、资金流、人才流，支撑跨区域公共服务、社会治理和产业转移，促进区域一体化发展；贵州省、上海市、河南省、重庆市、沈阳市等区域示范类综合试验区积极引领东部、中西部、东北等板块发展，更加注重数据资源统筹，加强大数据产业集聚，发挥辐射带动作用，促进区域协同发展，实现经济提质增效；内蒙古等基础设施统筹发展类综合试验区在充分发挥区域能源、气候、地质等条件基础上，加大资源整合力度，强化绿色集约发展，加强与东、中部产业、人才、应用优势地区合作，实现跨越发展。

目前，我国已基本形成京津冀区域、长三角地区、珠三角地区、中西部和东北等五个集聚发展区的区域布局。其中，京津冀地区打造大数据协同发展体系，依托中关村在信息产业的领先优势，快速集聚和培养了一批大数据企业。长三角地区城市将大数据与当地智慧城市、云计算发展紧密结合，使大数据既有支撑又有的放矢，吸引了大批大数据企业。珠三角地区在产业管理和应用发展等方面率先垂范，对企业扶持力度大，集聚效应明显，尤其是广东省在全国率先成立大数据管理局，大数据的政策环境、技术研发、龙头企业引领、行业应用等协同发展、互为支撑，推动产业进入良性循环。中西部通过近年来的跨越式发展，已经成为大数据产业发展新增长极，贵州省先行先试，在全国范围内率先出台大数据法律法规，建立大数据交易所，并与国内其他园区、企业开展战略合作，重庆、河南则积极引进国内外行业巨头，打造中部大数据发展高地。东北地区则依托东北老工业基地基础，将工业大数据作为发展重点，沈阳等城市目前已经在机器人、机床等领域的大数据应用方面取得良好效果。

（四）互联网企业积极创新，开源成为技术创新重要模式

2016 年，以互联网企业为代表的我国大数据企业不断加大科研投入，推动产品和服务创新，取得了令人瞩目的成绩。阿里云利用飞天技术平台的大数据技术，构建异地双活技术和基于大数据支撑的全链路压力测试的体系，实现了“双 11”每秒钟 17.5 万笔的订单交易和每秒钟 12 万笔的订单支付。京东利用大数据打击黄牛与刷单，通过大数据分析用户画像、用户社交关系网络和交易风险行为，形成一个完整可靠的防刷单技术屏障，其反刷单系统识别准确率已达 99% 以上。腾讯搭建“互联网 + 医疗”开放平台，利用自身强大的社交平台和大数据技术为医疗产业提供互联网化的后端服务。奇虎 360 凭借大数据技术和自有基础设施采集市场主体疑似违法违规信息与社会共享并推送到国家信用信息共享平台。

值得注意的是，开源模式在大数据技术创新中发挥着越来越重要的作用。从大数据的发展历程可以看出，大数据源于开源，并基于开源不断演进发展，自身就已具备了开源基因。经过若干年的发展，开源软件和开源工具已经覆盖到了大数据产业发展的各个环节，基于开源软件，企业可以快速构建大数据应用平台，提供丰富的大数据开发和应用工具。当前，从小型初创企业到行业科技巨头，各种规模的企业都在使用开源软件和工具进行大数据处理和基于数据的预测分析。由此可见，开源不仅驱动着大数据技术的创新演进，也推动着大数据产业的不断进步，对发展大数据应用生态起到了不可忽视的作用。

（五）行业领域应用步伐加快，工业成为行业应用焦点

2016 年，大数据在各行业领域的应用进一步深化，金融、电信、政务、电子商务、教育、医疗、能源等诸多行业纷纷利用大数据提升服务能力，取得了明显效果。在政务领域，张家港市民公共信息服务平台能够使市民凭借自己的身份证和密码，使用该平台进行 240 余项“在线预审”服务、130 余项“网上办事”服务，还可通过手机及时查看办事状态，相比于之前，市民办事的时间最少可以节省一半以上。在零售领域，苏宁易购通过大数据系统从访客转化率、媒体、地理位置、时段、设备类型、设备号等多个维度建立访客转化率预测模型和商品推荐模型，针对每一个到访访客计算广告点击率

和到站转化率，进行实时差异化出价，找回苏宁易购的流失访客9572163次，并促成36748个直接有效订单，最终投资回报率大于3。在农牧领域，农牧企业广安集团采用单件管理系统，饲养的每头猪都设立有专属的ID，以此完成对成长周期进行全过程的监控工作，促使食品安全可追溯，实现饲养流程精细化、集约化管理，每年饲料节约20%左右。在金融领域，大数据已经成为构筑信用消费生态、防范金融风险和辅助投资决策的重要手段。百度、阿里巴巴、360、同花顺、银联等企业纷纷进军大数据投资领域。广发银行联合百度开发百度100指数系列基金，南方基金携手博时联合蚂蚁金服、嘉实基金挖掘腾讯自选股数据。

随着《中国制造2025》《关于深化制造业与互联网融合发展的指导意见》等文件发布，工业已经成为大数据应用最活跃的领域。目前，大数据已开始在制造业各环节取得应用，将助推制造业和互联网的融合创新迈上新台阶。在研发设计环节，大数据推动研发设计模式创新，实现个性化定制。海尔集团沈阳冰箱工厂将用户需求和生产过程无缝对接，用户个性化需求可直接发送到生产线上并随时查到自己冰箱的生产进程。目前，一条生产线可支持500多个型号的柔性化大规模定制，生产时间缩短到10秒一台。在生产制造环节，大数据帮助建立先进生产体系，实现智能化生产。新松机器人利用工业大数据感知机器人状态，对机器人状态数据进行分析，最终实现对机器人的预防性维护，大幅提高了维护效率，降低了运行故障率。在销售服务环节，大数据促进商业模式创新，推动制造服务化转型。东风风神应用底层行为数据管理平台Action DMP开展全系营销推广活动，实现全网用户行为数据、应用数据、场景数据的实时无损解析，精准捕获各车型目标受众；通过分析用户行为场景，了解他们的触媒习惯，展开品牌与用户定制化沟通，项目最终CPL成本较目标降低40%。

（六）资本市场规模不断提高，行业应用成为投资重点方向

“大数据”概念热炒和产业的快速发展使其成为资本市场的热点，大数据投融资事件数量和金额不断创下新高。据不完全统计，2016年上半年，我国大数据领域投融资项目数量达97起，融资金额超过500亿元人民币。滴滴出行、平安好医生、易建科技三家企业融资金额超过30亿元，其中滴滴出行融

资高达45亿美元，投资方包括Apple、中国人寿、蚂蚁金服、腾讯、阿里巴巴、招商银行及软银等，此轮融资将用于平台技术升级、大数据研发以及海外市场拓展；平安好医生获得海外知名股权投资基金、五百强大型央企、国有金融企业及互联网公司投资的5亿美元A轮融资；易建科技定增30亿元人民币，以云计算、物联网技术为基础，用以提供跨行业、智能化、信息化的综合解决方案。

从融资进度来看，我国大数据企业多数处于发展初期，因此获A轮以及天使轮融资的企业比例偏高，在2016年占到70%左右。但随着大数据企业的成长，相对于2014年，获得C轮融资的企业比例明显增多。从融资估值来看，A轮融资估值均值达到2亿元，B轮融资估值均值达到5亿元，C轮融资估值均值达到10亿元。

年份	A轮	B轮	C轮
2016年	70%	25%	5%
2015年	55%	45%	5%
2014年	95%	4%	1%

图3－2　大数据资本市场融资进度

资料来源：赛迪研究院，2016年12月。

从投融资方向来看，行业应用继续成为投融资热点。2016年，金融资本热衷于投向掌握行业应用产品和服务的企业，或具有行业应用开发潜力的公司。数据猿公司发布的数据显示，2016年上半年中国在大数据行业应用的投资比例高达95%，在大数据技术领域不到5%。其中，交通、物流、医疗、金融、教育、电子商务、娱乐等领域的融资并购频繁，投融资规模最大的三个行业领域分别为交通、物流和医疗，投融资规模分别为305.4亿元，105.0亿元和50.7亿元。

二、主要问题

（一）工业大数据服务与应用能力较弱

工业领域是大数据与传统产业融合发展的重要战场，工业大数据发展水平直接关系到国家经济发展，然而，当前我国工业大数据服务供给能力和应用能力还都比较薄弱，在一定程度上制约了两化深度融合的快速推进。从供给端来看，目前在大数据领域实力过硬的企业多为诸如IBM、GE等一些国外企业。尽管华为、浪潮等在工业大数据领域都有一定部署，但是受技术、人才以及与行业结合不足等因素制约，国内企业的工业大数据自主产品服务还不能实现全产业链覆盖，应用尚未形成规模，且工业大数据服务企业对不同工业领域的需求理解不够，产品和服务难以满足工业制造企业的智能化生产与管理要求。从应用端来看，我国工业企业内部数据孤岛和碎片化现象严重，数据生成和处理不规范，企业数据不准确、数据缺失、数据质量差、数据可用性低等问题较为常见，对大数据应用造成很大的制约。此外，企业很多业务部门没有清晰的大数据需求，大数据服务提供商又未能在短期内开发出成熟的行业解决方案，致使企业级大数据陷入需求不明无法推出成熟产品，没有成功产品无法积累更多数据，没有有效数据又挖掘不出需求的恶性循环。

（二）产业统计和评估指标体系缺失

大数据是新兴领域，其产业边界、产业范围尚不清晰，传统的国民经济统计体系无法对其覆盖和衡量，因此在衡量全国及各地大数据资源建设状况、开放共享程度、产业发展能力、应用水平等方面存在困难，需要研究建立关于数据资源、产业分类和规模等方面的统计分析体系和评估体系，明确产业范围和产业主体，确定产业口径，开展产业发展统计监测，从而更好地衡量产业发展情况，为行业管理部门提供参考。

（三）产业公共服务能力有待提升

大数据技术、产品、服务不断丰富，对技术成果转化、知识产权保护、产品和服务评测认证等产业公共服务提出了更高要求。目前，我国面向大数据产业提供产业咨询、知识产权保护、投融资、产权交易、人才服务、企业孵化和品牌推广等专业服务的第三方机构数量较少，面向大数据产品和服务提供可用性、可靠性、安全性和规模质量等方面的评估、评测、检测认证服务的第三方机构尚未形成规模，对产业的支撑能力不强，亟须围绕共性基础技术研发、标准研制、技术产品测试验证和开源社区建设等重大需求，建设一批大数据技术与产业公共服务平台，开放式地为产业各环节提供支撑服务，以此为抓手构建和发展大数据产业生态。

（四）交易机制和法规体系尚不完善

随着大数据应用程度加深，政府、企业或组织已经认识到引入外部数据对自身发展的重大作用，进而激发了数据开放和交易的需求。在此形势下，全国各地纷纷建立大数据流通交易平台。然而，目前数据所有权如何界定不清晰，可交易的数据范围不明确，数据交易机制不规范，数据如何进行质量评价、如何估值和定价缺乏评判标准，使得数据的交易和流通面临着巨大障碍，需要针对数据确权、估值、市场机制等前瞻性问题开展理论研究，制定相关法律法规，尽快形成数据交易规则与标准体系，为数据资源的有效流通和高效利用奠定坚实基础。

（五）数据主权保护面临新的挑战

大数据时代，数据资源作为信息社会的重要生产要素、无形资产和社会财富，成为一个国家的基础性战略资源，对数据资源的占有和利用已经成为国家间竞争和博弈的重要方面。同时，由于数据在网络虚拟空间进行传播，目前的技术手段和行政手段都无法有效地对数据进行监控管理，各国对本国数据的控制力不足，使得数据主权成为国际各方关注的重要概念。美、欧等国家纷纷利用技术优势和法律法规加强本国数据主权保护，我国倡议国际互联网治理应坚持以尊重网络主权为首的四项基本原则，构建网络空间命运共同体。但目前，由于基础核心技术支撑能力较弱、数据跨境流动保护规则缺失等现状，需进一步出台措施，提高数据主权保障能力。

行 业 篇

第四章　大数据硬件

2016 年，我国大数据硬件市场迎来高速发展期，全年大数据硬件市场规模达到 1093 亿元，增速高达 37.46%。数据采集领域的智能硬件发展势头迅猛，数据采集设备逐渐呈现出可编程的特性。数据存储核心技术国产化上升到国家战略层面，各大企业加大投入攻克存储芯片核心技术。国内云计算数据中心建设的加快有力推动了我国计算服务器市场的快速发展，国产处理器芯片也基本能满足大数据计算的需求。以华为 SAP HANA 一体机、曙光 XData 等为代表的国内大数据一体化产品和解决方案不断涌现。地方政府和大型互联网企业纷纷布局大数据中心，掀起数据中心建设热潮。开源技术和虚拟化技术成为我国大数据硬件创新发展的重要路径，企业对数据中心等硬件创新的要求不断提升。

一、发展概况

大数据产业快速发展和大数据服务优化均离不开大数据硬件和软件的重要支撑。大数据硬件是指数据的产生、采集、存储、计算处理、应用等一系列与大数据产业环节相关的硬件设备，主要包括传感器、移动智能终端、数据传输设备、存储设备、服务器、网络（安全）设备等。作为大数据软件和系统的重要载体，大数据硬件对产品性能提升、功能优化、服务优化等有着至关重要的影响。随着我国大数据产业的快速发展以及应用领域的不断扩展，我国大数据硬件市场也迎来了高速发展的态势，据 2016 年中国大数据交易白皮书统计，预计 2016 年我国大数据硬件市场规模将达到 1093 亿元，增速高达 37.46%，然而，随着大数据产业由爆发期向成长期转变，前期大数据硬件基础设施建设的不断完善，大数据硬件投入也将呈现逐步趋稳的态势，大数据硬件在整个大数据产业中的比重也将有所降低，相应的大数据软件和服务的比重将有所提升。以下将重点从数据采集、存储、计算、数据中心等环节对我国大数据硬件的发展概况进行分析和总结。

（一）数据采集

数据采集是通过RFID射频技术、传感器以及移动互联网等方式获得各种类型的结构化和非结构化的海量数据，并完成对已接收数据的辨析、抽取、清洗等操作。数据采集是海量数据获取的重要入口，是大数据分析挖掘、计算处理、存储、应用的前提条件。当前数据采集设备分布广泛，主要包括移动智能终端、可穿戴设备、智能车载设备、监控设备、传感设备、RFID设备，还包括面向特定行业的数据采集设备，如一卡通、POS机、可穿戴医疗设备、智能手环、工业数据采集系统等。

数据采集设备属于物联网设备范畴，侧重于对数据的采集和预处理。2016年，随着车联网、智慧医疗以及工业互联网的快速发展，相应细分领域的具有数据采集功能的智能硬件发展势头也十分迅速。在智能车载设备方面，车载操作系统、车控操作系统、北斗导航、宽带移动通信、大数据等新一代信息技术与车载设备的集成应用更加深入，芯片、元器件、零部件和整车设备的检测认证能力不断提升，配套供应体系逐步建立健全；在智能医疗健康设备方面，随着健康监护、远程诊疗、居家养老等需求的不断提升，家庭诊疗设备、智能健康监护设备、智能分析诊断设备等一系列健康医疗领域的数据采集设备的开发和应用不断推进，不同设备及系统间接口、协议和数据的互联互通也不断强化；在工业级智能设备方面，具备实时采集、自动存储、即时显示、即时反馈、自动处理、自动传输功能的工业数据采集系统发展迅速，高可靠智能工业传感器、智能工业网关、智能PLC、工业级可穿戴设备和无人系统等智能硬件的发展需求更加旺盛。

（二）数据存储

数据存储是指采用合理、安全、有效的方式将数据保存到某种介质上，并能保证后续对该数据进行有效、快速访问。存储系统不仅仅是存储介质，还包括保证数据安全存放，高效读取的软件或硬件。在大数据时代，由于对响应时效和随机存取提出了更高要求，传统HHD硬盘面临较大挑战，SSD固态硬盘替代将是大势所趋。同时，SRAM、ROM、DRAM等传统存储技术已经十分成熟，且关键技术大多掌握在三星、东芝、SanDisk 等国外厂商手中，但 FRAM、MRAM、PRAM、RRAM 等替代存储技术的发展仍处于起步阶段，我国存储厂商仍面临良好的发展机遇。

数据存储事关国家安全，在国家自主可控的大背景下，去 IOE 进程不断加快，以存储芯片为代表的核心技术国产化进程也持续推进，已经上升到国家战略层面。国家持续加大政策支持力度，统筹协调各方资源攻克存储芯片关键核心技术。2015 年，同方国芯募集 800 亿元，其中，600 亿元投入存储芯片工厂，37.9 亿元收购台湾力成 25% 股权，162 亿元投入对芯片产业链上下游公司的收购；紫光集团明确表示未来将投资 300 亿美元主攻存储器芯片制造；2016 年 3 月，武汉新芯启动存储器基地项目，该项目将在 5 年内投资约 1600 亿元，所用资金主要用于技术研发、项目基建、设备采购和产业链构建四个方面；2016 年 5 月，福建晋华与联电合作开发 32 纳米制程的 DRAM，项目总投资 370 亿元，并被纳入国家“十三五”集成电路重大项目清单；合肥联手兆基科技，投资 460 亿元建设 DRAM 工程，预计到 2018 年下半年实现量产，届时 12 英寸晶圆月产能达到 10 万片。

（三）数据计算

数据计算处理涉及服务器、芯片、操作系统、数据库、中间件、系统集成等众多方面，其中与数据计算处理直接相关的硬件主要包括芯片和服务器两大类型。

从芯片来看，全球 IT 系统生态实际上是建立在芯片基础之上的，英特尔在 X86 架构下的处理器芯片领跑全球，牢牢掌握了整个电脑整机及中低端服务器市场；ARM 作为精简指令集处理器架构，具有体积小、低能耗的特点，在移动终端领域占据主导地位。从我国芯片市场来看，仍然由国外芯片主导，占比超过 90%，然而，近年来，随着自主可控战略的大力推进，我国一直通过授权和自主研发相结合的方式加强处理器研发，自主研发的国产芯片性能已经基本满足使用需求，形成了龙芯、申威、兆芯、飞腾等服务器芯片，以及海思、展讯等移动端处理器芯片。截至 2016 年，飞腾成为最成功的国产处理器，性能快速提升，整机生态优化能够满足应用需求。基于 ARM 架构的自主可控国产飞腾 1500A 芯片在专业测试中，与 X86 架构下的英特尔酷睿 i5 处理器性能相当，能够满足多种应用需求，且中国电子（CEC）基于飞腾芯片已经搭建完整的生态，形成了从芯片到硬件整机到网络设备到操作系统、数据库的完整布局，国产替代的技术条件已经成熟。

从服务器来看，随着云计算、大数据、社交娱乐、移动设备需求的持续释放，以及国内云计算数据中心建设进程的加速推进，我国服务器市场保持平稳增长的态势，成为全球服务器出货量增长的重要原动力。从国内服务器市场来看，IBM、戴尔、惠普等国外品牌仍然占据60%左右的市场份额。然而，在国产化趋势的大背景下，以浪潮、华为、联想为代表的国产服务器厂商市场份额也出现大幅增长。2016年，围绕着飞腾1500A系列处理器，国内长城、浪潮、宝德、联想等厂商已经完成了系列整机产品的研发，主要涵盖服务器、台式终端、一体机等产品。随着底层芯片的国产化进程不断加快，新一轮完全自主可控的整机系统（服务器＋PC）市场空间将持续拓展。

（四）大数据一体机

大数据一体机是专门为海量数据分析处理而设计的软硬件结合的计算机设备，主要由集成的服务器、存储设备、操作系统、数据库管理系统以及便于数据查询、处理、分析的预装软件等组成，重点解决了大数据时代基础设施的持续扩展问题、海量数据的存储成本问题以及数据处理的个性化需求问题。大数据一体机通常采用分布式大数据处理架构，能够实现从数据采集、数据存储、数据处理、数据分析到数据呈现的全环节覆盖，具有扩展性强、吞吐量高、延迟低等特点，满足个性化定制需求。截至2016年，为满足我国不断增长和变化的大数据应用需求，我国大数据一体机市场发展十分迅速，呈现出百花齐放的繁荣景象。国内外IT巨头均推出了面向大数据的一体化产品和解决方案，如IBM的Netezza一体机、Oracle的Exadata一体机、EMC的Greenplum一体机，以及国内华为SAP HANA一体机、浪潮云海大数据一体机、曙光XData大数据一体机等。

华为SAP HANA一体机是基于内存运算的数据库一体机，将华为软硬件平台与SAP HANA内存数据库软件有效结合，帮助企业用户分析和获取关键数据，抢占业务决策先机。该一体机将数据分析与业务交互有机整合，直接在内存中进行，突破了传统关系型数据库在实时业务中的性能瓶颈限制。同时，在高性能硬件配置方面，华为能够提供完整的 SAP HANA 一体机部署选项，包括单节点、集群以及定制数据中心解决方案，可灵活选择 128GB 到 64TB 以上的内存规模，并支持平滑扩展到更大的规模，提升用户体验、保护用户利益。

浪潮云海大数据一体机重点面向大数据行业应用，采用新型技术体系架构，覆盖数据存储、数据分析处理、数据呈现等全环节。该一体机采用全分布式大数据处理架构，集成计算单元、存储单元、通信单元、管理单元等核心模块，针对大数据处理的实时分析、深度挖掘和大容量数据仓库三类核心应用，向用户提供个性化解决方案。此外，还可为客户提供基于飞腾处理器、浪潮 K-UNIX 系统等自主可控产品的国产化解决方案，从业务分析、应用迁移、应用开发到运维服务的全流程提供服务，帮助用户解决在实施分布式数据处理架构面临的软硬件部署、二次开发等问题，实现由传统数据仓库向新型大数据平台的迁移。

曙光 XData 大数据一体机将数据存储单元和处理单元分离，通过服务中间件将数据存储节点聚合成单一数据处理系统映像，提高数据读写和计算并发度，使得系统保持良好的扩展性、可靠性和可维护性。支持对海量结构化和非结构化数据的高速写入，可按照语义对存储组织进行查询检索和统计分析，尤其在并行数据查询方面，能够依据行业特性，为用户提供优化的查询策略。在硬件成本方面，可按照数据量和访问频率进行分级存储，全面降低用户的硬件成本投入。

（五）数据中心

数据中心作为信息化的重要载体，提供信息数据存储和信息系统运行平台的重要支撑，是推进云计算、大数据、人工智能等新一代信息技术发展的关键资源。随着大数据、物联网、移动互联网等新兴技术的普及和应用，数据流量和存储量呈现爆发式增长，数据中心的基础作用进一步突显，已成为信息社会发展的重要基础设施。数据中心逐步从传统数据中心向云计算数据中心变革，通过虚拟化、并行计算、安全策略及能源管理等新技术，解决传统数据中心成本增加过快、能耗过多等问题，通过标准化、模块化、动态弹性部署等方式实现对业务服务的敏捷响应和按需获取。国内外 IT 巨头，如微软、谷歌、华为、浪潮等均加大投入来强化其数据中心建设。

2016 年，我国大数据中心已逐步迈入整合升级、云计算化的新阶段，从传统的资源消耗型向平台应用型转型提升。地方政府和大型 IT 知名厂商纷纷布局大数据中心业务，掀起了新一轮的产业发展热潮。政府大力支持和引导建设安全、智能、绿色的数据中心。截至 2016 年，以工信部、国家发改委、国土资源部为代表的国家部委出台了一系列相关政策，如《国家绿色数据中心试点工作方案》《关于数据中心建设布局的指导意见》《进一步规范整个 IDC 和 ISP 市场准入工作的通告》等，从绿色节能、技术先进、合理布局等角度对我国数据中心建设提出了相关要求。从第二批国家大数据综合试验区来看，内蒙古自治区作为唯一一家大数据基础设施统筹发展类综合试验区，充分发挥区域能源、气候、地质等优势上，加大资源整合力度，强化绿色集约发展，截至 2016 年，全区在建的云计算数据中心有 10 多个，服务器承载能力已经达到 70 多万台，已经安装服务器 30 多万台。从区域发展角度来看，数据中心建设布局分工也较为明确。京津冀地区已形成了“中关村技术研发—天津装备制造—张家口、承德数据存储”的分工合理、协同发展的大数据走廊。珠三角地区大数据产业呈现“广深引领、珠三角集聚、粤北东西紧随”的发展态势，集聚了佛山云计算中心、江门“珠西数谷”、云浮数据中心产业园等一批数据中心项目。

从我国数据中心市场来看，仍然以中国电信、中国移动、中国联通三家电信运营商为主导，市场占有率接近 50%，其主要具有直接连接主干网络的带宽优势、庞大的客户资源以及可实现全国范围布局的区位先发优势。此外，还涌现出以世纪互联、鹏博士、光环新网、网宿科技为代表的一批第三方数据中心服务运营商。

二、发展特点

（一）产品特点

数据采集设备呈现可编程的重要特性。随着物联网时代的来临，对于数据采集设备的要求也不断提高，功能也逐渐从数据采集向数据预处理扩展，数据采集设备也呈现出可编程的特性。通常来看，数据采集设备可提供可编程的配置接口，通过软件对采集数据进行可编程的自定义。数据采集设备的可编程配置文件，可由云端控制器进行统一管理、修改和保存，运维人员只需在云端做好配置文件，各采集设备就可实现自动升级，向第三方应用平台提供输出。此外，智能数据采集设备还可实现网络监测功能与第三方应用的需求分离，解决原始采集数据无法满足第三方应用，以及数据采集平台重复建设等一系列问题。

（二）技术特点

开源技术生态成为自主创新的重要路径。以 Hadoop 和 Spark 为主导的开源技术生态，成为国内大数据硬件创新发展的重要路径。从 Hadoop 平台技术来看，其具有高容错率、去中心化及处理引擎更靠近储存端等特点，改变了原先对于大数据处理架构中对单个服务器高性能计算能力的苛刻要求，尤其是对于海量非结构化数据，利用扁平化大规模服务器可以达到更高效的数据处理效果。随着 Hadoop 技术的不断推广和成熟，基于 Hadoop 技术的二次开发及技术迭代发展也十分迅速，这使得在国内广阔的应用市场背景下，为我国大数据硬件厂商走自主可控国产化发展带来了重大机遇。从 Spark 来看，其更加得到大数据基础设施提供商的青睐，相对 Hadoop 技术，在降低内存中分析数据成本的同时，还提升了数据处理速度，Spark 能更好地适用于数据挖掘与机器学习等需要迭代的算法。

虚拟化技术成为大数据基础设施建设的首选。随着云计算技术和应用的不断成熟，虚拟化技术成为各国大数据基础设施建设的首要选择。首先，虚拟化技术能够动态调用空闲资源，降低服务器部署规模，显著提升资源利用率。传统 IT 企业服务器部署规模一般需要针对峰值进行配置，服务器处理能力远远大于服务器的平均负载，且大部分时间处于闲置状态。其次，虚拟化能提供相互隔离、安全、高效的应用执行环境。用户可以在同一台计算机上模拟多个系统，且在虚拟系统环境下各个子系统彼此独立，即使某个子系统遭受攻击而崩溃，也不会对其他系统造成影响，且被攻击的子系统可通过备份机制及时恢复。最后，虚拟化技术能更加便捷高效地对资源进行管理和升级。传统 IT 服务器资源是硬件相对独立的个体，需要针对每个资源进行维护和升级，虚拟化系统通过资源整合，进一步优化了管理和升级手段，简化了传统企业需要进行容量规划、定制服务器、安装硬件等一系列工作。

（三）企业特点

企业对数据中心等硬件创新的热度不断提升。传统数据中心的衡量要素主要包括服务器数量、存储容量等量化指标，而新型数据中心则更多注重对存储设备、计算设备、信息处理设备的研发创新，不断提升其性能和功能，以支撑海量数据的处理以及提升高可靠性、实时性的事务响应能力。以阿里巴巴数据中心为例，阿里巴巴作为全球领先的互联网综合服务平台，拥有全球最大的以电商为核心的复杂业务体系，2016 年公司“双十一”销售额 6 分 58 秒破百亿，交易峰值 17.5 万笔/秒，全天 24 小时销售额高达 1207 亿元，这一切都离不开公司在全球部署的数十个数据中心。阿里巴巴数据中心主要致力于基于 Broadwell 核心定制 CPU - AliCPU、高密度存储解决方案、自研 SSD - AliFlash、下一代自研服务器 - AliServer 等四大硬件的创新。AliCPU 更注重单位能效比，整体机型 TCO 优化 20%；高密度存储解决方案采用自研模块化、高密度、整机架一体式存储服务器，单位存储容量行业领先，TCO 降低 50%；AliFlash 可结合不同业务场景深度优化，实现规模化部署和软硬协同，TCO 优化 10%—20%；AliServer 具有自主知识产权，质量过程全白盒化，实现阿里巴巴 80% 以上机型能够支撑业务规模上线。

第五章　大数据软件

2016 年，我国大数据软硬件产品市场规模达到 169 亿元，预计“十三五”期间我国大数据软件市场规模将持续保持 30% 左右的增长速度。大数据和云计算概念的兴起引领传统 IT 企业加快转型升级。我国大数据创新企业占比较高，在京津冀等大数据产业发展较为成熟的地区新创企业市场份额依然超过 50%。大数据技术应用于不同行业领域的应用模式和商业模式成为大数据软件企业发展的重要驱动力。我国大数据软件企业集中于大数据整体解决方案和管理软件环节，科技企业是主导大数据软件技术发展的主要力量，金融、制造业和电力能源是大数据软件应用最多的三个领域。

大数据软件主要是指围绕海量数据资源计算、存储、管理、分析、可视化等环节的软件，包括大数据存储软件、大数据管理软件、大数据操作系统、大数据预处理软件、大数据分析处理软件、大数据可视化软件等。围绕大数据软件形成的产业业态成为大数据软件产业。

一、发展概况

（一）产业规模持续增长

随着关键技术不断进步、数据管理分析等相关产品不断成熟、企业数量不断增多，大数据概念得到了广泛认可，大数据软件的市场规模呈现高速增长态势。尤其在应用方面，大数据之所以能够成为发展热点，关键在于各个行业领域能够通过对大数据的分析，从大量的详细数据中真正获得有价值的信息，并在经济发展、社会管理、安全保障等方面形成巨大效益，我国有着大国大市场的天然优势，应用领域广，应用场景多，近年来大数据应用不断深化，带动了大数据软件市场高速增长。赛迪分析，2015 年，包括硬件产品和软件产品在内，我国大数据产品市场规模约为 125 亿元，2016 年达到 169

亿元，增速达35%。预计“十三五”期间，我国大数据软件市场规模增速将保持在30%左右。

（二）传统企业加快转型步伐

随着云计算、大数据概念的兴起，传统IT市场的规模逐渐萎缩，用户的需求向云计算、大数据等新模式、新产品转移，传统IT企业普遍认识到向云计算、大数据转型的重要意义。2016年，传统硬件和软件屡屡遭遇挑战，为迎合市场需求，传统IT企业大力布局大数据领域业务。人大金仓立足自身在数据库领域的技术沉淀和产品基础，依靠在数据库研发、数据治理、数据分析等方面的积累，在发展国产数据库的同时，积极向大数据转型，推出了一系列大数据解决方案，逐渐形成了以大数据基础平台、政府大数据、智慧城市大数据、大数据分析为解决方案主线，为各行业提供大数据建设的规划和设计的咨询、大数据平台搭建到应用实施的一站式服务。用友积极研发大数据产品，为企业提供高效的建模工具，帮助企业在大数据上进行数据挖掘，同时提供模型应用系统。2016年，用友研发企业大数据管理平台，为帮助企业处理分析内外部系统数据提供了一系列服务与工具，能够支持对企业内部数据以及互联网相关数据的采集、存储、管理、处理、分析、展现、应用，支持结构化和非结构化数据处理，同时通过云服务和移动化的形式增强了用户随时随地对数据进行获取与分析的能力。

（三）中小企业成为大数据创新重要力量

大数据领域刚刚兴起，还没有和传统IT领域一样出现处于垄断地位的巨头，没有形成固定的企业结构，给新创企业和中小企业的发展壮大带来了难得的机遇期。目前，大数据领域拥有众多的中小微企业，长尾效应明显，新创企业不断出现，中小企业不断成长。在发达的金融市场助力下，任何一家公司只要拥有某一方面、某一领域的好技术、好想法、好模式，都有可能成长为大数据领域的独角兽。赛迪研究院中国大数据产业生态地图调查结果显示，我国大数据新创企业（成立时间不超过3年）占据很高的比例，即使在大数据发展较为成熟的珠三角、京津冀地区，新创企业的市场份额依然占据50%以上。

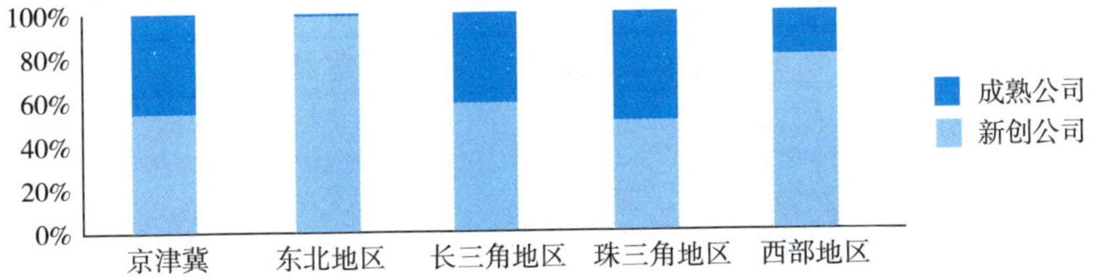

图 5－1 大数据成熟企业与新创企业对比示意图

资料来源：赛迪研究院，2016 年 12 月。

（四）技术创新驱动向应用创新驱动转变

大数据发展的初期，Hadoop 分布式文件系统、MapReduce 算法、大规模并行处理（MPP）数据库等关键技术对大数据产业发展起到了重要作用，随着大数据应用逐渐深入，大数据技术更多地应用人工智能等领域较为成熟的技术，如何将大数据技术应用于各个行业领域，如何创新大数据的应用模式和商业模式，成为大数据产业发展的重要驱动力。尤其在开源技术的影响下，大数据的技术壁垒越来越低，使得开展大数据业务的企业无须担忧技术实现问题，而是将更多的精力和资源投入到对需求的挖掘、分析和满足上。面对各行业的特性需求和不同用户的个性化需求，企业不断地创新出新技术、新产品、新业态和新模式。

二、发展特点

（一）结构特点

整体解决方案及管理软件成为主体。从产业链结构来看，我国大数据软件企业集中在大数据整体解决方案和大数据管理软件环节，专业的大数据分析挖掘软件和可视化软件相对较少。据工信部大数据优秀产品、服务和应用解决方案调研结果显示，从事大数据整体解决方案的企业和从事大数据管理软件的企业合计占企业总数的 59%，大数据计算和可视化软件企业合计不到 20%。

千万级企业占比最大。大数据在中国的发展时间不长，但是在国家和业内的高度关注下发展迅速，不论是传统大型 IT 企业还是新兴的大数据企业，已经在大数据的投入中获得相应的回报，企业年收入逐年增长。目前，我国年收入在1000万元至1亿元之间的大数据企业数量最多，约占企业总数的37%；年收入在1亿元至3亿元之间的企业占比则达到21%。

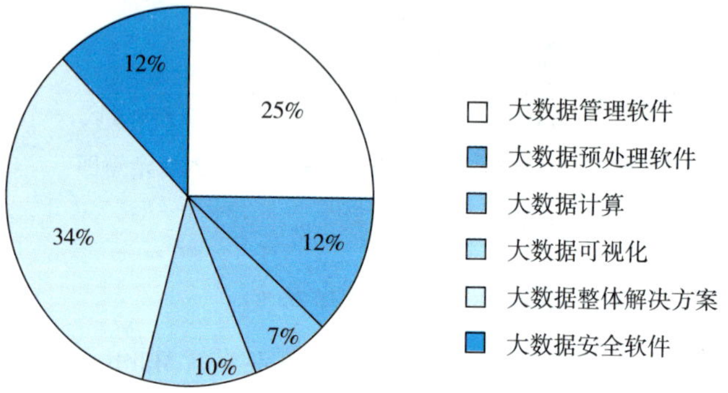

图5-2 大数据软件产业链结构示意图

资料来源：工信部大数据优秀产品服务和应用解决方案调研，2016年12月。

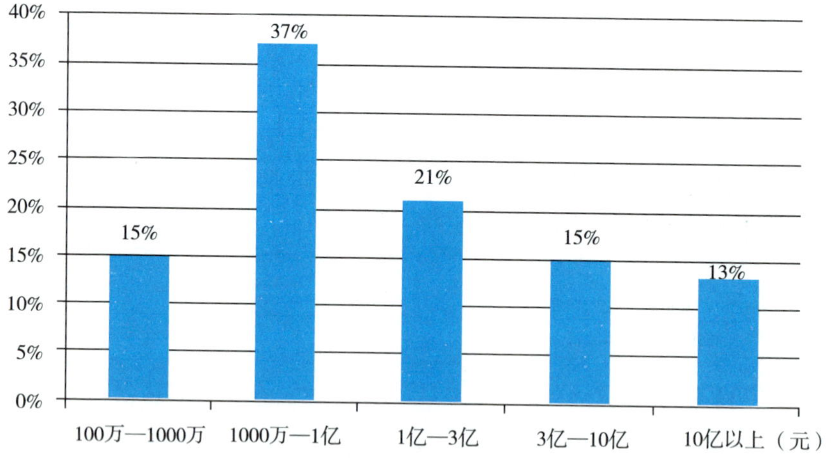

图5-3 我国大数据企业年收入占比示意图

资料来源：赛迪研究院大数据产业生态地图调研，2016年12月。

（二）技术特点

开源成为大数据软件技术创新的主要模式。从大数据的发展历程可以看出，大数据源于开源，并基于开源不断演进发展，自身就已具备了开源基因。经过若干年的发展，开源软件和开源工具已经覆盖到了大数据产业发展的各个环节，基于开源软件企业可以快速构建大数据应用平台，提供丰富的大数据开发和应用工具。当前，从小型初创企业到行业科技巨头，各种规模的企业都在使用开源软件和工具处理大数据和基于数据的预测分析。由此可见，开源不仅驱动着大数据技术的创新演进，也推动着大数据产业的不断进步，对繁荣大数据应用生态起到了不可忽视的作用。

表 5－1　大数据各领域开源软件汇总

主要领域	细分领域	开源软件
大数据计算	流式计算	Facebook Puma、Twitter Rainbird、Yahoo S4、Twitter Storm、DataTorrent
	迭代计算	Apache Hama、Apache Giraph、HaLoop、Twister
	离线计算	Hadoop MapReduce、Berkeley Spark
大数据存储	键值存储	LevelDB、RocksDB、HyperDex、TokyoCabinet、Voldemort、Amazon Dynamo、Tair、Apache Accumulo、Redis
	表格存储	OceanBase、Amazon SimpleDB、Vertica、Cassandra、HyperTable、FoundationDB、HBase
	文件存储	CouchDB、MongoDB、Tachyon、KFS、HDFS
数据查询检索	查询引擎	Phoenix、Stinger、Presto、Shark、Pig、Cloudera Impala、Apache Drill、Apache Tajo、Hive
	检索引擎	Nutch、Lucene、SolrCloud、Solr、ElasticSearch、Sphinx、SenseiDB
基础平台	编程语言	R、ECL
	基础组件	LevelDB、SSTable、RecordIO、Flat Buffers、Protocol Buffers、Consistent Hashing、Netty、BloomFilter
	云平台	OpenStack、Docker、Kubernetes、Imctfy
平台管理	资源管理	Twitter Mesos、Hadoop Yarn、
	内存管理	Ignite、Terracotta、Pivotal GemFire/Geode、GridGain、Infinispan
	日志收集	Facebook Scribe、Cloudera Flume、logstash、kibana
	消息系统	StormMQ、ZeroMQ、RabbitMQ、Apache ActiveMQ、Jafka、Apache Kafka
	监控管理	Dapper、Zipkin、
系统工具	分布式服务	ZooKeeper
	远程调用	Apache Avro、Facebook Thrift、
	集群管理	Nagios、Ganglia、Apache Ambari
大数据应用	分析报告	Mahout、Splunk、Talend
	商业智能	Talend Open Studio、Jaspersoft、Pentaho、SpagoBI、KNIME、BIRT
	数据挖掘	DataMelt、KEEL、Orange、RapidMiner、Rattle、SPMF、Weka

资料来源：赛迪研究院大数据产业生态地图调研，2016 年 12 月。

科技企业主导大数据技术发展。大数据软件技术创新离不开全球主要科技企业的参与。科技企业是大数据技术创新的主要力量，这就要求科技企业不断扩大行业影响力，紧抓技术创新前沿，抢占大数据技术发展和标准制定的话语权，培育发展形成以企业核心竞争力为中心、以开源为主要方式的新型产业生态。几乎在所有的开源项目背后，都有大型科技企业的支持。其中，也包括了我国科技企业的参与，如阿里巴巴开源了其 Tair 存储引擎和 OceanBase 数据库，前者是淘宝自行开发的一个分布式 key - value 存储引擎，可分为持久化和非持久化两种方式；后者是支持海量数据的高性能分布式数据库系统，实现了数千亿条记录、数百 TB 数据上的跨行跨表事务，由淘宝核心系统研发部、运维、DBA、广告、应用研发等部门共同完成。

（三）应用特点

行业应用不断深化。大数据作为一种重要的战略资源，已经不同程度地渗透到每个行业领域，随着大数据概念不断落地，其在各行业领域的应用呈现新的特点和趋势。政府运用大数据提升社会治理能力和公共管理水平，在宏观分析和日常运行中发挥重要作用；企业运用大数据优化运行效率，实现精准营销，优化客户服务；在金融、电信、制造、零售、交通、教育等各行业利用大数据分析目标客户、改善服务、开拓市场、提升组织效能、预测潜在风险。金融和广告行业是大数据应用起步最早的行业，未来大数据还将在更多行业得到广泛应用，大数据的应用场景将不断丰富。金融业可基于消费者和企业全面的交易、行为等信用数据分析提供贷款，降低坏账率，控制金融风险，开发理财等金融产品服务细分客户群；零售业可根据顾客购物习惯优化卖场布局和货架陈列，进行个性化商品推荐；制造业可运用大数据降低制造成本、掌握消费需求、改进产品缺陷，动态管理库存；交通业可根据实时路况分析缓解交通拥堵、基于传感器优化运输路线；在农业领域则可根据气象历史数据预测农产品的产量和市场价格；等等。

行业企业深耕行业应用需求提升垂直领域竞争优势。从细分领域来看，目前，政务、交通、金融是大数据软件应用最多的三个领域，制造业和电力能源紧随其后。工信部大数据优秀产品服务和应用解决方案调研结果显示，与行业领域结合的大数据软件产品中，政务领域占比最高，达到23.7%，交通和金融领域也都超过了10%。随着智慧城市的建设与应用落地，医疗、交通和政府领域对大数据的投资力度将继续提升，投资增速将超过其他行业。“中国制造2025”的逐步落实也将带来制造业领域大数据软件的飞速发展。其他行业未来将持续投入大数据产品，实现自身产业的升级，其市场占比将保持稳定。

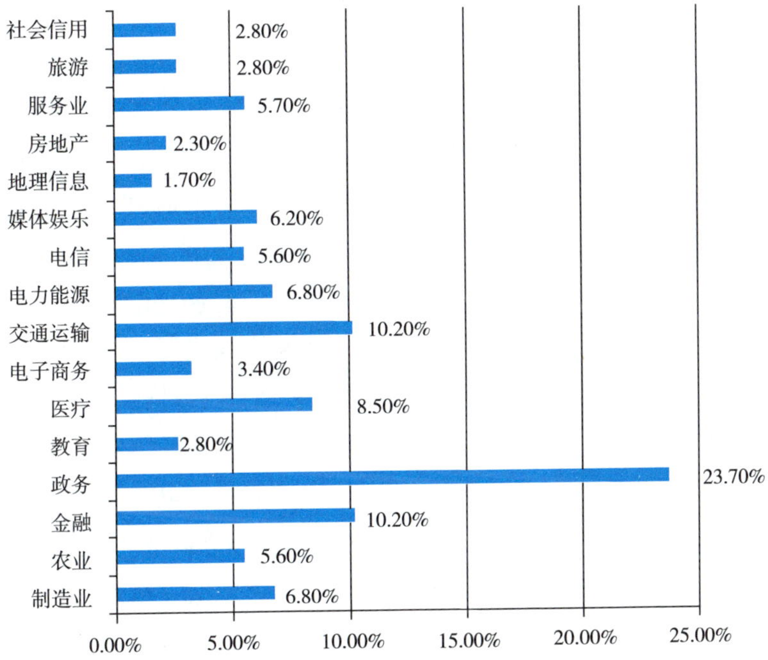

图5－4　行业大数据软件结构示意图

资料来源：工信部大数据优秀产品服务和应用解决方案调研，2016年12月。

第六章　大数据服务

2016年，我国大数据服务产业规模约为230亿元，占大数据及其相关产业总体规模的6%，预计“十三五”期间年均增速将超过50%，产业规模和地位将不断提升。我国大数据交易市场规模达到33.9亿元，全国范围内大数据交易中心数量大幅增加，贵阳大数据交易中心的带动和标杆作用日益凸显。面向行业应用的大数据服务水平不断提升，政务、金融、交通等领域的大数据服务平台日渐完善。数据源服务成为重点，初创型企业集中于数据清洗和价值挖掘领域，开源技术、区块链技术等越来越多地应用于大数据服务，大型互联网企业通过大数据服务平台的搭建加速拓展自身数据服务水平和规模。

根据中国电子信息产业发展研究院2016年8月发布的《大数据产业生态地图》，大数据服务主要是指基于数据资源的服务产业，其主要业态包括了数据交易、数据采集、数据应用服务、基于大数据的信息服务和数据增值服务。大数据服务企业则是指以大数据为核心资源，以大数据应用为主业开展商业经营的企业，代表企业有美林数据、百分点、星环科技、TalkingData、数据堂等等。

从数据流通的角度来看，大数据服务实质上贯穿了整个大数据核心流通体系的全部，同时也渗透到大数据相关产业发展中。本书中大数据服务既包括大数据核心服务体系，也涵盖大数据衍生服务体系。涉及大数据核心流通体系的大数据服务业态包括了数据采集服务、数据清洗加工服务、数据整合服务、数据分析及价值挖掘服务、数据展示服务等，其中数据分析及价值挖掘服务是指从海量数据中提取有用信息，从而帮助企业针对市场及用户资源开展市场营销活动、进行市场预测与生产优化、通过风险控制最终实现经营活动的利润最大化，是大数据服务产业的重点领域，也是整个大数据产业发展的最关键环节。涉及大数据衍生服务体系的大数据服务业态包括了数据交易服务、大数据咨询服务、大数据教育培训等，其中大数据交易服务是连接数据资源和大数据服务提供商之间的纽带，是推动大数据产业发展的重要抓手。

一、发展概况

（一）产业规模和地位持续提升

近年来，在信息技术快速创新演进和互联网服务不断深化的双重推动下，大数据产业在全球呈现出蓬勃向上的发展态势。从我国大数据产业的发展历程来看，在云计算、物联网的新兴领域的带动下，大数据硬件产品的研发和生产能力不断提升，在我国大数据产业发展过程中占据先发优势，进而推动全国各地兴起大数据中心的建设。与此同时，在 Hadoop、MapReduce、Spark 等开源技术的推动下，面向通用应用和特定行业应用的大数据软件产品不断涌现。而面向大数据核心价值挖掘和行业应用的大数据服务则起步较晚，大数据服务的相关标准尚未建立，服务产业生态不够完善，大数据服务业在大数据产业发展的早期所占比重较少。2016 年以来，随着大数据行业应用的不断深化，大型科技企业不断推动面向行业服务的大数据平台，技术创新型企业则加强了与数据提供商和数据应用企业的协作，大数据服务业呈现出高速发展态势，其在大数据产业中的比重也随之不断提升。

根据前瞻产业研究院发布的数据，2012 年，我国大数据服务市场规模约为 1.16 亿元，到 2014 年，市场规模约为 6.13 亿元，2016 年，大数据服务市场规模约为 20 亿元。未来五年，大数据服务市场年均复合增长率将超过硬件市场和软件市场，年均复合增长率将达到 75%。由此推算，到 2021 年，我国大数据服务市场规模将达到 300 亿元。

根据赛迪智库的分析统计，2015 年，我国大数据服务市场规模约为 140 亿元，占整个大数据产业规模的 5%。2016 年，我国大数据服务市场规模约为 230 亿元，占整个大数据产业规模的 6%。预计“十三五”期间，我国大数据服务产业年均增速将超过 50%，远超大数据硬件和软件产业增速。预计到 2020 年，我国大数据服务市场规模将达到 1200 亿元，占大数据及其相关产业总体规模的 12% 左右。

（二）大数据交易服务迎来快速发展阶段

大数据交易是指开展数据交互、整合、交换、交易的业务类型，从本质上来看，大数据交易并不是大数据价值挖掘的核心环节，其主要功能在于促进数据资源的有序合理流通，搭建了数据源与技术服务者联系的纽带。但从我国大数据产业发展现状来看，数据资源主要集中在政府、互联网巨头、电信运营商、行业领军企业等少数组织或企业中，而拥有大数据核心技术的创新型企业则受限于数据资源难以获取，难以得到快速发展。在此背景下，大数据交易服务在大数据产业发展中的地位逐渐上升，也越来越受到我国各地政府和企业的关注。

贵阳作为我国大数据产业发展的领跑者，在大数据交易服务方面率先布局。2015 年 4 月，贵阳大数据交易所宣布成立。2016 年，贵阳大数据交易所服务功能不断丰富，交易额也不断提升。至 2016 年初，贵阳大数据交易所交易金额突破 6000 万元人民币，会员数量超过 300 家，整合接入数据源公司超过 100 家，拥有的数据总量超过 10PB。至 2016 年 9 月，贵阳大数据交易所会员成员超过 500 家，代表企业有华为、腾讯、京东、中国联通、神州数码、中信银行等，拥有的可交易数据总量超过 60PB，框架协议交易额接近 3 亿元。此外，2016 年，贵阳大数据交易所在业务拓展方面也取得了积极进展，先后与云上贵州大数据产业发展有限公司、人民日报达成战略合作伙伴关系，联合清华大学、北京大学、贵州大学、南京大学等重点高校成立了中国大数据交易联合实验室，发起成立了中国城市大数据产业发展联盟。2016 年 8 月，与沈昌祥院士合作共建我国大数据领域第一个院士工作站。同时，贵阳交易所还与韩国 The IMC 公司、马来西亚大数据商务集团等国外企业合作，共同拓展海外业务。

在贵阳大数据交易所的带动下，2016 年，我国大数据交易服务发展迅猛，京津冀大数据交易中心、上海大数据交易中心、浙江大数据交易中心、长江大数据交易中心、华中大数据交易中心、徐州大数据交易所等近十家交易中心相继成立。根据贵阳交易所发布的《2016 年中国大数据交易产业白皮书》，2015 年我国大数据交易市场规模约为 33.9 亿元，预计 2016 年我国大数据交易市场规模将达到 62.1 亿元，到 2020 年达到 545 亿元，预计未来 5 年大数据交易市场规模年均增速将超过 70% 。

从我国主要的大数据交易中心对比来看，贵阳大数据交易所具有全国先发优势和标杆影响力，在政府数据公开等方面具有先导作用；长江大数据交易中心则以市场需求为导向，以企业数据为切入点，不断提升数据交易的市场化水平；东湖大数据交易所则主要面向个人数据交易，交易方式更为灵活；京津冀大数据交易中心则依托京津冀地区丰富的数据资源，在数据资产评估等数据增值服务等方面深入发力。

（三）面向行业的服务提升大数据服务市场化水平

2016 年，受益于数据存储基础设施逐步完善、行业云服务不断深入和行业应用软件持续丰富，以行业企业服务为导向的大数据服务快速落地，在政务、金融、电信等领域涌现出若干大数据服务平台，培育出一批行业领军企业。在公共服务方面，2016 年 12 月，贵州公共资源交易大数据应用服务平台正式上线运行，成为我国首个公共资源交易领域的大数据应用服务平台，该平台可围绕数据服务、数据监管、数据理政等三大方向为政府部门、市场主体和社会公众提供全方位多样化的大数据服务。至 2017 年 1 月，贵州公共资源交易大数据总站共交换数据 1600 余万次，数据量达到 600 余 GB。

在政府大数据服务领域，代表企业包括了合众数据、拓尔思、国云数据、东方国信、荣之联等。2016 年，大数据服务在基于大数据的舆情监控、事件预测和社会情绪分析、开放政府数据加强政府服务能力、利用大数据提高政府监管能力、利用大数据保障国家安全、利用大数据建设智慧政府和智慧城市等方面均开始发挥重要作用。2016 年，北京市金融工作局利用大数据监测预警非法集资平台，在打击集资专项整治行动中取得了明显成效。拓尔思承建的兰州市大数据项目利用兰州会已有的数据资源，在环境、交通拥堵、网络舆情、经济决策等方面提供了专题服务，以“全城一张图”的形式为政府和市民提供综合性信息服务和决策支持。

在金融、征信、零售、通信、交通等领域，我国大数据服务企业不断涌现，服务能力持续提升，代表企业见表 6 - 1。

表6-1 大数据服务主要方向及代表企业

序号	主要方向	代表企业
1	金融	阿里巴巴、京东、荣之联、拓尔思、贝格数据、宝信软件
2	征信	芝麻信用、腾讯征信、考拉征信、深圳前海征信、宜信致诚
3	零售	阿里巴巴、京东、智能集团、猫酷、麦家科技、富基融通
4	通信	华为、中兴、用友软件、东方国信、荣之联、北纬通信
5	交通	百度、高德、腾讯、四维图新、科大国创、银江股份、千方科技
6	医疗	万达信息、东软集团、春雨医生、东华软件、北大医疗、阿里健康
7	娱乐	百度、DataEye、克顿传媒、艺恩、艾漫数据、酷云 EYE
8	农业	浪潮集团、新希望、佳格、金正大集团、农信通科技、量子数聚

资料来源：数据猿。赛迪智库整理，2017年1月。

二、发展特点

（一）结构特点

数据源服务成为重点。从大数据产业生态体系角度来看，丰富的数据资源是大数据产业发展的起点，也是构建大数据生态圈的重要基础。发展大数据产业，必须要有丰富的数据资源提供相应支撑，因此，数据资源的开放利用至关重要，数据源服务商在大数据产业发展中处在的核心位置。数据服务商通过对海量数据的采集、整合和预处理，完成了对整个大数据生态圈的建构。在此基础上，进而推动数据价值的挖掘和应用，并带动服务器等大数据硬件、大数据分析软件等产业的快速发展。从我国大数据产业发展现状来看，以互联网巨头为代表的互联网数据源服务商在产业发展中占据了主导地位，成为构建大数据生态圈的主力军。未来，随着大数据与各行各业业务的融合渗透，拥有海量数据的行业领军企业有望成为新的数据源服务商，带动行业大数据服务产业的快速发展。

初创型公司扎推大数据清洗和价值挖掘服务。大数据清洗和价值挖掘服务是大数据产业发展的核心环节，也是大数据服务中最具技术含量的领域。近年来，随着大数据技术的不断成熟和市场环境的持续优化，大批初创企业用于大数据领域，力图在大数据产业发展浪潮中加速成长。但同时，由于大数据公司大多成立时间较短，自身业务产生的数据极为有限，主要作为数据源企业和企业级用户的桥梁，以数据加工、数据价值挖掘业务为主，面向企业用户提供数据支持和服务，在大数据产业发展中处在中间环节。数据显示，硅谷80%的大数据企业正在从事数据清洗、整理和价值挖掘的工作，随着我国创新创业环境的持续优化，我国从事大数据清洗和价值挖掘服务的初创型公司也在不断涌现。

（二）技术特点

开源技术应用逐步深入。开源是大数据技术创新的主要模式，开源大数据软件是推动大数据技术发展和服务创新的重要基础。根据初步统计，开源软件和开源工具包括计算软件、存储软件、查询软件、基础平台、平台管理、系统工具、数据应用等多个类型，覆盖了大数据服务产业发展的各个环节，基于开源软件企业可以快速地构建大数据应用平台，提供多种多样的大数据服务。2016年，在大数据开源软件领域，Spark 2.0的发布使得基于开源软件的大数据商业服务水平进一步提升，新的开源软件提高了大数据服务平台的稳定性和一致性。根据开源中国的统计，截至2017年1月，数据库、平台管理等领域的开源软件超过1000个，聚焦于企业应用的大数据开源软件接近100个。大数据领域开源软件的丰富和不断创新为大数据服务企业提供了必要的技术支持，是推动大数据服务产业发展的重要力量。

大数据+人工智能成为重要的发展方向。大数据服务中的核心环节是数据价值的挖掘，随着数据资源中非结构化数据的快速增长，传统的数据整合和处理方式已经无法满足大数据分析的需求，集合人工智能技术的大数据服务成为产业发展的重要方向。例如滴滴公司发布的数据显示，滴滴出行每天处理的数据量达到70TB，必须要借助人工智能算法才能够提高服务效果，满足用户需求。2016年，以百度、阿里巴巴、腾讯为代表的互联网大数据服务领军企业纷纷开启了“大数据+人工智能”战略，利用人工智能技术提高数据挖掘的效率和效果。2016年1月，在云栖大会上阿里巴巴发布了大数据平台“数加”，并于8月集成了人工智能ET，通过人工智能提高语音、图像等数据的分析能力。2016年7月，百度聚焦于人工智能和大数据的融合创新，公开提出了“人工智能、大数据和云计算”三位一体的发展战略。

区块链成为大数据交易的关键技术。区块链是指通过密码学方法产生相关联的一串数据块，以分布式方式实现集体维护可靠数据库的技术方案。本质上来看，区块链是一种点对点分布式账本技术，涉及数据库、安全加密、分布式计算、博弈论、共识机制等多种技术，区块链技术下的数据具有完整性、可靠性、连续性、永久性、可追溯性、精确性与透明性等特点，突出应用于有价值的数据流通方面。区块链技术最初是比特币的底层技术，2016 年，区块链技术在智能合约等领域实现了应用突破，成为信息技术创新发展的热点领域。从数据交易、流通的角度来看，数据确权机制缺乏、分级分类管理机制缺失、数据追溯能力不强和数据安全保障体系不完善等突出问题已经严重制约了数据的流通，区块链技术基于其共识机制、非对称加密、分布式存储等特点为破解以上问题提供新的路径。因此，区块链技术可成为大数据交易的重要基础和支撑。2016 年 11 月，京东云旗下京东万象数据服务商城宣布，其大数据交易平台将利用区块链技术来实现数据的溯源与确权，为数据交易提供技术保障。

（三）企业特点

大型企业通过构建平台加速拓展数据服务业务。由于数据源在大数据发展中处于基础性关键地位，拥有数据资源的企业在大数据发展中处于优势地位。从我国大数据产业发展现状来看，拥有海量互联网数据资源的百度、腾讯、阿里巴巴，以及拥有电信运营数据的电信运营商在大数据产业发展中处于领先地位。在拥有大量数据资源和大数据关键技术后，2016 年，互联网大数据服务巨头纷纷开放大数据服务平台，为企业和个人用户提供丰富的大数据服务应用。百度、腾讯早在 2015 年就完成了大数据服务平台的开发与上线，阿里巴巴于 2016 年 1 月推出了大数据平台“数加”并提供了 20 余个大数据产品，涵盖数据采集、计算引擎、数据加工、数据分析、机器学习、数据应用等数据应用服务。其中，百度凭借深厚的数据积累，在大数据服务领域占据一定的竞争优势，其提供的数据服务和产品包括了行业洞察、营销决策、客群分析、舆情监控、店铺分析、推荐引擎以及数据加油站等。京东等互联网企业也加快了建设大数据服务平台、丰富大数据服务应用的步伐，2016 年 10 月，京东云在北京推出了大数据服务平台——京东云数知，其依托京东云服务，以京东行业发展数据资源和计算能力为基础，打造形成面向社会公众的一站式大数据服务平台。其他互联网企业则通过合作的方式推动大数据服务平台的发展，2016 年 1 月，移动开发者服务平台友盟等企业宣布成立新公司“友盟 +”，以打造全域数据服务平台为聚焦，从数据采集、数据资产、数据产品及数据应用等多个方面为用户提供全域（PC、无线、线下和 IOT）数据一体化服务。

行业企业深耕行业应用需求提升垂直领域竞争优势。除了大型互联网企业之外，我国行业领军企业和深耕行业信息化的科技企业则聚焦于行业应用，研发面向特定应用场景的行业解决方案，为特定行业企业提供大数据服务。经过多年的积累与发展，金融、典型、政务、商贸等领域数据资源较为丰富，信息化发展水平较高，为行业大数据的发展提供了有利条件。在此背景下，垂直领域的大数据服务业呈现出快速发展态势，在营销、预测、预警、智能管理等场景下实现了应用。未来，随着行业信息化水平的不断提升和大数据技术的快速普及，在教育、医疗、农业、能源、交通等领域行业企业均有较大的发展空间，大数据技术的应用将为行业企业提高业务运营效率和水平、开展新型服务业务提供有力支撑。

第七章　大数据安全

2016年，国家和地方政府高度关注大数据安全发展和创新发展，大数据安全平台、信息安全等级评测中心、中国容灾备份云平台等大量涌现。《中华人民共和国网络安全法》的颁布从国家法律法规层面进一步明确大数据安全的管理规范。围绕着《网络安全法》，各级政府部门有序推进大数据安全标准制定和验证推广。电信、互联网、工业等行业大数据安全保护力度大幅提升。2016年，我国终端安全防护市场规模达到3.75亿美元，成为增长最快的细分市场。政府、电信、金融是大数据安全需求最大的三个行业，同时工业互联网安全市场也具有广阔的增量空间。

一、发展概况

（一）国家和地方大力推动大数据安全创新发展

习近平总书记提出“安全是发展的前提，发展是安全的保障”。随着大数据产业蓬勃发展，大数据安全问题也成为关注焦点。

国家层面，2016年8月，国家发改委发布《关于请组织申报大数据领域创新能力建设专项的通知》，表示将围绕大数据基础技术和应用技术，组建13个国家级大数据实验室，其中包括大数据协同安全技术国家工程实验室，重点提出建设大数据协同安全技术创新平台，支撑开展数据源可信验证、大流量数据安全传输、非关系型数据库存储安全、数据汇聚隐私保护、非结构数据动态脱敏、数据防泄露、软件系统漏洞分析、大数据系统风险评估和安全监测等技术的研发和工程化。2016年，工信部利用工业转型升级资金，支持面向重点区域的大数据应用示范、面向制造业的大数据解决方案应用示范和工业大数据平台建设，形成了一批安全可靠产品和解决方案；同时，在落实“中国制造2025”“互联网+”等战略以及制定“十三五”信息产业、两化融合等规划中，注重安全可靠软硬件产品的研发和健全相关领域安全保障措施。

地方层面，贵州省作为全国首个大数据综合试验区，高度重视大数据安全产业发展，明确表示在贵阳经开区建设大数据安全靶场，同时快速推进大数据安全产业园建设，并设立“贵阳市大数据信息安全产业创业投资基金”。截至 2016 年 12 月，贵阳市围绕大数据安全产业已经签约 25 个项目，主要包括奇虎 360 投资成立“贵阳 360 企业安全集团大数据情报分析公司”、上海畅星软件“贵阳车联网数据安全解决方案及云平台”、亚信安全“大数据安全管控平台”；众人科技“大数据 sotp 安全身份云”、公安部一所成立的“信息安全等级保护测评中心贵阳分中心”、中国容灾备份创新战略联盟、中国网络安全产业联盟等。

（二）大数据安全法律法规和规范逐步建立健全

长期以来，我国关于网络和信息安全的法律法规相对较为滞后，数据所有权、隐私权等相关法律法规和信息安全、开放共享等规范不健全，尚未建立起兼顾安全与发展的数据开放、管理和信息安全保障体系。然而，2016 年，我国在网络和数据安全立法层面实现了跨越式发展。2016 年 11 月，全国人大常委会正式通过《中华人民共和国网络安全法》，明确提出“国家鼓励开发网络数据安全保护和利用技术，促进公共数据资源开放，推动技术创新和经济社会发展”“关键信息基础设施的运营者在中华人民共和国境内运营中收集和产生的个人信息和重要数据应当在境内存储”，从国家法律法规层面进一步明确了对大数据安全的管理规范。2017 年 1 月，工信部制定并发布了《大数据产业发展规划（2016—2020 年）》，规划中特别提到大数据产业要安全规范发展，指出“坚持发展与安全并重，增强信息安全技术保障能力，建立健全安全防护体系，保障信息安全和个人隐私。加强行业自律，完善行业监管，促进数据资源有序流动与规范利用”。同时，提出了大数据安全保障工程，支持相关企业、科研院所开展大数据全生命周期安全研究，研发数据来源可信、多源融合安全数据分析等新型安全技术，推动数据安全态势感知、安全事件预警预测等新型安全产品研发和应用；支持建设一批大数据安全攻防仿真实验室。

（三）大数据安全标准制定和验证推广有序推进

政府高度重视大数据标准的制定工作，建设大数据标准体系和促进大数据产业发展相辅相成。在大数据安全方面，工信部大力推进制定和完善网络安全、数据安全相关规定和标准，制定了《电信和互联网用户个人电子信息保护通用技术要求和管理要求》和《电信和互联网用户个人电子信息保护监测要求》等行业标准，连续2年发布《大数据标准化白皮书》，已经开展数据质量、安全、开放共享和交易等方面的近20项国家标准的立项和研制工作。早在2014年12月，全国信息安全标准化技术委员会就启动大数据安全标准研究工作，开展了数据分类分级调研、标准化需求征集、国际国外标准化研究、大数据安全标准白皮书编写等一系列工作。2016年3月，全国信息安全标准化技术委员会秘书处在北京组织召开了“大数据安全技术和标准研讨会”，围绕大数据安全面临的形势、主要技术和存在的问题、标准化需求，以及国内外大数据安全实践等主题展开了研讨，来自启明星辰、阿里巴巴、华为、微软、英特尔等业界专家分享了用攻击研究来完善大数据安全标准、数据业务化时代面向可持续发展的数据安全、基于CIS大数据安全平台的立体协同防护体系、大数据安全应用与模型等大数据安全课题研究。

（四）行业应用大数据安全保护力度进一步加大

学习贯彻习近平总书记“4·19”重要讲话精神，深刻认识“金融、能源、电力、通信、交通等领域的关键信息基础设施是经济社会运行的神经中枢，是网络安全的重中之重，也是可能遭到重点攻击的目标”，落实“要全面加强网络安全检查，摸清家底，认清风险，找出漏洞，通报结果，督促整改”的相关要求，2016年7月，中央网信办针对全国关键信息基础设施网络安全保护启动安全检查工作，以涉及国计民生的关键业务为切入点，理清可能影响关键业务运转的信息系统和工业控制系统，准确掌握我国关键信息基础设施的安全状况，科学评估面临的网络安全风险，为构建关键信息基础设施安全保障体系提供基础数据和重要参考。

在电信和互联网领域，工信部推进落实《加强电信和互联网行业网络数据安全工作的指导意见》，组织开展了33个电信行业网络安全试点示范项目，覆盖企业内部集中化安全管理、网络和信息系统资产管理、数据安全保护、云平台安全防护、网络安全威胁监测与处置等多个领域；组织开展2016年试点示范工作，重点支持网络安全威胁监测预警、态势感知与技术处置，数据安全和用户信息保护，抗拒绝服务攻击，域名系统安全，企业内部集中化安全管理，新技术新业务网络安全等项目。

在工业大数据领域，2016 年 10 月，国家质检总局、国家标准委正式发布了《工业自动化和控制系统网络安全》等 6 项国家标准，为工业大数据安全行业规范提供了重要标准规范。2016 年 10 月，工信部印发了《工业控制系统信息安全防护指南》，指导我国工业企业开展工控安全防护工作，以当前我国工业控制系统面临的安全问题为着力点，强调防护要求的可执行性，从管理和技术两方面明确工业企业工控安全防护要求，并重点强调工业控制系统全生命周期的安全防护，涵盖工业控制系统设计、选型、建设、测试、运行、检修、废弃等各个阶段，从安全软件选型、访问控制策略构建、数据安全保护、资产配置管理等方面提出了具体要求。

二、发展特点

（一）结构特点

大数据安全产业包括安全硬件、安全软件和安全服务三大重要组成部分。在大数据日益复杂的应用场景中，单纯依靠安全软硬件产品已经无法有效防范未知风险，用户对于提供全生命周期和定制化的安全服务需求越来越迫切，大数据安全分析、测试、评估等服务业务收入比重持续扩大。然而，需要强调的是，大数据安全服务是建立在大数据安全硬件和软件基础之上的，服务能力的提升和关键软硬件功能、性能密切相关，通常来说大数据安全服务是通过平台来提供的。例如，绿盟科技的安全数据科学平台、阿里云的态势感知大数据分析平台，通过对网络行为和流量分析，通过机器学习发现潜在入侵和高隐蔽性的攻击，回溯攻击历史，预测未知威胁。

（二）技术特点

大数据技术本身进一步丰富了安全防护的手段，大数据带来下一代安全防护解决方案。现有信息安全厂商通过大数据技术对事件的攻击模式、时间和空间上的特征进行处理，抽象出一些模型，从而转变成为大数据安全工具；整合大数据资源，协调和完善大数据处理和分析机制，推动重点数据库之间的数据开放共享，加快对高级可持续攻击的建模进程，一定程度上消除和控制高级可持续攻击的威胁。Gartner 在《2017 年十大技术趋势》中也提出“自适应安全架构”，这项技术的核心功能就是需要持续监控和分析，通过分析监控中的数据与历史数据的冲突来调整安全策略，其本质就是大数据分析技术在信息安全的应用。Gartner 预计，到 2020 年，为存储用于回溯分析的监控数据，40% 的企业需要建立专门的安全数据中心。

大数据安全攻防技术和对抗能力将进一步突显。2016 年，工信部指导国家大数据（贵州）综合试验区联合中国软件评测中心、国家计算机网络与信息安全管理中心、国家信息技术安全研究中心等机构，编制大数据安全靶场建设方案；支持贵阳市牵头建设大数据信息安全研究、测试、攻防靶场，构建先进的软硬件环境和测试支撑平台，形成高水平的大数据安全攻防模拟仿真环境；鼓励贵阳市等地方和工业、能源、电信、互联网等行业，利用大数据安全靶场，进行数据入侵、反入侵和网络攻防演练，验证防御技术和手段，加快研发大数据安全攻防工具。截至 2016 年 12 月，贵阳市围绕大数据安全产业发展和大数据安全靶场建设已经签约 25 个项目。

（三）产品特点

终端安全产品成为增长最快的细分市场。随着移动智能终端市场的蓬勃发展，针对移动智能终端的安全产品需求日趋旺盛，在应用层针对终端威胁、漏洞检测扫描以及监控审计的终端安全产品增长十分迅速。2016 年，我国终端安全防护市场规模大约 3.75 亿美元，预计 2017 年有望达到 4.5 亿美元，同比增速超过 25%。

产品注重打造互联互通、开放共享的安全业态。当前大数据安全管理平台呈现开放化的特点，平台开放安全分析的接口，能够实现政企用户网络全要素信息和数据的链接，同时允许其他专业的数据安全厂商将自身的安全分析能力以 APP 的形式接入平台并组合应用，能够更加主动、智能地对企业和组织的网络安全、数据安全进行管理和运营，实现数据的跨企业整合与共享，安全业态从封闭走向开放。

（四）市场特点

政府、电信、金融成为大数据安全需求最大的三大行业市场。政府最为国家职能机关，政府数据安全与国家安全息息相关，随着“互联网 + 电子政务”的快速发展，政府信息公开成为必然趋势，我国政府网络作为一个跨地区、跨部门的综合性网络系统，与外网逻辑分离，这种复杂的网络结构必然给政务大数据安全带来新的挑战，政府对大数据安全需求日益扩大。电信运营商承担我国的信息基础设施网络建设，保障电信网络安全相当于保障我国广大民众的网络安全，电信运营商拥有庞大的网络基础设施，且电信大数据需要更为复杂、更高层次的安全防护，未来其安全投入仅次于政府部门。金融行业是信息化发展相对成熟的行业，金融信息系统涉及国家机密和重要个人隐私，这对金融大数据安全提出了很高要求，对外要抵御外来攻击，防止非法入侵，对内要通过审计、信息认证等方式加强数据管理。

私有云安全为第三方信息安全厂商营造了广阔的应用市场空间。随着云计算架构和模式的日趋成熟，私有云和公有云均取得了快速发展，但两者均面临着较为严峻的安全问题。然而，公有云托管大多有大型云平台厂商进行统一的安全管理，采用第三方信息安全厂商的安全服务的比例较低。相对而言，国内许多大型企业建设内部或外部的私有云，且大多选择依赖于专业的第三方安全服务厂商对云平台及其相关数据提供安全防护，主要包括平台安全管理、运维权限、虚拟机隔离、安全防护机制构建等。

工业互联网安全市场增量空间十分巨大。2016 年，随着我国“中国制造 2025”“互联网 +”等国家战略持续推进，工业化和信息化融合进程不断加快，工业互联网系统作为新一代信息技术与制造业深度融合的重要载体，面临着巨大的市场需求和良好的发展机遇。然而，随着通用协议、基础软硬件及大量的 TCP/IP 技术在工业互联网系统的广泛应用，在有效提升工业系统网络化、智能化水平和工业生产效率的同时，也引入了传统 IT 领域的网络安全问题，带来了诸多安全隐患。工业互联网通过对智能设备产生的海量数据的分析和利用，能够通过网络优化、机器自主学习、智能决策等方式降低成本，同时节省能源、提高生产效率，但据思科统计，当前 99.4% 的物理对象尚未连接到互联网，由于工业互联网上的智能设备基本没有安全防护措施，未来随着智能设备的联网接入，将为工业大数据安全带来巨大的市场增量。

应用篇

第八章　政务大数据

推动政务数据整合共享、辅助政府科学决策、提高社会管理水平、提升公共服务能力都需求大数据的发展和应用。工信部等国家部委密集出台政策措施推动大数据在政务领域的应用，以贵州为代表的地方政府积极借助国家大数据综合试验区积极推动拓宽政务大数据的应用。公安、环保、食品药品等公共服务领域成为政务大数据的重要应用领域。大型互联网企业利用大数据积极参与公众服务，免费开放大数据应用，在数据存储、云计算架构等方面达到世界领先水平，有效推动了大数据在电子政务领域的应用。2016年，政务大数据领域涌现出东方国信城市智能中心、国创科视城市级时空大数据平台等典型应用案例。

我国正加速提升政府治理能力，透明、参与、协作、科学决策是政府治理工作的主要目标。在将近20年的信息化建设中，我国政府积累了大量宝贵数据，为政府部门利用大数据挖掘政务数据价值奠定了基础。大数据通过对海量数据进行深入分析，能够总结经验、发现规律、预测趋势、辅助决策，将大数据应用于政府治理和社会服务领域，将为政府治理和社会服务提供新思路、新方法、新工具，对于提高我国政府治理能力和服务水平具有重要意义。

一、应用需求

随着电子政务从以往的单一部门应用向跨部门整合协同，再到由社会公众参与治理的方向发展，大数据已经成为建设智慧政府不可或缺的部分。《关于促进大数据发展的行动纲要》将政府数据资源开放、整合、共享，社会治理能力提升作为推动大数据发展的重要任务。在此基础上，2017年1月，工信部发布《大数据产业发展规划（2016—2020年）》，再次将强化社会治理和公共服务大数据应用作为重点任务，大力推动大数据在政务领域的应用。这将推动基于大数据的政务数据整合共享，政府部门决策、社会管理以及公共服务水平和能力提升。

政务数据加快整合共享。传统的政务系统各自孤立、互不关联，带来“各自为政”、信息资源共享不足、信息资源社会化利用有限等问题。建立“整合、协同、开放”的智慧政府，对政府数据资源的统一、共享和开放的需求日益强烈，要求政府部门利用大数据技术对政府拥有的信息和数据进行充分共享，实现政府各部门既有数据库的互联互通，提高政府协同办公能力和为民办事效率，降低政府管理成本。2016 年 9 月，国务院印发了《政务信息资源共享管理暂行办法》，对政务信息资源目录、资源分类与共享、共享信息提供与使用、共享工作的监督和保障等作出了规定，着力推动政务数据资源的集聚和共享。

大数据辅助政府科学决策。政府决策是指政府部门对经济、政治、文化以及社会建设提出思路措施、做出规划决策的过程。随着社会发展，政府治理涉及的要素日益庞杂，仅凭借以往经验，政府部门已经很难了解正在或将要发生的事情的全貌，难以及时做出准确判断。当前，我国政府正在从经验决策型向数据决策型转变，从行政主导型向公众参与、服务型政府转变，科学决策已经成为政府改革的核心所在。因此，政府急需借助大数据技术与思维，掌握决策依据、优化决策过程、跟踪决策实施，提升政府治理能力与决策精准性。在辅助科学决策方面，政府的大数据应用需求主要包括以下两个方面。一是将数据作为科学决策的重要支撑单元，对日常社会运行进行监测提高政府决策的及时性和准确性。2016 年 3 月，环保部印发《生态环境大数据建设总体方案》，旨在通过对生态环境日常监测数据的分析和应用，提升环境治理水平；二是依赖大数据获取综合信息，提高政府决策效率和准确性，特别是在应急处理中大数据更能发挥重要作用。通常面对紧急情况政府很难在第一时间获取事件的综合情况，提取到对决策有价值的信息。而大数据技术可以实时高速地处理海量数据，可以有效且快速地通过数据的收集、整理、分析、可视化为政府决策提供有益参考，提升政府的综合应急能力。2016 年，贵州省出台《贵州省应急平台体系数据管理暂行办法》，并启动应急指挥平台建设，推动大数据在应急管理中的应用水平提升。

大数据提高社会管理水平。社会管理是政府职能的关键组成部分，是政府对社会构成的各个方面、社会生活的各个领域以及社会发展的各个环节进行组织协调和监督管理的行为过程。政务大数据在社会管理方面的应用需求主要包括以下两个方面。一是提升社会管理效率的需求。数据去噪技术可以帮助管理者自动去除海量信息中的错误、无用以及重复信息，提高数据资源的价值密度，提升数据管理的效率。数据可视化技术可以将社会运行的信息实时展示在管理者面前，据此管理者可以减少应急情况的反应时间，更加及时地处理社会管理中的紧急情况。利用大数据挖掘和分析，管理者可以更加高效地发现社会中存在的潜在问题隐患，并予以排除。大数据技术极大地提升了数据的处理速度，并能够实现多源数据的综合整理，为日常社会管理效率的提升提供帮助。二是提升社会管理能力的需求。通过大数据挖掘和分析，可以辅助社会管理者发现日常管理中的盲点，找出新问题、新隐患，进而提升社会管理者的管理能力。通过构建传感器网络，可获取更多的社会运行数据，这些数据的采集可进一步提升社会管理者的管理范畴。例如，国创科视推出的时空大数据平台可以对城市运行进行实时感知、数据分析处理和可视化展示，为社会管理者提升城市管理水平提供了支撑，2016 年，沈阳、大连、石家庄等十几个城市纷纷上线该平台。

大数据提升公共服务能力。公共服务是政府为满足公民的生活、生存以及发展需求而进行的经济和社会活动，着重强调政府服务性与公民权利。在公共服务方面，政府的大数据应用需求主要包括以下两个方面。一是提升政府提供服务能力的需求。服务能力不足已经成为制约公共服务事业发展的巨大障碍，大数据技术可以辅助政府部门了解公共服务中的社会需求，提升社会公共服务能力，节约社会资源。在交通领域，利用大数据可以监控车流状况，及时发现交通事故，提高“智慧交通”水平。2016 年 6 月，海信为贵阳市交管局建成了大数据交通流量监测分析系统，通过实时交通流数据采集和分析，优化交通信号配置，缓解交通拥堵。在医疗领域，利用大数据可以获取病人过去的就医情况和身体素质，提高医疗诊断的准确性，辅助研究人员攻克医疗难题。2016 年 6 月，国务院出台实施《关于促进和规范健康医疗大数据应用发展的指导意见》，将推进健康医疗临床和科研大数据应用、公共卫生大数据应用等作为重点任务，着力提升健康医疗服务水平。二是提高民众参与公共事务积极性的需求。大数据技术可以提高公共信息的发布时效，更加便捷地收集到市民的反馈信息，从而为民众的生活提供更加便捷的服务，提升民众参与公共事务的积极性。例如，在交通领域，利用大数据可以实时采集车况信息和车位信息，方便市民选择更优的出行路线并获取停车信息。2016 年 11 月，交通运输部与百度地图联合推出“出行云”（综合交通出行大数据开放云平台），该平台将全国各省市的交通运输主管部门的交通出行数据进行汇聚和整合，并对社会开放，为市民出行决策提供支撑。

二、发展特点

（一）政策特点

我国政务大数据的战略制定和应用推广主要由国务院、工业和信息化部以及国家发展和改革委员会主导，各个地方积极响应。

国家部委密集出台相关政策。继《关于运用大数据加强对市场主体服务和监管的实施意见》印发之后，国务院分别于 2016 年 9 月和 2016 年 12 月印发《政务信息资源共享管理暂行办法》和《“互联网 + 政务服务”技术体系建设指南》，推动政务信息系统互联互通、公共数据共享以及政务技术和服务体系建设。为增强《政务信息资源共享管理暂行办法》的指导性和可操作性，2016 年 9 月，国家发改委会同网信办等部门启动《政务信息资源目录编制指南》编制工作、政务信息资源目录试点工作以及国家数据共享交换平台体系构建工作，促进《政务信息资源共享管理暂行办法》有效落实。环保部和国土资源部分别于 2016 年 3 月和 2016 年 7 月印发《生态环境大数据建设总体方案》和《关于印发促进国土资源大数据应用发展实施意见》，推动大数据在环境治理和国土资源方面的应用。此外，工信部于 2017 年 1 月印发《大数据产业发展规划（2016—2020 年）》，将强化社会治理和公共服务大数据应用作为重点任务，推动大数据在政务领域的应用。

地方政府积极拓宽和深化政务大数据应用。贵州省是全国首个获批大数据综合试验区的地区，在综合试验区的建设过程中，贵州省积极推动大数据在各个行业领域的应用，其中，政务大数据作为大数据产业发展的关键行业领域，成为了贵州省政策出台和着力推动的重要方向。2016 年 11 月，贵州省出台了《贵州省政务数据资源管理暂行办法》，推进政务数据资源的“聚、通、用”，规范政务数据资源管理工作，并于2016年12月发布《贵阳市政府数据共享开放条例（草案）》征求意见稿，推动政府数据开放共享和开发应用。此外，2016年，贵州省就经济统计、违法建筑管控、应急管理等陆续出台了《贵州省新经济统计试点工作方案》《运用大数据管控、考核违法建筑的专项行动计划》《贵州省应急平台体系数据管理暂行办法》等政策。河南省作为获批的八个国家大数据综合试验区之一，在推动政务大数据发展方面做了较多工作。2016年1月，河南省印发了《关于运用大数据加强对市场主体服务和监管的实施意见》，推进河南省运用大数据加强对市场主体服务和监管工作，加快转变政府职能，创新社会管理方式，提高政府治理能力。2016年10月，河南省出台了《河南省运用云计算大数据开展综合治税工作实施方案》，将运用大数据开展综合治税作为提升政府财税治理能力的重要手段。此外，2017年2月，河南省印发《河南省大数据产业发展引导目录（2017年本，试行）》，将发展政务服务大数据和益民服务大数据作为大数据产业发展的重点任务。福建省在2016年相继印发了《福建省促进大数据发展实施方案（2016—2020年）》和《福建省政务数据管理办法》，推动政务数据采集、登记汇聚、开放共享和服务应用。此外，在福建省印发《关于运用大数据加强对市场主体服务和监管实施方案的通知》的基础上，福州市于2016年7月印发《关于运用大数据加强对市场主体服务和监管实施方案的通知》，推动政府利用大数据提升政府服务和监管水平。此外，2016年，山东、河北、浙江、江西等省级政府以及上海、武汉、杭州、温州、长沙、南京等市级政府纷纷印发了政务信息资源共享管理办法，推动政务数据资源集聚和共享。

综合来看，国家部委和各地政府均将推动大数据产业发展和应用推广上升到战略高度。未来，大数据必定在政府治理中发挥更加重要的作用。

（二）市场特点

公共服务是政务大数据重要应用领域。一是突发事件预警、治安防控、应急救援等应用。汇聚公安、气象、地震、水务、林业、国土、卫生、安监等部门及酒店、宾馆、交通等企业的数据，开展安全状态分析研判、预案管理、协调调度等服务。2016年，贵阳经开区启动政府综合应急指挥平台建设，平台投入使用后，将对接公安、安监、城管、环保、计生等多家政府职能部门的数据，打造集日常数据监测与突发事件及时处置功能于一体的综合应急平台。二是宏观经济分析和预测。汇集统计局、工商局、地税局、国土资源局、住建委等部门的企业数据、税收数据、资源数据、商务数据等，开展经济运行状态分析，提供宏观经济预判等服务。继国家工商总局提出“企业发展工商指数”之后，2016 年，福建省依托工商数据挖掘与决策支持系统项目，研发省企业发展工商指数，从市场主体的发展研判省经济发展趋势，提高工商部门运用大数据服务经济发展的能力。三是环境分析和监管。汇集环保、工业、电力、水务等部门和火电、钢铁、有色、石化、建材、化工等企业数据，开展空气、污水、烟尘、噪声等环境质量监测服务和危险废弃物、放射源废物等监管服务。2016 年 3 月，环保部印发了《生态环境大数据建设总体方案》，推动生态环境大数据的建设与应用。四是食品药品监管。汇集食品管理部门、药品管理部门、工商局、税务局等部门的数据，结合食品药品销售企业和电子商务企业的运营销售数据，提供食品药品监管服务。继《国务院办公厅关于加快推进重要产品追溯体系建设的意见》发布以来，2016 年，广东、河北、山东等多省都启动了基于大数据技术的智慧食药监管平台建设。截至 2016 年 10 月，广东“智慧食药监”数据中心汇聚数据逾 100 万条，食品追溯数据 3.5 亿条，食药的日常监管、追溯、快检等应用取得初步成效。

政务大数据助力智慧城市建设。智慧城市的建设带来了数据的爆发式增长，政务大数据为智慧城市各个领域实现“智能化”提供支撑。2016 年 4 月，习近平总书记在召开网络安全和信息化工作座谈会时强调，“要以信息化推进国家治理体系和治理能力现代化，统筹发展电子政务，构建一体化在线服务平台，分级分类推进新型智慧城市建设”。此外，国家发改委明确指出在“十三五”期间着力推进新型智慧城市试点建设。南京市作为全国较早提出并启动智慧城市建设的城市之一，近年来，南京市加速推进政务数据中心建设，积极开展市民卡和车辆智能卡工程，着力打造“智慧南京中心”，推动政务、医疗、交通、教育等领域的智慧应用，全力构建智慧应用体系。在智慧城市建设过程中，南京市将大数据作为助力智慧城市建设的关键引擎，截至 2016 年底，南京市政务数据中心基本建成，人口、法人、政务、城市资源等数据库逐步完善，智慧南京中心在城市运行状态感知、城市日常运行管理等方面作用显著提升。此外，2017年2月，南京印发《“十三五”智慧南京发展规划》，提出加速推动大数据、云计算、物联网等新一代信息技术与城市管理服务有机融合，加快智慧城市建设。

（三）企业特点

积极参与公众服务提升社会影响力。越来越多的大数据企业无偿为政府和社会公众提供开放式大数据应用，积极参与政府大数据和公共服务大数据应用。这类服务虽然无法为企业带来直接收入，但能够有效提升企业的公众形象和影响力。典型案例如百度、腾讯等企业提供的人口迁移分析、失踪儿童搜寻、城市道路交通分析等公益大数据服务。2016年8月，百度和公安部道路交通安全研究中心联合发布了2016年上半年《中国大城市道路交通运行报告》，对中国36个大城市上半年的交通运行大数据进行了分析挖掘，为城市交通管理、道路规划等提供了决策支撑。2016年12月，公安部联合支付宝、UC、手机淘宝、YunOS系统、腾讯QQ、百度、一点资讯、今日头条、360手机卫士、滴滴出行等共同打造“儿童失踪信息紧急发布平台”二期工程，工程建成后可以通过媒体平台记录的地理位置信息，助力失踪儿童搜寻。

部分领域具备先进的大数据处理能力。众多互联网企业在提供大数据服务的过程中构建了完整、自主创新的大数据解决方案，在数据中心与服务器、大规模软件基础设施、数据仓库、机器学习/深度学习，以及大数据挖掘、分析、可视化等多方面拥有全球领先的技术和人才。截至2016年，百度大数据平台的存储能力超过2000PB，每天处理的数据量超过100PB，每天产生的日志数据在100TB至1PB。百度依托世界上最先进云计算架构，数据处理和人工智能等技术，管理并挖掘这些数据，并在教育、经济指数预测、疾病流行预测等方面取得显著成效。百度还在建设大数据开放平台和人工智能开放平台，打造开放合作的产业生态，将百度技术能力分享给全社会，推动云计算、大数据、人工智能在医疗、教育、环保等政务领域的应用。

三、应用案例

（一）东方国信城市智能中心

城市智能中心是由东方国信搭建的，服务于城市管理的大数据平台。城市智能中心通过整合城市的空间、资源、人口和产业等基础数据，形成城市大数据资产，并通过对城市数据进行分析和挖掘，构建城市的智慧大脑，提升政务管理、调度指挥、产业转型和民生治理的水平，实现更加智能的城市管理与运营。城市智能中心采集包括通过网络爬虫获取的互联网数据、IOT 设备获取的数据、视频设备采集的数据、政府开放共享的数据、地理信息服务产生的数据，构建法人、人口、宏观经济、构筑物、政务、互联网、运营商等基础数据库，并对数据库按照城市资源、产业企业、人口等主题进行整合、关联，生成“城市资源画像”“企业画像”“人口画像”等应用功能，为政府资源优化配置、城市资产管理、企业征信服务、人口民生服务提供大数据模型支撑。2016 年 5 月，东方国信募集 17.85 亿元资金用于进一步加强城市智能运营中心、大数据分析服务平台等项目建设力度，提升公司在智慧城市、大数据运营等领域的产品、技术及解决方案能力。截至 2016 年底，城市智能中心已经在广东、云南、安徽和江苏等省落地，综合效益已初步显现。

（二）国创科视城市级时空大数据平台

城市级时空大数据平台是由国创科视搭建的城市数据感知、分析处理和运营服务平台，是政务大数据应用的成功案例之一。该平台通过连接 WLAN 无线网络、物联传感网络、云 POS 机等底层网络和设备实现对城市商场、医院、学校、公交枢纽、文体场馆、会议中心、休闲娱乐场所、政务服务中心等 8 类场景的覆盖，形成城市范围内的市民时空大数据，并利用时空大数据分析、无线控制、定位和人流量分析等功能，通过城市服务门户系统、APP、公众号等窗口向上提供停车出行、医疗健康、房屋租赁、全民城管、政府“政务 + 民生”等服务，帮助政府做好公共服务的同时提升市民的信息服务体验感和幸福感。截至 2016 年底，国创科视成功挂牌新三板，并在沈阳、大连、廊坊、长沙等地设立了子公司，其城市级大数据平台已经在沈阳市、大连市、石家庄市、唐山市、廊坊市、长沙市等十几个城市搭建运营，逐步实现全国业务布局。

（三）中兴政务大数据解决方案

中兴政务大数据解决方案是由中兴公司开发的，用于助力智慧城市建设的优秀解决方案。该解决方案利用物联网、云计算、大数据、移动互联网等先进技术，助推行政体制改革，实现简政放权、放管结合和优化服务协同推进，实现智慧政务，达到公共管理高效精准、公共服务便捷惠民、社会综合效益显著的目标。该解决方案在智慧银川建设中提供强大助力。2016 年，在智慧银川一期基础上，中兴又承接并启动了智慧银川二期项目。智慧银川实行“三步走”战略：第一步，实行审管分离，提升政府审批效率；第二步，推动放管结合，激发市场活力；第三步，实施精准监管，提升政府管理水平。在审管分离方面，截至 2016 年底，银川市已将完成了 26 个行政部门的审批职能剥离工作，剥离的行政审批工作划归新成立的行政审批服务局，实现一站式审批，极大地提高了审批效率，当前审批效率平均提高 75%：例如公司注册已经由原来的 5 天压缩到现在的 1 天，固定资产审批由原来的 183 天压缩到现在的 30 天。在放管结合方面，在一站式审批的基础上，推出网上审批和备案制改革。网上审批让市民可以通过网上办理审批事项，极大地方便了市民。网上审批通过网上核名、视频人脸识别、身份证系统比对验证等技术验证市民身份。截至 2016 年底，已有两百多件事项可以进行网上审批。同时，银川已经将第一批 78 项审批（核准）事项改为备案事项，并利用审管互动平台加大对网上审批以及备案制涉及对象的抽查频次，强化监管力度。精准监管方面：利用大数据对行业、法人群体等不同维度的数据进行分析挖掘，找出违规事项中的规律，为监管部门提供精确指向，以实现精准监管。政务大数据解决方案有效支撑了“三步走”战略的实施，实现了智慧政务项目的目标，最终做到为“大众创业、万众创新”清障搭台。

第九章 工业大数据

工业大数据的应用有利于创新设计研发模式，重塑工业生产和管理体系，营造制造业的服务和共享环境。工业与互联网的融合发展成为地方政府发展新型经济、创新驱动发展、引领经济转型升级的重要途径和抓手，上海、浙江、江苏等地政府都大力推进工业大数据发展，将工业大数据作为推动创新发展的重要力量。从企业发展来看，离散制造企业以工业大数据提升企业协同能力，流程制造企业通过商务数据提升物流和销售效率，集成服务企业利用云平台为企业提供综合服务。大数据在工业领域的典型应用案例包括海尔集团 COSMO 互联工厂云平台，商飞公司全球网络设计系统，青岛红岭大规模个性化定制方案等。

随着工业化与信息化的深度融合，信息技术已经渗透到了工业产业链的各个环节，信息技术尤其是互联网技术给传统的工业发展方式带来了颠覆性、革命性的影响。当前，二维码、条形码、RFID、工业传感器、工业物联网、工业自动控制系统、ERP、MES、PLM、SCM、CAD/CAM/CAE/CAI 等在工业企业中得到了广泛应用，尤其是互联网、物联网、移动互联网等新兴信息技术在工业领域快速应用，推动工业企业逐步实现了生产流程各环节的互联互通，促进互联网与工业加速融合，使得工业企业所拥有的数据日益丰富。但智能硬件设备、互联互通的网络以及高速通信等只是工业企业实现智能化转型的基础，实时感知、采集、监控生产过程中产生的大量数据，进而对数据进行分析处理，并根据分析进行智能决策才是智能化的核心内容。工业大数据中的数据泛指工业领域信息化应用过程中产生的所有数据，其呈现出体量大、多源复杂、动态性强、价值密度低等特点，通过运用大数据技术对工业企业产生的海量数据进行分析挖掘，得到有价值的分析结果，存储、识别、传输的意义才得以实现，互联网与工业才能够实现融合创新发展。

一、应用需求

工业和互联网加速融合。工业与互联网的融合象征着新一轮工业革命和网络革命的交叉融合，其结果就是加速工业转型升级和提质增效，变革传统工业企业的生产运营方式，创造出更大的价值。实现工业企业产业应变能力提升与创新转型，需要剖析工业大数据对制造业带来的产业冲击、战略挑战以及产业升级机遇；明确社会化网络生态环境下工业企业的协同关系与大数据价值；研究并提出工业企业大数据时代的商业模式与业务模式的变革策略与机制；设计工业企业的大数据分析应用模式以及业务流程创新优化模式，指导工业企业把握大数据关键机遇，以工业大数据辅助研发、生产、运营、营销、服务和管理方式的创新。制造业作为工业的关键领域，制造业与互联网融合发展受到国家高度重视，2016 年 5 月，国务院印发了《关于深化制造业与互联网融合发展的指导意见》，提出进一步深化工业云、大数据等技术的在工业领域的集成应用，从战略高度加速推动制造业与互联网融合。

工业大数据向全流程拓展。工业大数据贯穿于工业的整个价值链和工业产品的整个生命周期，涉及人、产品、设备、软件、环境等众多主体，发展工业大数据有助于企业决策能力、洞察发现力提升，以及制造生产产业流程优化。工业大数据主要包括仿真、设计、工艺、试验、加工、图纸、配置关系、产品结构、变更记录等产品数据；管理制度、组织结构、人力资源、薪酬、福利、财务、营销、设备、质量、生产、采购、库存、售后服务、知识产权、市场推广、办公文档、媒体传播、电子商务等运营数据；客户、供应商、合作伙伴、联系人、联络记录、信用记录、订单、合同、回款、客户满意度等价值链数据；政策信息、经济数据、行业数据、社交数据、竞争对手数据等企业外部数据。2017 年 1 月，工信部发布《大数据产业发展规划（2016—2020 年）》，提出促进工业领域数据资源整合，推动工业大数据的全流程应用。

工业企业加快转型升级。以大数据思维为支撑，围绕工业企业重点关注的分析决策任务，如用户需求与趋势把握、产品创新与产品管控、制造过程与工艺优化、供应链协同、企业风险分析与预警等，研究多行业工业企业大数据的分析应用场景，提出工业企业大数据应用的方法论，设计大数据分析决策主题与分析决策流程，将为工业企业利用工业大数据创新商业模式与价值发现提供支撑。此外，以提升制造企业产业应变能力与创新转型为目的，着重针对制造企业在互联网和大数据环境下的实时化市场洞察能力弱、企业生态系统协同应变不足、企业各业务环节精益管理水平不高等问题，攻克一批制造企业大数据分析与处理的关键技术和支持产品设计、生产制造和经营管理的大数据算法库和决策分析模型，并形成一套制造业大数据的技术标准和业务标准，在此基础上研发制造企业大数据智能分析与决策系统，并重点面向机械制造、快消品、航空航天、轮胎等行业的制造企业进行应用示范和推广，将为制造企业应用工业大数据创新业务模式、提升应变能力提供支撑，将助推工业企业快速实现新旧动能转换，形成新的经济增长点。《大数据产业发展规划（2016—2020年）》提出加快工业大数据等新兴技术在制造业的深度集成和应用，打造制造业企业的大数据“双创”平台，通过培育新技术、新业态和新模式，推动工业企业转型升级。

二、发展特点

（一）创新特点

创新研发设计模式。一是实现定制化设计。企业通过互联网平台能够收集用户的个性化产品需求，也能获取到产品的交互和交易数据，挖掘和分析这些客户动态数据，能够帮助客户参与到产品的需求分析和产品设计等创新活动中，实现定制化设计，再依托利用柔性化的生产流程，就能为用户生产出量身定做的产品。二是利用大数据进行虚拟仿真。传统生产企业在测试、验证环节需要生产出实物来评测其性能等指标，成本随测试次数增加而不断提升。利用虚拟仿真技术，可以实现对原有研发设计环节过程的模拟、分析、评估、验证和优化，从而减少工程更改量，优化生产工艺，降低成本和能耗。三是促进研发资源集成共享和创新协同。企业通过建设和完善研发设计知识库，促进数字化图纸、标准零部件库等设计数据在企业内部，以及供应链上下游企业间的资源共享和创新协同，提升企业跨区域研发资源统筹管理和产业链协同设计能力。提升企业管理利用全球研发资源能力，优化重组研发流程，提高研发效率。四是培育研发新模式。基于设计资源的社会化共享和参与，企业能够立足自身研发需求开展众创、众包等研发新模式，提升企业利用社会化创新和资金资源能力。以海尔为例，截至2016年底，海尔共建成8个互联工厂样板，通过定制化设计、大数据仿真制造、资源共享、创新协同等方式实现了大规模个性化定制。

创新生产体系。一是提升车间管理水平。现代化工业制造生产线安装有数以千计的小型传感器，来探测温度、压力、热能、振动和噪声等，利用这些数据可以实现很多形式的分析，包括设备诊断、用电量分析、能耗分析、质量事故分析（包括违反生产规定、零部件故障）等。在生产过程中使用这些大数据，就能分析整个生产流程，一旦某个流程偏离了标准工艺，就会发出报警信号，快速地发现错误或者瓶颈所在。二是优化生产流程。将生产制造各个环节的数据整合集聚，并对工业产品的生产过程建立虚拟模型，仿真并优化生产流程。当所有流程和绩效数据都能在系统中重建时，对各环节制造数据的集成分析有助于制造商改进其生产流程。例如，在能耗分析方面，在设备生产过程中利用传感器集中监控所有的生产流程，能够发现能耗的异常或峰值情形，由此便可在生产过程中优化能源的消耗，对所有流程进行分析将会大大降低能耗。三是推动现代化生产体系的建立。通过对制造生产全过程的自动化控制和智能化控制，促进信息共享、系统整合和业务协同，实现制造过程的科学决策，最大程度实现生产流程的自动化、个性化、柔性化和自我优化，实现提高精准制造、高端制造、敏捷制造的能力，加速智能车间、智能工厂等现代化生产体系建立，实现智能生产。2016年，中科院与SAP合作开发“工业4.0”联合解决方案，该解决方案通过工业无线网感知机器人状态，并通过云服务平台对机器人状态数据进行分析，最终实现了设备的预防性维护和生产系统结构的模块化，大幅提高了生产效率，降低了运行故障率。

创新经营管理体系。一是优化工业供应链。RFID等电子标识技术、物联网技术以及移动互联网技术能帮助工业企业获得完整的产品供应链的大数据，利用这些数据进行分析，将带来仓储、配送、销售效率的大幅提升和成本的大幅下降。跟踪产品库存和销售价格，而且准确地预测全球不同区域的需求，从而运用数据分析得到更好的决策来优化供应链。二是推动经营管理全流程的衔接和优化。整合企业生产数据、财务数据、管理数据、采购数据、销售数据和消费者行为数据等资源，通过数据挖掘分析，能够帮助企业找到生产要素的最佳投入比例，实现研产供销、经营管理、生产控制、业务与财务全流程的无缝衔接和业务协同，促进业务流程、决策流程、运营流程的整合、重组和优化，推动企业管理从金字塔静态管理组织向扁平化动态管理组织转变，利用云端数据集成驱动提升企业管理决策的科学性和运营一体化能力。以海尔公司为例，2016 年海尔对外发布了 COSMO 互联工厂云平台，通过云平台，海尔可以将企业内部数据、客户数据、供应商数据汇总到供应链体系中，并通过大数据采集和分析，实现供应链持续改进和优化。此外，通过 COSMO 平台，还可以实现研产供销、经营管理的无缝对接，有效提升了海尔的经营管理水平。

发展服务型制造。大数据将帮助工业企业不断创新产品和服务，发展新的商业模式。通过嵌在产品中的传感器，企业能够实时监测产品的运行状态，通过商务平台，企业能够获得产品的销售数据和客户数据，通过对这些数据的分析和预测，企业能够开展故障预警、远程监控、远程运维、质量诊断等在线增值服务，提供个性化、在线化、便捷化的增值服务，扩展产品价值空间，使得以产品为核心的经营模式向“制造 + 服务”的模式转变。2016 年 7 月，工信部联合国家发改委和中国工程院共同发布《发展服务型制造专项行动指南》，加快推动制造企业从生产型向服务型转变。

（二）区域特点

上海市：互联网与工业融合发展成为发展“四新”经济的重要途径。2016 年，上海成立了工业互联网产业联盟，确定在临港地区建设工业互联网示范区，并积极制定《上海市推进工业互联网发展三年行动计划（2016—2018）》，围绕“一纵一横”的发展思路部署相关工作。纵向面向大飞机、装备、汽车、钢铁、石化等上海市重点产业，政府对互联网与各行业结合发展的方向和具体内容出台指导意见；横向政府将面向跨行业的全产业链服务需求组织实施四大工程：工业云工程、工业电子商务和集成服务工程、工业大数据应用服务工程与能源互联网应用工程。在已上报的工业云行动方案中，明确了“三步走”的发展思路：第一步，开展试点；第二步，制定服务规范，探索商业模式，形成技术标准；第三步，品牌放大，辐射长三角，形成上海服务体系和服务产业。

浙江省：互联网成为浙江创新驱动发展的先导力量。浙江省政府以工业互联网为支撑，以智能制造为方向，以“机器换人”为核心，积极推进“信息化与工业化深度融合国家示范区”建设，努力践行两化深度融合的浙江模式。利用阿里巴巴在电子商务、互联网金融和现代物流等信息技术服务方面良好的辐射效应，政府积极引导互联网方式向各行各业的渗透，鼓励工业企业通过“机联网”“厂联网”促进企业内部生产和供应信息的共享和协同，提升生产效率。通过“电商换市”“商务换型”“管理换脑”，建立数据驱动的商业新形态和管理新模式，提升管理效率并拓展商业机会；通过全面推进“机器换人”行动计划，加快智能生产形态的培育，提升制造效率，降低能源消耗；通过支持互联网金融和智能物流等生产性服务业发展，为企业实现自主创新和绿色制造提供良好的发展环境。2016 年，浙江省经济和信息化委员会公布了 17 个智能制造示范区，并出台了《智能制造评价办法》。此外，2016 年 11 月，在第三届世界互联网大会上，中国电信（浙江）制造业与互联网融合创新中心、（浙江）省级制造业与互联网融合创新中心以及宁波市制造业与互联网融合创新中心正式成立。

江苏省：创新模式和创新业态引领全省经济转型升级。江苏省具备坚实的工业基础，同时也是互联网大省。省经信委重点围绕四个方面开展了工作。一是完成以无锡为核心、苏州和南京为支撑的一体两翼产业布局，实现物联网和云计算的高速增长，夯实工业互联网融合创新的支撑基础；二是支持苏宁云商、中国制造网、远东电缆、南京千米网络等企业打造重点行业电商平台，并于 2016 年举办“电商拓市环省行”；三是引导企业以业态模式创新为突破口推进互联网化转型，以智能制造为重点方向推进两化深度融合，并于 2016 年 2 月印发《企业互联网化提升计划的通知》，加快企业互联网化进程；四是积极推进面向中小微企业的云服务综合平台“e 企云”和面向装备制造企业的“江苏工业云平台”的建设和完善，发挥云平台资源服务优势，引导企业加快融合创新步伐。2016 年 12 月，江苏省印发《关于推进制造业与互联网融合发展的实施意见》，推动制造业与互联网的融合发展迈上新台阶。

（三）企业特点

离散制造企业以工业大数据提升企业协同能力。离散制造行业将工业大数据作为提高企业信息化能力的新手段，协同设计、协同制造、协同服务对企业提高经营管理能力、拓展商业模式、提升核心竞争力具有重要作用。中国商飞认为互联网和大数据正在从设计和制造两个方面，深刻影响飞机制造行业的核心竞争要素：一是参数化的飞机数字设计，参数化的设计可根据参数从知识库中提取模型，有效降低设计的工作量和从业人员的门槛，飞机设计人员的年轻化大幅提升工作效率并节约成本；二是协同设计和制造，传统过程是，先进行数字化设计，之后交给强度进行校核，然后反馈修改设计，虽然已经实现了全数字化，但效率仍有提升的空间，与互联网融合实现在线协同设计，可利用数据共享的优势，贯穿设计、强度、管路、液压等全流程，并行工作的效率大幅度提升，互联网还能进一步使设计和制造、客户联系在一起，问题早发现，早修改。2016 年 9 月，中国商飞与 GE 公司共同举办大数据技术项目协作会，积极推动工业大数据在民机产业的应用。截至 2016 年，上海电气着力打造了两个平台：一是把 ERP 向外延伸，建立上下游供应商协调的平台；二是基于微信等途径建立与客户协同的平台，希望通过打通采购、制造、服务全流程环节，提升客户价值。吉利汽车面对汽车行业日趋激烈的竞争态势，提出“造每个人的精品车”口号，利用互联网邀请用户参与车辆的开发和设计，利用大数据提升供应链和整车的质量品质。2016 年，吉利汽车开始建设云计算数据中心，来构建行业企业协作社区与行业采购优选平台。上汽集团把服务贸易作为 2020 年最快发展的重点领域，希望借助互联网实现全产业链的制造和服务协同，面向全价值链提供综合汽车服务。

流程制造企业通过商务数据提升物流和销售效率。流程制造行业更多从规范和拓展市场的角度积极推进互联网与工业的融合，这与该行业整体存在产能过程的情况有密切的联系。欧冶云商是宝钢旗下的电商服务公司，包括电子交易、技术服务、物流仓储、金融服务、大数据分析等五大平台，目前主要从事宝钢自营钢铁的电商交易活动，立足宝钢的钢贸商群体构建信用体系，同时面向大客户建设建立可信任的仓储流通体系。欧冶云商规划希望向第三方交易平台发展，2018 年达到 5000 万吨交易量，通过联合大的钢铁企业，用互联网的方式建立新的钢铁贸易生态体系。找钢网是民营初创企业，从事全产业链的钢材电商服务，其主要商业模式为钢材撮合电子交易和品牌钢厂的电子分销，仓储和物流采用轻资产租赁方式。盈利模式来自于前台商城的佣金以及后台的增值服务，截至2016年底，找钢网已完成E轮融资。

集成服务企业利用云平台为企业提供综合服务。2016年9月，宝信软件发布了自主研发的工业应用大数据平台xInsight，该平台充分利用了宝信软件在钢铁、石化、采掘、交通、能源管理等领域多年积累的丰富经验，并结合工业领域用户和市场的需求，形成了智慧能源云、“工业4.0”智慧制造云平台、智慧交通大数据云平台等典型的行业应用解决方案，为智慧能源管理行业、冶金制造行业、城市智慧交通行业等领域的用户创造巨大价值，为推动大数据与工业紧密融合，促进工业制造企业向更加智慧、更加高效的方向发展提供了有力支撑。

三、应用案例

（一）海尔集团实现大规模个性化定制

海尔集团深耕互联网定制，实现从大规模制造向大规模定制转型，快速满足用户个性化需求。截至2016年底，海尔已建成8个互联工厂样板，包括青岛空调、郑州空调、青岛热水器、沈阳冰箱、胶州空调、佛山滚筒洗衣机6个整机工厂以及青岛FPA电机和青岛模具2个模块化工厂。主要呈现五大特点：一是注重用户参与，用户通过线上定制方案，将个性化需求第一时间传递到生产线，随后可参与制造、交付的全流程；二是互联互通，基于互联网将机器设备、产品及用户联系起来，实现用户与设计、生产部门的沟通和协同；三是智能化，通过智能制造执行系统进行监控，实时采集、分析生产数据、开展智能化管理；四是模块化，在接到订单后定制所需模块，按照客户的需求进行组合；五是定制全流程可视化，用户通过手机等终端设备不仅可以随时随地地获取订单状态，还可以观看从采购、装配到安装的整个过程。2016年，海尔发布了COSMO互联工厂云平台，进一步连接用户与内外部资源，让用户真正参与到设计、制造、物流、服务等各个环节中，并为互联工厂提供用户的体验反馈，实现利益相关方的共创共赢。数据显示，2016年前三季度，海尔定制产品订单量为73.2万台，其中第三季度单季度销售33万台。

（二）商飞公司全球网络设计系统

中国商飞公司搭建全球协同网络环境平台，实现了产品的设计、研发、制造全流程的全球协同管理。商飞公司负责飞机的总体设计和装配，零部件设计、制造等工作则外包给全球各地的零部件供应商来完成。飞机的总体装配过程中，商飞公司利用计算机模型进行总体结构的虚拟装配，利用部件生产数据进行部件组装和校验，部件组装完成后，各机体在商飞总装工厂完成最后的大部件对接和总装。利用全球协同研制平台，商飞公司实现了跨企业的统一构型和统一数据的管理以及统一协同工作流程，有效消除了因信息不一致导致的问题，使研制周期缩短20%，制造周期缩短30%，制造成本降低20%，能源消耗减少10%，制造质量问题发生率降低25%。2016年底研制成功的商飞C919飞机，涉及的研发成员企业包括设计与主制造商、10家机体结构、24家机载设备、16家材料供应商和54家标准件等供应商，另有200多家企业参与了项目的研制过程。2016年，商飞公司对C919大型客机进行了多项地面试验，首架C919飞机于2016年12月交付试飞中心。

（三）中科院与SAP合作开发“工业4.0”联合解决方案

2016年，中科院沈阳自动化所与SAP共同研制出“工业4.0”联合解决方案，并基于该解决方案共同搭建了“工业4.0”智能制造示范产线，助力未来智能工厂定制化生产。该解决方案将自动化所WIA-FA工业无线网络通信技术、SAP的HANA云服务平台和设备预防维护软件，以及新松机器人公司研发的工业机器人相互整合，通过工业无线网感知机器人状态，并通过云服务平台对机器人状态数据进行分析，最终实现了设备的预防性维护和生产系统结构的模块化，大幅提高了生产效率，降低了运行故障率。其中，SAP提供的HANA内存计算平台、云计算以及大数据等技术，可以帮助工厂实现从ERP管理层到车间执行层的无缝集成。新松机器人公司研发的工业机器人利用RFID技术，可以与SAP的MES系统中的订单对应的产品与工艺要求进行实时信息交互，实现同一生产线上多种个性化产品的混线生产。沈阳自动化研究所自主研发的WIA-FA工业无线网络通信技术，可以实现对设备状态、生产过程等信息的无线采集，并可以将数据快速传递到 SAP 的 HANA 平台，进行设备的故障诊断和生命周期预测，有效减少了设备停机时间。此外，该解决方案通过引入沈阳自动化研究所自主研发的软件定义生产系统以及面向动态生产过程的可重构工业控制网络等前沿技术，实现了生产系统结构模块化，整个生产系统可以根据当前设备状态和订单需求进行实时调整和动态优化，大幅提升了生产系统的智能化和灵活性。

（四）青岛红领大规模个性化定制

青岛红领集团全面顺应“互联网 +”的趋势，充分围绕客户需求，利用大数据、物联网等信息技术建立大规模个性定制新模式，快速响应全球消费者的多元化需求。红领集团的制造模式主要有以下特点：一是运用大数据技术满足客户差异化需求。红领在多年的生产过程中，积累了海量的版型、款式、工艺等方面的数据，客户可以利用红领的版型数据库进行自由搭配组合。二是运用物联网技术实时传递生产信息，实现生产与管理的集成。红领实现了服装设计、下单、定制的全部数字化。红领生产的每件定制产品都有专属芯片，各工序员根据芯片指令完成制作，芯片精准的将个性化定制工艺参数和要求传递给工位上的电脑，确保定制产品高质高效完成。同时，生产管理部门可实现对每道工序、每个环节在线实时监控。三是以生产流程的模块化、标准化布局，实现个性产品规模化生产。红领的 RCMTM 平台通过将客户在定制平台上填写的数据与数据库中存储的模型进行对比，可以实现个性化数据的标准化。然后按照标准化数据将订单分拆成若干模块，并自动分配给生产线上的工人进行后期制作。通过上述模式能够在所有细节上既实现个性化定制，又做到规模化生产。四是客户需求数据驱动柔性定制模式。通过红领的 C2M 平台，可实现制造体系与用户需求数据无缝对接，于是制造环节能够根据用户的个性化需求快速调整生产要素和柔性布局。红领集团的大规模个性化定制模式颠覆了服装行业经营传统，大幅提升了企业经济效益，设计成本下降 40%，生产成本下降 30%，原材料库存量降低了 60%，生产周期缩短 40%，产品储备周期缩短 30%。2016 年，红领开始输出以客户需求源点驱动公司价值链协同的解决方案。截至 2016 年 6 月，青岛红领共与 38 家企业签订了解决方案引进协议，帮助传统企业实现互联网时代的升级改造。

第十章　金融大数据

现阶段，我国宏观经济结构仍处于转型期，大数据技术在金融领域的应用能加快金融机构发展战略转型，降低机构运行和管理成本，增强金融活动风险控制能力。近年来，我国密集出台了一系列金融科技和金融大数据相关政策，大数据在风险控制领域的应用市场空间进一步扩大。从产业规模看，2016 年，我国金融大数据市场规模达到 57.8 亿元，同比增长 261.25%，预计未来五年年均增长率超过 100%。从应用情况看，传统金融机构积极布局金融大数据，形成了恒生金融大数据基础支撑平台、51 云金融等典型应用。

金融业是大数据的重要生产者，也是大数据的主要应用者。金融大数据作为一种新兴业态，正成为金融行业创新发展的前沿阵地，其发展将有力撬动金融产业和信息产业的全面快速发展。全国三大金融中心北京、上海、深圳依托强大的金融产业基础，积极推动大数据等信息技术在金融行业的广泛应用，培育发展了一批以网商银行为代表的新业态、新模式。未来，随着金融数据资源的持续增长以及互联网金融服务功能和模式的不断创新，大数据将成为金融产业转型升级的关键环节，提升金融服务价值和效率，引领我国金融产业快速发展。

一、应用需求

金融是关系国家安全的重要领域和行业，而目前传统金融服务已经无法满足用户对于资金融通的需求。大数据技术作为一种能够充分挖掘数据背后价值的新兴科技，推动大数据与金融的深度融合，积极发展金融大数据，对金融企业的市场营销、精准管理、创新发展、转型升级都具有十分重要的意义，大数据技术将成为解决传统金融行业痛点的“灵丹妙药”。

金融行业将进入“数据为王”的新纪元，2016 年是中国金融业步入大数据时代起点。面临金融大数据即将全面展开的时代，金融机构间的竞争将围绕数据资源累积与应用的竞争全面开展。国内多数大型金融机构在业务开展过程中积累了客户身份、资产负债情况、资金收付交易等大量高价值密度的数据，截至 2016 年，多数大型金融机构的累积数据量已经达到 PB 级以上，并且非结构化数据量保持持续快速增长态势。这些数据通过运用专业技术分析挖掘，可以产生巨大的商业价值。正在兴起的大数据技术与金融业务的快速融合将极大地提升金融机构对网络技术的应用效率、信息综合程度和信息服务水平，极大地丰富、完善和提高管理水平和创新能力，给未来金融业的发展带来重要机遇。

加快金融机构战略转型。2016 年，我国宏观经济结构仍处于调整期，利率进一步市场化，国内传统金融机构面临互联网冲击，盈利空间收窄、核心负债流失以及业务定位亟待调整等问题，因此传统的金融机构亟须转型发展，实现从被动回应服务向主动服务、个性化服务转变，利用数据进行关联性认知分析，创造新的商业价值。业务转型的关键在于创新，但以往的金融机构的创新没有充分挖掘客户的内在需求，未能为客户提供更有价值的服务。引入大数据技术之后，金融机构可通过深入挖掘数据资源的潜在价值，进而明确市场定位，合理配置资源，推动金融业务创新。金融大数据的目标应用场景包括银行、证券、保险、信托等金融服务，以及征信等中间服务等，在金融产品设计、定价、风控、销售、客服、监管等各个环节都将发挥巨大作用，辅助金融机构完成业务创新和服务创新。当前，传统银行开始更多地关注通过大数据技术实现客户体验提升、交易效率提高以及金融服务整合，截至 2016 年底，工商银行、农业银行、建设银行、中国银行等多个传统金融机构都开始建立自己的大数据分析系统，积极利用大数据技术实现转型升级。

降低金融机构管理和运行成本。运用大数据技术，通过对金融机构内部运营数据进行分析，金融机构能够有效定位内部管理存在的问题，并根据大数据分析结果制订合理的改进措施，逐步形成有利于自身发展的管理模式，进而降低管理运营成本。除此之外，大数据技术还为定制化服务和产品营销提供了机遇，通过分析客户的消费习惯和行为特征数据，可以更好地了解客户需求，及时、准确地把握市场营销效果。2016 年 8 月，国务院发布了《关于印发“十三五”国家科技创新规划的通知》，明确提出促进科技与金融融合发展，支持符合创新特点的结构性、复合性金融产品开发。

增强风险控制能力。金融机构引入大数据技术后，可以逐渐减少对客户提供的财务报表的依赖程度，大数据技术可以辅助金融机构构建更加科学的信用评级体系。通过对客户的资产额、负债情况、流动性状况、账务流水、交易支付、纳税、信用记录以及相关业务活动等多源数据的挖掘分析，可以实现对客户的动态全程监控分析，发现异常信用卡使用情况，甄别极端客户消费行为，描画造成信贷风险的客户特征与背景，评估可能造成风险损失的客户，形成关于贷款人或信用卡申请人的全面风险评估结果，为金融机构的借贷业务提供决策依据，降低动态违约概率和损失率，提高贷款决策的可靠性。截至 2016 年底，中国银行、建设银行等先进银行已经开始利用基于内部和外部大数据，对客户行为进行 360 度评价，并积极探索构建互联网征信和欺诈监测平台，提高风险识别能力、降低欺诈风险。

二、发展特点

（一）规模特点

大数据推动金融行业快速转型发展，打开千亿市场空间。大数据市场是万亿级市场，根据贵阳大数据交易所统计，2016 年全球大数据产业市场规模达到 2091 亿美元，同比增长 49.04%；预计到 2020 年，全球大数据产业有望达到万亿美元的市场规模。金融大数据作为大数据一个重要应用领域，据贵阳大数据交易所和华金证券研究所统计分析，2016 年中国金融大数据应用市场规模达到 57.8 亿元，同比增长 261.25%；预计未来五年年均增长率超过 100%，到 2020 年，这一数字将突破 1300 亿元，金融行业进入大数据的快车道时代。

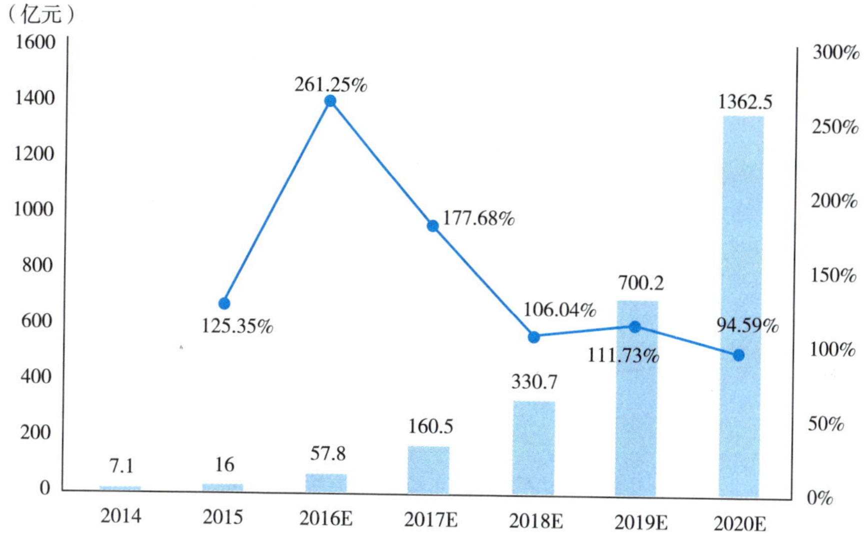

图 10－1　中国金融大数据应用市场规模及增长率

资料来源：贵阳大数据交易所、华金证券研究所，2016 年 12 月。

（二）政策特点

政策对于推动金融产业的发展至关重要。近年，我国政府出台了一系列政策积极推动金融科技和金融大数据产业发展。截至 2016 年初，我国已经相继出台了《关于大力推进体制机制创新扎实做好科技金融服务的意见》《关于促进互联网金融健康发展的指导意见》《促进大数据发展的行动纲要》等一系列金融大数据相关政策，政策明确提出大力培育和发展金融科技，推动金融领域数据汇聚、共享和分析挖掘。2016 年作为大数据产业高速发展年，我国密集出台了《推进普惠金融发展规划（2016—2020 年）》《关于组织实施促进大数据发展重大工程的通知》《加强信息共享促进产融合作行动》《中华人民共和国国民经济和社会发展第十三个五年规划纲要》《关于印发“十三五”国家科技创新规划的通知》《国务院关于印发北京加强全国科技创新中心建设总体方案的通知》等一系列政策，为大数据产业发展提供坚实保证，其中金融业作为关系国计民生的关键行业，金融大数据均列为重点发展领域。此外，2017 年 1 月工信部出台了《大数据产业发展规划（2016—2020 年）》，全面推进大数据产业发展。

表 10－1　金融大数据相关政策一览表

发布时间	发布部门	政策名称	相关内容
2012 年 7 月	国务院	《“十二五”国家战略性新兴产业发展规划》	明确提出支持海量数据存储、处理技术的研发和产业化
2014 年 1 月	中国人民银行、科技部、银监会、证监会、保监会、知识产权局	《关于大力推进体制机制创新扎实做好科技金融服务的意见》	明确提出大力培育和发展服务科技创新的金融组织体系；加快推进科技信贷产品和服务模式创新；拓宽适合科技创新发展规律的多元化融资渠道；探索构建符合科技创新特点的保险产品和服务；加快建立健全促进科技创新的信用增进机制；进一步深化科技和金融结合试点
2015 年 1 月	国务院	《关于促进云计算创新发展培育信息产业新业态的意见》	充分运用云计算的大数据处理能力，带动相关安全技术和服务发展；加强大数据开发与利用，充分发挥大数据在智慧城市建设中的服务支撑作用；到 2020 年，大数据挖掘分析能力显著提升
2015 年 7 月	国务院	《国务院关于积极推进“互联网+”行动的指导意见》	鼓励各金融机构利用云计算、移动互联网、大数据等技术手段，加快金融产品和服务创新，在更广泛地区提供便利的存贷款、支付结算、信用中介平台等金融服务，拓宽普惠金融服务范围，为实体经济发展提供有效支撑；利用大数据发展市场化个人征信业务，加快网络征信和信用评价体系建设；研究出台国家大数据战略，显著提升国家大数据掌控能力
2015 年 7 月	国务院	《关于运用大数据加强对市场主体服务和监管的若干意见》	要求运用大数据加强对市场主体服务和监管，明确时间表；支持和推动金融信息服务企业积极运用大数据技术开发新产品，切实维护国家金融信息安全；落实和完善支持大数据产业发展的财税、金融、产业、人才等政策，推动大数据产业加快发展
2015 年 7 月	中国人民银行、工信部、公安部、财政部、国家工商总局、国务院法制办、银监会、证监会、保监会、国家网信办	《关于促进互联网金融健康发展的指导意见》	积极鼓励互联网金融平台、产品和服务创新，激发市场活力。支持大数据存储、网络与信息安全维护等技术领域基础设施建设

续表

发布时间	发布部门	政策名称	相关内容
2015 年 8 月	国务院	《促进大数据发展行动纲要》	要求健全大数据市场发展机制；引导培育大数据交易市场；加快建立大数据市场交易标准体系
2015 年 9 月	中共中央办公厅、国务院办公厅	《深化科技体制改革实施方案》	要大力发展创业投资，建立多层次的资本市场支持创新机制，构建多元化的融资渠道，支持符合创新特点的结构性、复合性的金融产品开发，完善科技和金融结合机制，形成各类金融工具协同支持创新发展的良好局面
2015 年 10 月	工信部	《大数据产业“十三五”发展规划》	支持大数据技术和产业创新发展，在大数据资源共享、大数据交易、大数据安全、大数据标准、大数据行业应用等领域展开专题研究
2015 年 11 月	中共中央	《中共中央关于制定国民经济和社会发展第十三个五年规划的建议》	实施国家大数据战略，推进数据资源开放共享
2016 年 1 月	国务院	《推进普惠金融发展规划（2016—2020 年）》	鼓励金融机构运用大数据、云计算等新一代信息技术，打造互联网金融服务平台，为客户提供信息、产品、资金等全方位金融服务，发挥互联网促进普惠金融发展的有益作用
2016 年 1 月	国家发改委	《关于组织实施促进大数据发展重大工程的通知》	将重点支持大数据示范应用、共享开放、基础设施统筹发展，以及数据要素流通
2016 年 3 月	工信部	《加强信息共享促进产融合作行动》	推进大数据应用，全面提升数据治理和数据服务能力
2016 年 3 月	全国人民代表大会	《中华人民共和国国民经济和社会发展第十三个五年规划纲要》	规范发展互联网金融

续表

发布时间	发布部门	政策名称	相关内容
2016 年 8 月	国务院	《关于印发“十三五”国家科技创新规划的通知》	发挥金融创新对创新创业的重要助推作用，开发符合创新需求的金融产品和服务，大力发展创业投资和多层次资本市场，完善科技和金融结合机制，提高直接融资比重，形成各类金融工具协同融合的科技金融生态；推进各具特色的科技金融专营机构和服务中心建设，集聚科技资源和金融资源，打造区域科技金融服务品牌，鼓励高新区和自贸试验区开展科技金融先行先试
2016 年 9 月	国务院	《国务院关于印发北京加强全国科技创新中心建设总体方案的通知》	推动科技与产业、科技与金融、科技与经济深度融合；加快国家科技金融创新中心建设；深化科技与金融结合，健全政府引导、企业为主、社会参与的多元化科技投入体系
2017 年 1 月	工信部	《大数据产业发展规划（2016—2020 年）》	推动电信、能源、金融、商贸、农业、食品、文化创意、公共安全等行业领域大数据应用，推进行业数据资源的采集、整合、共享和利用，充分释放大数据在产业发展中的变革作用，加速传统行业经营管理方式变革、服务模式和商业模式创新及产业价值链体系重构

资料来源：贵阳大数据交易所、华金证券研究所，2017 年 1 月。

（三）市场特点

征信和风控是关系到金融行业发展的关键领域，是金融行业运行的基石。传统的征信和风控方式严重依赖线下渠道，主要靠搜集到的客户身份特质、资产负债和资金收付等历史信贷方面的信息，信息相对不完整，很多长尾的信贷需求无法满足，并且缺乏实效性数据的输入，风控模型反映的往往是滞后数据的结果，存在一定的结构性风险。在大数据的视角下，大数据技术可为金融行业的征信和风控提供有力的技术支持，信息主体在互联网和 IT 系统上产生海量数据，所有的数据都可能被作为信用评估的基础数据，通过运用大数据技术对多维数据的分析、挖掘和运用可以极大地扩展征信体系的数据范围和实时性，辅以具有自我学习能力的风控模型，可以更科学地评估用户的信用状况。

大数据征信产业体系逐步完善。征信产业依赖数据流通，大量优质数据是基础，有效的分析和建模是难点，因而数据技术的进步直击征信行业痛点，让征信企业能根据应用场景选择有效数据和设计高效模型。与传统征信相比，大数据征信的数据采集内容和范围不断拓宽，包括动态信息、非结构化信息的采集，此外，借助大数据和云计算技术优势，大数据征信可以解决海量征信数据的采集和存储问题、深入进行征信数据挖掘和风险分析并且提高征信服务的便捷性。2016 年，我国征信市场不断完善，已初步形成了以监督机构为指引，金融、公共、互联网巨头等为数据来源，征信机构和大数据金融公司为征信服务主体，金融、消费等行业为下游客户的大数据征信产业链。

个人征信市场空间巨大。消费在我国经济中的地位不断提高，根据波士顿集团测算，2016—2020 年中国的消费增量将达到 2.3 万亿美元，并且近半数消费来自于网络，信用卡消费、电商消费贷款的消费习惯的形成激发了企业对于用户个人征信的需求。而根据艾瑞咨询的统计，截至 2016 年，我国个人征信市场的渗透率仅仅在 9% 左右，数据显示，2016 年初我国个人征信行业的潜在市场规模为 1623.6 亿元，而实际的市场规模仅有 151.4 亿元，未来随着消费需求的增长，个人征信市场将迎来爆发式增长，预计到 2020 年我国个人征信行业的潜在市场规模将达到 2688.9 亿元，复合增长率到达 8.77%。面临不断增长的市场需求和巨大的市场空间以及传统征信产业增长乏力的局面，上市公司、银行、传统征信机构以及互联网征信机构都纷纷布局转向大数据征信领域。大数据技术可以充分挖掘金融机构积累的用户数据以及用户在互联网上形成的海量行为数据的价值，大数据征信产品不仅可以用于个人贷款，还可以用于保险、就业、社交与网络买卖交易等领域，截至 2016 年底，芝麻信用、腾讯征信、前海征信、鹏元征信、中诚信、中智诚、考拉征信、华道征信 8 家个人征信机构以及银之杰、拓尔思、中科金财、新国都、海立美达、航天信息、奥马电器等多家上市公司均纷纷完成大数据征信布局，并推出了自己的大数据征信产品。

大数据在风险控制领域应用前景广阔。随着网贷在近几年呈现爆发式增长态势，对金融风控提出了新的要求、带来了新的挑战，用户对于风险控制变得越来越关注。但是，目前网贷行业普遍采用的风控手段主要通过线下完成，过于依赖人工，采集的数据主要是年龄、职业、收入等信用数据，不太关注用户行为数据，这些特征带来的是审核成本高、审核标准不一致、审核速度慢且数据更新不及时的问题，而且难以有效规避参与方可能出现的道德风险。而大数据风控凭借互联网和大数据技术优势，将信用风险的用户行为数据考虑在内，从而实现较低的审核成本、审核标准的统一、审核的高效和数据的实时录入。当前互联网金融已经积累了丰富的数据，各类风控模型逐渐成熟。借助大数据技术，金融行业传统风控手段将重塑，网贷机构可以通过运用大数据等技术手段，对借款人进行风险控制和风险提示，精准把握用户的贷款需求和还款能力，使得金融风险管控更为智能化、公开化、可视化。消费信贷领域，互联网消费金融带来了新的技术形式和风险管理模式，基于数据而形成的大数据风控模式将是核心的发展方向，而数据资产则成为在金融商业模式下可变现的重要资产。金融企业可以对行业客户相关的海量服务信息流数据进行捕捉及分析，并利用各种服务交付渠道的海量客户数据，开发新的预测分析模型，对客户消费行为模式进行分析，提高客户转化率。大数据可以帮助企业提高风险透明度，强化风险的可审性和管理力度。

（四）企业特点

传统金融机构积极布局金融大数据。传统金融行业如银行、保险等领域，金融机构在开展业务过程中积累了客户身份、负债情况、资金收付交易情况等大量高价值密度的数据，通过运用大数据技术对累积的数据进行分析挖掘，可以产生巨大的商业价值，大数据已成为金融业重要支撑。截至 2016 年底，工商银行、农业银行、建设银行、中国银行等都已经建立了自己的大数据分析系统。

大型电商平台以及互联网巨头从线上消费金融领域切入金融大数据。2016 年中国互联网金融交易规模将达到 8700 亿元，同比增长 269%，预计 2019 年将达到 6. 8 万亿元左右的规模，是 2016 年规模的近 8 倍。大型电商平台以及互联网巨头依托消费场景，通过自建消费金融业务线，利用消费分期，提升交易额，增加用户黏性，并通过监测跟踪用户在分期之后的还款行为，评定用户可支付能力、诚信等，完善征信数据库。代表型产品如平安普惠、微粒贷、京东白条、蚂蚁花呗、蚂蚁借呗、拍拍贷等。

消费金融机构积极拓展线下市场。2015 年我国的线下收单市场达到了 50

万亿元，并且根据市场预估，到2017年线下收单的市场将达到65.5万亿元。巨大的体量吸引着各类电商、互联网巨头和消费金融公司由线上向线下业务拓展。2016年上半年，蚂蚁花呗与医院联手推出医疗分期付费，并积极与线下大型购物中心合作推出消费信贷产品等。2016年9月，京东旗下产品“京东白条”与银行合作了电子银行账户，推出“白条闪付”针对线下支付。

三、应用案例

（一）恒生金融大数据基础支撑平台

恒生金融大数据基础支撑平台通过社交网络交互数据、移动互联网数据、证券基金交易数据等方式获得的各种类型的结构化、半结构化（或称之为弱结构化）及非结构化的海量数据，并利用离线计算、实时流处理、机器学习等技术从大量的、模糊的、随机的、有噪声的、不完全的数据中，提取隐含在其中的潜在有用信息和知识，最终为金融企业提供营销支持、产品运营、风险管控、内部管理等服务。恒生金融大数据基础支撑平台不断完善，截至2016年底，该平台可以为企业提供统一的数据存储、分布式计算、数据分析挖掘以及数据可视化的整套平台服务，帮助企业建立统一的大数据中心和计算平台。此外，2016年8月，恒生电子成立“恒生金融大数据研究院”，研究院的成立将进一步推动恒生电子在金融大数据领域的发展，金融大数据支撑平台的功能和性能也将进一步完善和提高。

（二）东方财富大数据产品

东方财富大数据产品旨在通过访客特征、访客业务、情绪和场景等要素精准画像，实现业务和产品创新。东方财富大数据产品利用自然语言分析、机器学习等技术，通过分析访客习惯、业务特征、交易特征等访客个人特征和业务特征，形成用户画像和业务画像，通过分析访问时间、上网方式、地理位置、投资变化、市场变化、热点转换等信息形成场景画像，通过分析股市变化影响、资金变化影响、发言情绪文本挖掘、行为变化情绪分析等因素形成情绪画像，并利用形成的用户、业务、场景、情绪等画像设计金融产品，提升数据产生的价值，发展新的商业模型。截至2016年底，大数据情绪系列指数、自动化客服、语音智能搜索机器人、理财问答机器人、主动推荐、智能投资风险提示、智能投资顾问机器人等大数据产品的规划和开发均已启动。随着产品的不断开发和完善，东方财富大数据系列产品将为客户提供如下服务：一是根据用户自身特征度身定做，提供差异化服务；二是降低投资决策门槛，帮助用户在投资中学会投资；三是对投资决策效果进行验证，快速修正偏差；四是有效揭示投资风险，保证客户资金安全。

（三）51 云金融

51 云金融是由五一金控技术团队独立开发的金融云服务整体解决方案，具备低成本、高弹性、高适用、安全合规等特性，可以帮助 B 端互联网客户实现向大数据云金融的转型。51 云金融提供金融产品接入 APP 解决方案，基于通过 SDK 接口的形式，实现非金融互联网产品实现流量变现，通过和不同互联网产品的对接合作和大数据建模，可以精准有效地接入并调取应用流量，并对流量做出统计分析，最终形成大数据解决方案，以便更好地实现金融产品的销售和流量变现，帮助金融数据压力变为数据优势，海量金融数据分析改变金融运营模式。截至 2016 年底，51 云金融基于风控大数据模式与天弘基金、中国人寿、中信信托、贵阳银行等国内众多大型金融机构建立了长期的战略合作，为用户提供包括银行理财、信托、资管、基金、保险、私募等收益更为稳健的理财和财产保障型产品。

第十一章　媒体大数据

大数据时代，媒体大数据在集聚公众诉求辅助政府决策、发展数字化精准营销等方面具有重大应用价值。腾讯、阿里巴巴、京东、领英、国美等国内大型企业，已纷纷转变营销方式，逐渐从传统营销模式转变成为以用户为中心的多维数据驱动的精准营销。数字营销带来的场景化商机推动不同平台跨界合作，跨平台合作成为企业加快自身发展的重要路径。随着互联网技术与金融不断融合，通过运用社交平台数据实现个人信用评估成为媒体大数据应用拓展的重要方向。

在媒体行业，网络用户量的持续上升，使新媒体成为使用率最高的媒体形态，正逐步取代传统媒体。媒体本身就是数据载体，信息的爆炸式增长给传统媒体行业带来更多的挑战。据统计，2016 年，视频类网站、客户端、APP 的新媒体用户量从 2011 年的 24.7%提高至 64.9%，新闻客户端的用户量从 2011 年的 15.1%提高到 58.6%。相比之下，使用纸质报纸、纸质杂志、电视、广播电台等传统媒体方式的用户量比例明显下跌。

大数据时代，数据在媒体行业的核心资源地位愈加凸显。随着我国信息技术及企业信息化的快速发展，网络媒体已逐渐成为连接物理世界和虚拟网络空间的重要桥梁，其生成的用户数据价值已经远大于媒体网络本身的价值。我国媒体行业正处于新旧融合的关键时期，持续挖掘媒体数据的市场价值，将有助于推动我国传统媒体行业的转型升级，并将有利于提升我国市场数字化营销的营销效率，从而构建全新的市场营销生态。

一、应用需求

集聚公众诉求辅助政府决策。CNNIC 最新数据显示，截至 2016 年初，全年共计新增网民 3951 万人，增长率为 6.1%，较 2015 年初提升 1.1 个百分点，我国网民规模达到将近6.9亿；我国互联网普及率达到50.3%，超过全球平均水平3.9个百分点，超过亚洲平均水平10.1个百分点。随着网络媒体技术的日益普及，公众参与网络信息交互并产生大量个人数据，其中包含着公众在社会生活、金融服务、医疗卫生等各个方面的需求表达，准确、及时地获取并理解这些数据隐含的有用信息，可成为相关政府部门发现和处理民生问题、制定有效政策，从而提供社交监测、医疗应用甚至疫情追踪等重要的辅助决策依据。

基于社交媒体大数据发展数字化精准营销。社交媒体网络中存储了大量用户资料、用户之间的社交关系以及用户之间的交互信息，海量社交数据具有重要的应用价值。数字化营销基于现代信息技术和互联网技术，运用社交媒体平台用户的注册资料信息对用户的特征进行精准分析，向用户推送较为准确的广告信息，并使用基于社交网络构建的人脉网络进行广告信息传播，从而为广告商提供有效的广告解决方案，实现定向投放产品、服务及品牌宣传。数字化营销的价值体现在两个方面：一是以社交的方式维护企业品牌知名度。数字化营销公司通过运营企业在社交平台中的公众账号，根据企业不同的目的制定不同的营销策略，从而，一方面真正满足网络用户的需求，另一方面，在有效降低企业的营销成本的同时，帮助企业更好地进行品牌效应推广和市场影响力形成。二是助力企业产品及服务的推广。数字化营销可以在用户与企业产品之间形成良好的沟通渠道，帮助客户和消费者便捷地获知企业产品或零售店的最新消息，有效促进企业品牌的推广，使用户更容易接受和购买企业产品，实现市场营销价值的最大化。未来，精准的广告投放将会直接影响用户消费，数字化营销将会在经济体系中占据重要地位。

二、发展特点

移动互联网和大数据给生产经营及消费者行为带来巨大改变，促使数字营销不断发展。社交大数据的运用使数字营销成为互联网行业中的又一重要方向。腾讯、阿里巴巴、京东、领英、国美等国内大型企业，已纷纷转变营销方式，逐渐从传统营销模式转变成为以用户为中心的多维数据驱动的精准营销，共同构建充分挖掘数据价值的生态体系。赶集网、光大银行分别在电商化和场景化的促进下，通过跨界合作实现具有用户针对性的广告精准投放，持续挖掘社交网络大数据的潜在价值。

（一）市场特点

随着移动互联网技术与应用的逐渐成熟，移动网民的增速已经远远超过整体网民的增速，相对于无法实时随身携带的 PC 电脑，用户对于移动端依赖性越来越高，中国整体网民的增长已经由 PC 网民增长转移到移动网民的增长。据统计，截至 2016 年 6 月，我国移动网民的规模已超过 6.5 亿。2015 年，中国智能手机保有量达到 9.5 亿台，同比保持 21.8% 的增长率。移动互联网的快速发展带来移动社交媒体的全面兴起，我国已逐步进入移动社交时代，基于移动互联网的移动式广告呈现爆发式增长，更加充分挖掘了社交广告的价值。

我国社交媒体平台主要包括社交网站、微博、微信（朋友圈）、博客、论坛、播客等。最新统计数据显示，60.8% 的新媒体用户将微信、微博等社交媒体作为获取新闻资讯的主要方式，并通过社交媒体获取信息以及表达诉求。随着网络移动端的广泛使用，移动营销成为企业推广的重要渠道，据中国互联网络信息中心（CNNIC）最新数据统计，我国企业利用微信开展过移动营销的推广使用率为 75.3%，成为最受企业欢迎的移动营销推广方式。微信朋友圈逐渐成为移动网络客户端社交的主要阵地，依托朋友圈的活跃优势，微信借助大数据技术不断扩展社交方式并逐渐开拓其市场价值，以挖掘社交链条内部及其外延生态和服务价值。

广告平台的核心价值是要了解品牌目标用户的真正诉求，并具有实时连续洞察用户行为的能力。作为大数据时代的战略举措，腾讯社交广告致力于构建大数据营销生态，积极寻求与垂直行业展开平台级数据合作，为广告主提供更精准、更实效的营销解决方案。因营销场景的优势明显，微信朋友圈广告一直很受广告主青睐。在广告形式方面，朋友圈广告以原生模式将广告融入用户内容中，让用户自然接受、喜欢；在广告互动方面，用户可以通过点赞、评论、分享，将有趣味、有创意、引发讨论的广告内容在活跃着 6 亿用户的社交平台上形成自主传播，发挥朋友圈广告的社交营销能力。

（二）企业特点

大企业利用媒体大数据致力精准营销。2016 年，腾讯社交广告首次在北京举行的“AD+2016腾讯社交广告营销峰会”，借助该峰会契机，推出腾讯AD+理念，正式发布腾讯社交全新品牌和社交营销三大趋势以，从连接、升级、生态的维度全面释放社交能量，从而打造精准、高效的新一代广告方式。

阿里妈妈媒体矩阵于2015年投入约200亿至300亿美元，在“阿里妈妈年度最大营销生态峰会——2016武林大会”上发布了2016年战略规划，提出未来两年是数字化营销格局产生质变的关键时期。阿里妈妈提出移动信息流、短视频和直播，尤其是后两种媒体形式，将会引发整个媒体形式的巨大变化，利用媒体生态建设和用户数据闭环链条建设重构整个媒体内容产业链。

京东借助电商平台汇聚的消费行为大数据切入数字营销，与腾讯合作推出“京腾计划”。京东将其电商平台消费数据与腾讯社交数据连通，为品牌商提供更精准的定向、更完整的用户画像以及更科学、系统的效果衡量，从而实现品牌推广与广告效果的双赢。同时，“京腾计划”通过连接社交用户场景与电商交易平台，对精准人群投放个性化广告，并将该人群导入到微信，从而构建一个包含品牌展示、曝光和下单交易全流程的闭环模型。此外，京东在2016年的京东数字营销峰会上，发布了整合购物与社交数据的立体营销解决方案“京腾魔方”。

领英作为全球最大的职场社交平台，依托其全球化社交媒体平台、高质量职场人群、精准目标定位等优势，在我国正式推出了领英营销解决方案，该方案助力我国企业面向全球和中国本地市场打造商业品牌，从而拓展商业机会。同时，领英还联合广告营销领域专业代理商推出“海外营销业务核心合作伙伴计划”，共同助力中国企业的品牌全球化之旅。

国美在“2016年国美在线开放平台招商大会”上提出，其承诺对未来新加入平台的商家实行“三年不涨点”，通过升级信息技术、营销引流、会员引流、物流服务、农村市场五大方面，力图打造开放共赢的云平台生态圈，使入驻其平台的商户共享国美在线的核心资源。未来国美每年将在全方位强势引流方面投入超过10亿元。此外，国美通过实现对其线上线下1.8亿会员的大数据用户画像，其千万国美员工微店可基于社交实现朋友圈的自主传播，从而实现了精准化营销推荐。

跨平台合作成为企业加快自身发展的重要路径。精准的数字营销将在单个场景中延伸用户的消费行为，数字营销带来的场景化商机推动不同平台跨界合作。赶集网与瓜子二手车细分领域合作共赢，并使得美团在团购业务的基础上扩大其外卖市场。爱奇艺与中国电信达成品牌合作，双方打破营销边界，通过中国电信线下渠道，结合爱奇艺 VIP 会员权益实施数字营销，在实现我国电信全面落实互联网化转型的同时，进一步发挥了爱奇艺的资源优势与品牌价值，双方将计划携手共同打造“电信专享日”等活动，以拓展各自的服务边界。中国光大银行信用卡中心与掌阅科技联合，推出光大银行在数字阅读领域的首张光大掌阅联名信用卡，根据职位、行业、从业年限、所在地域等信息精确定位目标人群，并基于这些信息对营销效果进行精准评估，最大化广告投放效果。

信用评估成为企业应用拓展的重要方向。随着互联网技术与金融不断融合，数据评估是指把社交行为、消费偏好等个人行为数据应用于风控体系之中，通过运用社交平台数据实现个人信用评估。在我国，京东、支付宝、腾讯等互联网巨头成功把各自的社交平台数据运用于个人信用评估之中，如“京东白条、蚂蚁花呗、微粒贷”根据对用户不同的消费习惯进行分析后设定相应的信用额度，实现商业利益的同时最小化信贷风险。此外，传统银行也开始把社交属性引入到个人金融服务之中，如平安银行推出了具有社交功能的移动支付平台“壹钱包”，实现风险评估的精准性。

三、应用案例

（一）腾讯社交平台助力北汽绅宝依托实现精准广告投放

在汽车行业，随着大数据营销时代的到来，汽车营销面临着用户数据割裂、用户画像模糊化等营销痛点。腾讯社交广告依托腾讯企业强大的账号能力体系，承载着微信、QQ、QQ 空间等国内领先的社交平台，利用丰富的腾讯精品应用广告场景，通过“广点通数据管理平台”进行数据挖掘、人群标签和定向能力，实现对社交用户画像的完整描述，并通过核心定向能力实现广告的精准投放，可以为汽车广告主解决面临的数据营销难题。未来，在数据连接方面，腾讯社交广告将与更多垂直行业伙伴建立合作，为广泛的行业广告主提供更为精准的目标消费群，助力营销，优化营销效果。同时尝试探索更多合作方式、拓展合作边界，帮助汽车等行业广告主提升品牌形象，提高营销效果。

腾讯社交广告利用大数据挖掘与运用技术，为北汽绅宝品牌精准地找到目标受众人群，助力北汽绅宝完成了朋友圈的精准广告投放。在投放广告前，易车车慧通过与腾讯社交广告进行数据合作，借助腾讯社交广告极强的数据挖掘及用户洞察能力，挖掘出绅宝目标人群画像，并根据相似人群扩展（Look - alike）功能，锁定更广泛的潜在消费人群。2015 年 12 月 13 日和 14 日，北汽绅宝投放微信朋友圈广告，数据表现突出，广告总曝光数量 1 亿多，点击通过率（CTR）提升了 2.3 倍，收获了 9000 多条具有购买意向的用户数据，提及北汽、北汽绅宝的评论数量为 2000 余条，并得到数百条回复评论此次传播主题“玩出彩”，获得较好的投放收益。

（二）阿甘跑步提供“安心跑”服务

阿甘跑步（Run Again）是第一款可以直播跑步的运动社交 APP，于 2015 年 6 月率先在 iOS 平台发布，随后在 2015 年 8 月在 360、豌豆荚、魅族、OPPO 等各大安卓市场发布。该应用首次打造了跑步的过程社交，使跑者和好友（观众）通过声音表情、语音以及实时数据更新，经过多方测试检验精准数据记录，将每一次跑步变为生动有趣的直播，实现了运动和社交的完美结合。阿甘软件利用社交平台数据使跑步变得具有乐趣，例如，通过跑前分享，阿甘跑步可以将跑步状态分享在朋友圈，使朋友可以看到实时运动数据，从而为之点赞、实时鼓励、发送语音和文字信息，激励跑步者跑得更快更远。此外，阿甘跑步联合国际级运动专家，通过数据的互传互动，为用户打造了科学而高效的训练计划，如针对于大众用户的燃脂计划、五公里跑、十公里跑，以及对于专业用户的半马、全马训练计划等服务。2016 年 1 月，在厦门国际马拉松赛上，阿甘跑步联手深圳一家心电医疗设备供应商，借助阿里云大数据平台，面向“跑马”爱好者推出“安心跑”服务，重点关注危险跑步者，对跑步人员的心跳数据实时回传并及时分析识别，使运动者心脏在出现问题时能够第一时间得到抢救。

第十二章　电商大数据

随着电子商务的数据量与日俱增，电商大数据产业从最初阶段逐渐进入高速发展期。电商大数据的应用贯穿于整个电商的业务流程，对于促进电商营销精准化和实时化、产品和服务个性化需求增长、消费价值链一体化和动态化、新型增值服务拓展等具有重要应用价值。在数据开放共享方面，我国各大电商企业纷纷打造数据开放平台，如阿里云在2016年云栖大会上发布全球首个一站式大数据平台“数加”，京东通过打造云开放运营大数据服务平台构建电子商务大数据服务体系。同时，阿里巴巴、百度、京东等各大电商企业逐步认识到大数据应用对于电商发展的重要性，以汇聚巨大的用户数据为基础，均积极布局大数据发展。

电子商务是满足和提升消费需求、提高产业和资源的组织化程度、转变经济发展方式的重要途径。传统电子商务创新主要局限在电子商务的效率、便利化、营销方式等方面，大数据技术的广泛应用给传统电子商务的模式创新带来新的机遇。基于大数据的电子商务，有利于提炼电子商务平台集聚的数据资源价值，优化产业结构，从而对我国战略性新兴产业发展具有支撑作用。

一、应用需求

电子商务是降低成本、提高效率、拓展市场和创新经营模式的有效手段，它是指买卖双方基于互联网进行各种商贸活动，实现消费者网上购物、网上交易和在线支付以及各种金融活动和相关的综合服务活动的商业运营模式。艾瑞咨询最新数据显示，2016年我国电子商务的市场交易规模为20.2万亿元，增长23.6%。其中，网络购物占比为23.3%，相比2015年占比升高。按照细分领域，电子商务可分为B2B（Business To Business，即企业对企业）电子商务、网络购物、在线旅游、O2O（Online To Offline，即线上线下）电子商务。其中，B2B电子商务和网络购物是产生大量的结构化和非结构化的可视化数据，是电子商务大数据的主要来源。

我国电子商务市场逐渐进入大数据时代。电子商务大数据伴随着消费者和企业的行为实时产生，其应用贯穿于整个电商的业务流程，广泛分布在电子商务平台、社交媒体、智能终端、企业内部系统和第三方服务平台上，平台所产生的巨大信息量以及所收集的用户信息具有真实性、确定性、对应性等显著特点。电商企业通过数据挖掘和数据分析等手段，有助于全局性、系统性的决策，从而得出最优化的解决方案和运营决策。

电商营销日益精准化和实时化。电子商务平台、社交网络、移动终端、传感设备等应用逐渐成熟，带来了消费者数据的爆炸式增长。云计算、复杂分析系统的出现提供了快速、精细化分析消费者偏好及其行为轨迹的工具，通过整合来自不同渠道的消费者数据，从而形成全方位的消费者信息，消费者数据的分析可以实现及时、全面、精准地获知消费者需求。移动智能终端的快速发展，带来随时随地向消费者有针对性地提供相关产品和服务的有力渠道。移动智能终端在提供用户的地理位置数据的同时，使得提供基于地理位置的服务成为可能；另外，智能手机基本为个人专用，为提供个性化定制服务开通渠道。因此，大数据、云计算、移动智能终端的快速发展，促进了数据收集、智能分析、精准推送产品和服务的一体化，有助于实现数字营销的精准化和实时化。

产品和服务个性化需求不断增长。企业与消费者的信息透明化有助于促进两者之间的互动，电商企业消费者的个性化需求成为生产企业关注的核心。大数据时代，创造实时化、差异化的产品及服务，满足不同消费者的个性化需求是电子商务模式创新的一个典型特征。大数据等新一代信息技术推动了电子商务的价值创造方式发生转变，促使消费者在生产过程中的主动性作用愈加突出，企业以消费者为中心生产具有差异化的产品和服务，并引导消费者参与产品的生产和价值创造，能够有效降低消费者和企业之间的信息不对称程度。一方面，企业通过多元化的信息获取渠道掌握消费者的全面信息，提供的产品和服务更具针对性；另一方面，分散孤立的消费者可以通过多种渠道了解企业产品的全面信息，个性化和多样化需求逐步呈现。

消费价值链趋于一体化和动态化。大数据时代，消费者需求的满足程度是体现企业核心竞争力的关键。大数据等新一代信息技术的发展，推动了各方渠道跨界数据的逐步整合，并促使生产价值链上下游企业的协同合作。受地域差异化影响，消费者需求有所不同，企业根据该需求差异组建动态联盟，整合研发、生产、运营、仓储、物流、服务等各环节，通过协同合作，创造并推送满足差异化的产品和服务，从而形成智能化和快速化的反应机制，有助于促进电商企业之间的信息开放与共享、资源优化、分工协作，从而挖掘更多价值。

新型增值服务不断拓展。新一代信息技术在电子商务中的应用，带来消费、生产、物流、金融等多个领域海量数据的产生。融合来自不同领域的数据，有助于推动生成新的增值服务模式。通过整合消费者和电商企业之间的交易数据与物流、金融数据，为确切掌握消费者与企业之间的信用奠定了基础。大企业拥有丰富和巨大的数据资源，运用大数据积极开展信用服务，有助于推动供应链金融、互联网金融等增值服务的快速发展，从而为中小企业的发展提供帮助。

二、发展特点

（一）市场特点

移动电子商务成主要消费场景。我国移动购物市场进入平稳发展期，借助于手机、PDA 及掌上电脑等无线终端的移动电子商务增速超过以 PC 机为主要操作界面的传统电子商务。艾瑞咨询最新数据显示，2016 年移动购物移动网购在整体网络购物交易规模中占比达到 68.2%，比上年增长 22.8 个百分点，移动购物市场交易规模为 3.3 万亿元，同比增长 57.9%，移动端已超过 PC 端成为网购市场更主要的消费场景。与此同时，2016 年中国网络购物市场 TOP10 企业移动端用户增速远超 PC 端，APP 端用户增速达 27.1%，PC 端仅增长 9.6%。

移动电子商务的增长促进新一代移动电商迅速发展，电子商务进入移动电商时代。艾瑞 mUserTracker 数据显示，2016 年手机淘宝月度独立移动设备覆盖数最广，遥遥领先于其他电商网站；京东次之，唯品会紧随其后，传统电商巨头优势依旧。此外，依靠移动电商红利发展起来的新兴平台发展迅速，如闲鱼、贝贝网，月度独立移动设备覆盖数均持续增长。

电商大数据促进精准策划和营销。大数据发展的重要趋势就是数据服务的变革，主要体现为针对个人所需提供数据服务。网络的普及使消费数据量快速增长，同时为电商企业精确把握用户群体和个体网络行为模式提供了基础。一方面，电商企业通过对网络用户的大数据的挖掘、分析及应用，可以探索个性化、精确化和智能化的广告推送和推广服务，创立比现有广告和产品推广形式性价比更高的全新商业模式。另一方面，电商企业可以通过大数据的应用，了解更为广泛的用户特性，为开发新产品和新服务以及降低运营成本提供方法和途径。随着电商企业逐渐加大对大数据的挖掘、分析与应用，淘宝、百度、腾讯、京东等电商企业依托其各自的电子商务交易平台，获取并分析利用稳定而丰富的数据资源，利用网络技术开发应用云计算的商业模式，充分整合信息技术、管理平台技术、应用技术，从而汇聚形成资源池，以备按照需求进行灵活的资源调用。

电商企业运用大数据的创新性主要体现在三个方面。一是电商供应端应用方面，电商企业利用电商大数据致力于精准策划和精准营销。电商企业依托有效的策划和营销来获取最大的利益。大数据技术使精准策划和精准营销成为了可能。1 号店通过借助手机客户端平台大数据，继而对其进行分析后发送个性化 EDM，达到精准的电子邮件营销。例如，1 号店可以通过用户查询商品的数据记录推测用户需求，分析用户未购买该商品的原因，并根据缺货、价格不合适、商品不合适等可能的情况进行数据分析，之后分别在到货、降价或引入类似商品时，以电子邮件的方式推送用户所需商品的最新情况。同时，1 号店利用大数据挖掘用户的购买周期数据，分析用户的购买习惯或附近类似用户的购买习惯，通过系统设定用户的购买时间，定期发送购买提醒，从而达到锁定用户的长期购买能力。淘宝最早推出了“淘宝时光机”项目，通过分析用户自注册淘宝账户以来的行为数据，并可以用幽默生动的谈话模式，通知淘宝用户的成长历史以及该用户在淘宝购物的轨迹。此外，“淘宝时光机”通过收集、分析与该用户有相类似喜好的其他用户的行为数据，对特定用户的偏好和行动轨迹进行可能性分析，从而达到精准营销的目的。二是用户需求端方面，电商大数据的应用有助于提升用户的网上购物体验。电商企业的核心服务理念就是提升用户体验，即用户对产品服务认可度是各大电商企业获得市场占有率的重要体现。当当网、卓越网等电商企业之前通过协同算法来找到商品之间的联系，当购买某件商品时，会展现相关商品的推荐信息。这能够为用户查找相关商品提供方便，提升客户体验；更是利用了商品之间的互补性与相关性，增加了销量。并且，通过对平台用户的浏览痕迹进行记录分析，针对不同层次类型的用户会提供特定的商品推荐信息。三是舆情分析方面，随着网络技术和电商平台的日趋完善，电商平台的口碑评价成为消费者选择的重要参考，使得电商企业越来越关注其电商平台的口碑评价对电商品牌打造的影响度。电商价格、商品质量、物流速度、售后服务等是网络消费者对电商舆情的主要关注点。为此，有电商如京东，对所在网站的文本数据进行舆情分析，以进一步了解客户需求、主流偏好等信息。首先，电商企业通过调查和深入访谈的形式，预先获知客户的消费需求，以确定网站数据的研究方向；然后，筛选并锁定用户关注该电商平台的关键词，通过自有监测平台采集并抓取主题型关键词，间接关注其大量的平台用户信息；其次，将分析所得的行业关键词放入监测框中筛选，获取具有行业属性的信息，通过分析行业特征数据，研究该消费群体对某电商平台的关注特征；最后，企业根据研究结果，得出电商舆情分析报告，从而为电商企业的业务开展提供参考。

（二）企业特点

加快建设数据开放模式与开放平台。在数据开放方面，我国各大电商企业纷纷致力于发展数据开放模式，积极打造数据开放平台。阿里云在 2016 云栖大会上海峰会上，宣布开放阿里巴巴储备十年之久的大数据能力，发布全球首个一站式大数据平台“数加”，并首批亮相 20 款产品。该平台承载了阿里云“普惠大数据”的行业发展理想，即将大数据应用开放给全球企业或个人用户。京东打造云开放运营大数据服务平台，从数据仓库建设、数据模型开发、数据存储、数据加工、到数据分析挖掘与应用及数据报表呈现提供完整的数据服务，通过挖掘电子商务平台运营过程中产生的海量数据，将其中具有价值的信息提供给商家作为其运营决策依据，从而提高商家运营效率和销量。同时，为平台运营商带来具有经济效益的新型开放模式。京东数据开放平台的整体运营目标是：在三年时间内，实现对商家较为全面的数据开放，通过数据开放提高京东商城入住商家的销量、流量和转化率，同时打造京东数据开放平台品牌。此外，腾讯通过其数据开放平台，实现了与社交平台的数据对接、网站推广、商务支撑（财付通、拍拍、彩贝等）、品牌推广等线上服务功能；新浪微博、百度、盛大、奇虎360等互联网领域的知名企业也纷纷推出了各自的数据开放平台，为用户提供实时数据分析、流量分析和报表功能。

高度重视大数据发展策略。随着电子商务的数据量与日俱增，电商大数据产业从最初阶段逐渐进入高速发展期。掌握“巨量”的用户数据是大数据分析与应用的前提，电子商务行业掌握的用户数据越多，就能够更加精确地预测客户的潜在消费行为。借助大数据分析，电商企业一方面可以提高营销转为购买行为的成功率，还能降低营销成本；另一方面还能使产品更契合用户的需求，从而帮助电商企业提升竞争力。我国各大电商企业逐步认识到大数据应用对于电商发展的重要性，均积极布局大数据发展策略，电商巨头阿里巴巴、百度、京东等依托其长久的电商实战基础，已汇聚巨大的用户数据，在大数据的分析与应用市场中占有绝对优势。

在大数据应用方面，阿里巴巴被认为是全球应用大数据最成功的公司。阿里巴巴利用其平台优势，通过对旗下的淘宝、天猫、阿里云、支付宝、万网等业务平台进行资源整合，形成了强大的电子商务客户群及消费者行为的全产业链信息。阿里巴巴通过对电子商务平台上海量的客户信用数据及行为数据进行分析，诞生了蚂蚁小贷、花呗、借呗等纯大数据产品；菜鸟网络通过电子面单、物流云、菜鸟天地、智能路由分单等数据产品，为快递行业的转型升级提供了技术方法。同时，阿里巴巴将电子商务的竞争从简单的价格战上升到一个层次，形成了差异化竞争。2016年，阿里云在云栖大会上海峰上发布全新的大数据平台，并进一步扩展其混合云生态。目前，淘宝已形成的数据平台产品，包括数据魔方、量子恒道、超级分析、金牌统计、云镜数据等，有10余款，功能包括店铺基础经营分析、商品分析、营销效果分析、买家分析、订单分析、供应链分析、行业分析、财务分析和预测分析等。

京东则重视O2O零售大数据整合之路。“京东到家”全国诸多城市便利店签署合作协议，实现便利店一小时送达。京东为合作对象提供各种位置以及平台支持，针对便利店的销售、路径、转换率、用户习惯进行数据分析，提高店铺销售业绩。百度与央视新闻联播推出“据”说春节，首次采用百度地图定位大数据、百度指数来解读春运、年货、年夜饭等新闻，大数据与新闻的结合模式成为近几年来央视新闻节目最成功的创新之一。此外，腾讯等互联网巨头也在大数据方面进行了较大投入，以实现“无数据，不互联”的目标。

三、应用案例

（一）京东电子商务大数据服务体系

京东是一家高速成长的电子商务企业，业务种类和业务量都在迅猛增长，曾连续6年销售额增幅超过200%。京东电子商务大数据服务体系是基于京东云开放运营的大数据服务平台的重要功能组成。京东云开放运营的大数据服务平台从数据仓库建设、数据模型开发、数据存储、数据加工到数据分析挖掘与应用及数据报表呈现提供完整的数据服务。同时，基于大数据分析，面向电子商务企业提供包括市场营销、商品促销与销售预测等服务，并通过完善的产品体系为第三方卖家及第三方独立软件开发商等提供数据服务的模式。

一是基于海量数据挖掘的精准营销与大营销体系搭建。大营销以用户为中心，建立相关标签，包括基本标签、购买心理、用户兴趣爱好、用户购买能力、用户行为标签和母婴标签等，建立面向电子商务的精准营销体系。精准营销模型体系具有跨平台、跨终端和跨渠道的特点。广告形式多样化，包括邮件营销、短信营销等。通过建立标签体系的用户画像工作不仅支持挖掘用户价值，同时也可防范风险。用户行为模型覆盖方方面面。收集数据源于日志、交易等多个系统。二是基于海量数据挖掘搭建销量预测体系。对商品销量的预测，对于合理安排采购、仓库和配送任务等诸多方面都有着重要的意义。预测商品销量也能够帮助针对商品的各种促销活动等销售行为的可量化、有序化的顺利进行，在降低销售成本、提高销售额和毛利等方面，都有着巨大的作用。三是基于海量数据挖掘实施促销选品策略。京东每年6月做店庆大促，基于海量数据挖掘的促销选品策略模型可评估各品类的促销效果，确定重点促销品类，支持公司在各品类促销资源的分配，并对各品类的促销效果进行评估。基于海量数据挖掘的促销选品策略主要通过一个品类促销效果评估模型来实现，主要考察各品类的促销敏感度及品类的销售额大小。四是面向第三方卖家的海量数据建设分析服务体系。电子商务平台的开放性为整合上游商家入驻平台提供了有效模式，为商家提供了自主经营的空间。

（二）阿里云大数据产品及服务

基于大数据智能识别的下一代互联网视频云服务系统：通过互联网促进新媒体产业和电商融合发展，推进文化创意产品的生产、传播、消费的数字化、网络化进程，利用数字制作技术、互联网、大数据分析、计算机视觉和人工智能等高新技术支撑文化创意产品内容制作、广告植入、电商交易，实现文化产业和电商的共同增长，从而促进文化与科技的深度融合。

基于CNN卷积神经网络深度学习技术：自动检测海量视频中的物品和场景语义标签，针对场景识别和物体识别的任务，分别构造视频信息局部特征描述算子。场景识别特征算子强调特征向量的判别性，能够进行场景的全局表示。而物品识别算子针对识别过程中的尺度、视角以及旋转变化影响进行优化，可在上述变换情况下部分保持特征的稳定性。在基础特征的基础上，使用空间金字塔匹配算法，系统能够每天处理2000小时的视频，识别物品种类100类，同类商品识别精度80%，同款商品识别精度75%，明星同款识别精度90%，35类场景识别精度76%。物品种类包括西服、裤子、裙子、皮鞋、项链、耳环、口红、手机、电脑、电视、微波炉、床、柜子等100个类别。场景类别包括厨房、卧室、客厅、办公室、商店、田径场、足球场、篮球场、网球场、游乐园、冰雪、沙滩等35个类别。

基于深度学习的高精度人脸识别figure out技术：通过基于SIFT特征、平均脸特征的弱分类器级联构造人脸检测分类器，使用随机森林训练得到高效的人脸识别器。在项目最终阶段完成明星代言随视购产品推荐系统上线，开始进行业务运行，人脸识别技术做到在LFW数据集上测试达到97%准确度。

基于视频语义智能标签、商品标签的分析识别技术：除系统自动精准推送Video out电商物品广告，用户也可以添加、编辑、审核自动打点的语义标签，自主选择要关联的电商商品，在系统中自动竞价投放。由于Video out广告具有更强的视频内容相关性，CPC（cost per click）比传统贴片广告提升5

倍以上的点击率，达到4%。同时 Video out 考虑了用户的个性化兴趣，广告 CPS（cost per sale）的购买率比传统贴片广告提高10倍以上。

中插点广告精准检测技术：使用镜头检测和 VAD 静音点检测技术，自动检测视频中合适的中插时间点，插入剧情相关的广告。中插点精度达到95%，其中镜头检测精度达98%，静音点检测精度达95%。

用户行为分析技术：根据用户的影视剧观看记录，浏览、点击广告和购买商品记录，使用协同过滤，LTR 推荐等技术挖掘用户的兴趣、年龄、职业、性别、位置等信息，实现个性化的广告推送。

第十三章　健康医疗大数据

医疗数据快速积累，据 IDC Digital 预测，截至 2020 年，医疗数据量将达 40 万亿 GB，是 2010 年的 30 倍。大数据技术应用到健康医疗行业将辅助医疗科学决策，支持诊疗方案有效性，加强个人健康管理，提供疾病因素预警和分析，实时监测医院感染隐患，推动医疗卫生服务个性化发展。国务院出台《关于促进和规范健康医疗大数据应用发展的指导意见》首次将健康医疗大数据确定为重要的基础战略资源，北京、福建等地政府也根据本地医疗状况出台相关政策和制定发展策略。医院、医药企业、医保企业、互联网公司等依据各自不同的数据资源优势，抢占医疗健康大数据发展机遇。据贵阳大数据交易所预测，到 2020 年，我国医疗大数据应用市场规模将达到 79.05 亿元。

我国正处于实施医疗改革、加快卫生信息化建设的关键时刻，全面促进云计算、大数据、物联网、移动互联网等信息技术与健康服务的深度融合，推进“互联网 + 健康医疗”服务，将有助于深化医疗改革，完善卫生与健康治理模式，推动医疗新兴业态的发展，培育新的经济增长点。大数据技术在医疗行业的应用，将有效提高医疗市场的信息流通效率，降低医疗成本，实现智慧医疗，提升诊断效率和精度，完善原有医疗服务体系，助力医疗产业转型升级。

一、应用需求

医疗行业是数据密集型行业，医疗信息数据化，对疾病及病人的管理、控制和医疗研究具有积极作用，但同时也使医疗数据快速积累，对存储、管理等提出更高要求。医疗大数据是医生对患者诊断和治疗过程产生的数据，包括患者基本数据、电子病历、诊疗数据、医学影像数据、医疗设备和仪器数据及经济数据等。

我国存在人口基数巨大、医疗需求攀升、医疗资源浪费严重、医疗资源紧缺和配置不合理、医疗支出增长过快、商保发展乏力等问题。我国医疗大数据的发展仍在起步阶段，海量医学数据汇聚、管理、共享和挖掘需要大数据平台的支撑。医疗大数据的应用在服务社会公众、医疗卫生、决策管理等方面具有强烈需求。

人口老龄化及慢病人群持续增长背景下医疗需求攀升。近 20 年来，我国人口总量持续增长，老龄化问题严重，老年群体的医疗需求增大。同时，我国慢病人群庞大，由慢性病导致的医疗负担占到总医疗负担的近 70%。根据国家卫生计生委疾控局最新统计数据显示，我国现有确诊慢病患者已超过 2.6 亿人，发病率以每年 8.7% 的速率上升，慢病死亡占所有人口死亡的 85% 左右。由于慢性病具有病程长、流行广、费用贵、致残致死率高等特点，医疗需求远高于其他病种。随着我国医疗需求的攀升，逐渐引发看病难、医疗服务质量差等一系列问题，提升医疗服务势在必行。医疗大数据的应用将有助于提升医疗服务效率。例如，基于医疗大数据的临床智能决策系统可提高医生诊疗速度和准确度、移动慢病及健康管理可降低慢病发病率和提升病人依从性，从而提高医疗精度与效果。

医疗资源严重浪费背景下提高医疗资源利用效率。我国由于过度医疗、过度耗材、医疗资源分配不合理等问题造成的医疗资源浪费问题严重，常见现象例如大处方、偏好昂贵药品、检查项目、治疗手段，不必要的重复检查，医生、药品、器械使用率低下等。据统计，我国一年因过期造成的药品浪费达 1.5 万吨，北京市药监局西城分局曾对辖区范围内的五个街道进行了过期药品回收状况问卷调查，结果显示 91.8% 居民家中存有过期药品，其中，70.1% 的家庭储存过期药品超过半年，主要原因是公费医疗导致的药品大包装和大处方现象广泛存在。大数据应用于医疗领域，有助于减少医疗资源浪费，提高医疗资源利用率。例如，基于大数据的药品监管系统可有效减少药品浪费，基于大数据的临床决策支持系统可有效减少无效诊疗，基于大数据的医保控费系统可有效减少医保欺诈等。

医疗保险支付压力加大背景下强化支付方控费。社会政府支付压力持续加剧，急需实施精准有效控费以及获取商业保险补充支持。我国推行全民医保覆盖，截至 2016 年，医保覆盖面已超过 95%，个人现金支出占整个医疗卫生支出比例持续下降。与世界其他国家相比，我国人均卫生投入仍然远低于世界平均水平，需继续加大医疗投入。商保公司因难以完全获得重大疾病的发生率、诊疗支出等数据，导致产品开发进度缓慢和多数险种盈利低甚至亏损，商业保险发展疲惫，精算能力匮乏，我国健康险规模小且人口覆盖率低。发展医疗大数据有助于商保公司提高保险精算能力，并通过健康管理降低赔付成本。

医疗信息孤岛广泛存在的背景下促进医疗数据的融合与管理。我国医疗数据受地域、行业分割的影响，产生众多信息孤岛，导致医疗数据共享困难。各地医疗机构的信息系统由多个信息化厂商提供，缺乏统一的建设标准指导，导致数据传输接口各异，影响数据传输效率。此外，医院部门间、医院间数据开放数据不积极，数据共享困难。据统计，我国95%医院的电子病历还未实现全院流通，互通的电子健康档案与电子病历仅占20%。医疗子行业间数据割裂严重，医疗服务机构数据、药店数据、医药研发数据、商业保险数据等系统数据未实现互联共享。随着医疗信息化建设的持续投入，大数据技术实现医疗数据的融合及应用是实施医疗卫生改革的必然趋势。

针对医务人员、患者、管理者及研究人员的不同医疗需求，医疗大数据一是可以为医务人员提供临床辅助决策、单病种大宗病例统计分析、治疗方法与疗效比较、最小有效治疗研究、精准诊疗与个性化治疗、不良反应与差错分析提醒等服务；二是可以为患者提供全生命周期的健康档案、自我健康管理、健康预测与预警等服务；三是可以为管理者提供精细化管理决策支持、数据服务与数据经济、监控感染爆发隐患、疾病与疫情预警等服务；四是可以为研究人员提供科研服务、用药分析与药物研发等服务。

辅助医疗科学决策。医疗健康数据的急剧扩容和几何级的增长，包括影像数据、病历数据、检验检查结果、诊疗费用等在内的各种数据，运用大数据技术对各种数据进行筛选、分析，为患者、医务人员、科研人员及政府决策者提供服务和协助，更加准确以及有选择性地选择试验主题，将成为未来医疗领域工作的重要方向。目前医院广泛采用的临床路径管理系统，针对医学影像类的非结构化大数据，可以采用同类影像搜索比较、病灶特征分析等方法辅助诊断。此外，搭建大数据技术架构平台，支持业务数据分析系统，可实现医疗处理过程、传输及统计分析结果的实时化、及时化，为医疗卫生服务机构要实现业务信息智慧洞察的目标。

支持诊疗方案有效性。对同一病人来说，医疗成本和医疗服务提供方、医疗护理方法和效果息息相关。通过基于疗效的比较效果研究，全面分析病人的特征数据和疗效数据，比较多种干预措施的有效性，有助于获得针对特定病人的最佳治疗途径，并有助于医疗费用的降低。医疗护理系统实现 CER，将有可能减少过度治疗，所采集分析的数据样本越大，比较效果可能会越好。

加强自我健康管理。通过医疗物联网与移动互联网等技术，利用信息系统对个人健康状态进行连续观测，医务人员通过对健康信息的集成整合，为在线远程诊断和治疗提供数据参考，从而实现个人健康状况的有效分析和干预。例如，用户可以将自己的血压、呼吸、血糖、体温等健康信息存储在签约医院的医疗云上，由医院的医疗专家进行监控分析，提出健康管理建议。

加强疾病因素预警和分析。大数据有助于增强预测流行病，对疾病的及时治疗提供警告信号的能力。主要表现为：通过大数据技术，研究疾病风险模型，设计疾病风险评估算法，利用该算法计算个体患病的相对风险；利用健康大数据危险因素数据，可以对健康危险因素进行比对关联分析；针对不同区域、人群，评估和遴选健康相关危险因素及制作健康监测评估图谱和知识库；通过全基因组测序数据分析，可明确个体的患病风险，提高人们对公共卫生的了解，对个人卫生更加全面的认识，基于种族、性别、年龄和区域等健康模式的分析和更加快速地学习和实施预防治疗的能力。

及时监测医院感染隐患。医院感染的危害巨大，积极有效的控制措施是降低患者痛苦和医院损失的正确途径。减少医院感染暴发危害性的核心是“早防范、早发现、早控制”。医院利用大数据技术能够更早地预测即将暴发的传染病及其传播范围和规模。通过对医院感染数据的全面分析，实现医院层级有效的前瞻预警，增强干预措施的时效性，从而提高医院感染管理。

推动医疗卫生服务个性化。对于个体而言，大数据就是全数据，通过集中全部诊疗信息、体检信息形成个体的全健康档案，有助于患者获取更有针对性的治疗方案。医疗健康大数据和大数据技术，为建立新的诊疗模式提供了全面有效和准确客观的新手段。基于大数据的诊疗技术，依托大数据平台，充分利用医学专家经验知识、健康教育信息和健康管理技术，能够为用户提供更加个性化和精细化的医疗咨询服务，为医务工作者提供个性化的处方定制功能。

发展医疗健康服务。整合医疗机构数据资源，围绕智能终端开发医疗机构就诊信息、科室及医生介绍、远程预约挂号、家庭医疗百科、电子病例查询、远程辅助诊疗等信息咨询服务。鼓励企业将大数据技术与可穿戴设备结合，为用户提供随时随地监测体征状态，制定调整康复方案，对突发身体异常即时报警并启动救治措施等服务。采用现代医学、现代管理学、统计分析和数据挖掘的理论技术，建立健康评估和健康风险评估模型，通过医疗健康大数据分析，建立适合不同人群的健康状态评估模型，对个体或群体整体健康状况、影响健康的风险因子、疾病风险、生活方式、心理状态进行全面检测、评估和有效干预。

二、发展特点

（一）政策特点

近年来，国务院、国家卫计委、卫生部逐步加大我国医疗卫生信息化改革力度，开展国家健康医疗试点示范，出台了关于医疗信息化建设总体要求的政策以及促进医疗机构如医院、医药厂商等信息化政策。

2015 年以前，我国区域信息化建设尚未形成规模，大数据的开放和共享相关保护法规体系尚未完善，导致我国数据源开放和共享化程度处于较低水平。2015 年，国务院发布《促进大数据发展行动纲要》，明确了关于数据使用的总体要求，并将有效促进医疗数据的开放和应用。2015 年 4 月，国务院办公厅发布了《贯彻实施质量发展纲要 2015 年行动计划》，其中要求国家卫生计生委深入开展提高医疗质量专项工作，同时以大中型医疗机构为基础，建立产品伤害监测体系，通过收集不良医疗事件的信息并对其进行分析，从而发布警示信息。

2016 年 6 月底，国务院出台了《关于促进和规范健康医疗大数据应用发展的指导意见》，标志着我国首次将健康医疗大数据确定为重要的基础战略资源。该政策全面规范了医疗大数据的融合及共享开放建设，制定了大数据在医疗、医药、公共卫生、医保等方面的应用以及使用安全保障等相关内容。为深入推进和规范健康医疗大数据的应用发展，国家卫计委研究制定了《促进健康医疗大数据应用的指导意见》，健全完善国家卫生计生统计制度，并确定福建省、江苏省及福州、厦门、南京、常州为健康医疗大数据中心与产业园建设国家试点工程第一批试点省市。

2016年9月，国家卫生计生委发布《电子病历共享文档规范》《电子病历与医院信息平台标准符合性测试规范》《电子健康档案与区域卫生信息平台标准符合性测试规范》（总共包含57项卫生行业标准）一系列政策性文件，并明确施行日期为自2017年2月1日起。《电子病历共享文档规范》的发布，有助于进一步提升区域卫生平台的建设质量，满足各级各类医院信息传输与交换层面的规范、统一需求，实现了医院信息跨机构、跨区域交换与共享。《电子病历与医院信息平台标准符合性测试规范》和《电子健康档案与区域卫生信息平台标准符合性测试规范》的发布，对我国基于电子病历的医院信息平台的标准化建设和基于居民健康档案的区域卫生信息平台的标准化建设具有指导促进作用。

（二）区域特点

随着国家出台医疗大数据发展政策，各地政府及医疗卫生部门积极响应国家“互联网+医疗”发展战略，根据本地区医疗特点制定发展策略。

1. 北京市健康医疗大数据建设及应用情况

北京市是全国重要的医疗资源聚集地，多年来在公共卫生、疾病预防、健康体检、卫生监督等系统内积累了海量数据。据北京市公共卫生信息中心数据，截至2016年7月，北京市在卫生资源方面积累了10425家医疗卫生机构资源配置、20余万卫生人力、2.3万台医用设备数据库，其中，200余家二级以上医疗机构积累了2000余万住院病案首页数据库，30家医院积累了2000余万条电子病历数据库。疾病预防控制方面，北京市的疾病预防控制系统共计25套，其中15套是业务信息系统，10套为管理信息系统，系统中包括大量结构化、非结构化的数据，同时，数据以每年3.5%的速度增长。健康体检方面，从2006年到2016年十年的时间，北京市健康体检系统积累了包括市民的自由体检，各个行业的集中体检，征兵、高考等体验数据。

北京公共卫生信息中心不断完善海量医疗数据资源共享工作，加快促进医疗信息化落地，让医疗大数据应用于服务社会公众、医疗卫生、决策管理等方面。北京市建立了电子病历门户网站，患者可以通过门户网站设立个人电子健康档案、个人电子病历等服务，同时还开通了微信预约诊疗和就诊服务通道。2015 年，北京市共完成30 家三级医院的电子病历共享工程，到2016 年，实现了 80 家医院之间电子病例信息的互联互通，实现了跨机构调阅查询。电子病例共享内容涵盖了患者所有的就诊信息，包括门急诊信息、住院病案首页、医疗机构信息以及患者的出院小结、用药情况以及检查放射等。除了北京市电子病历共享工程外，在慢病管理监测过程中，北京市完成了脑血管系统、心血管系统以及糖尿病、高血压监测系统等医疗大数据相关项目。

随着大数据在医疗健康领域的深入应用，北京市医疗部门和研究机构纷纷进行医疗大数据的应用探索。北京市创新企业“春雨医生”，利用大数据解决看病难、看病贵等问题，其 APP 通过汇总人体健康数据，利用大数据等互联网技术为用户提供自查与健康咨询功能，开创全新的医疗问诊形态。春雨医生汇聚的健康数据涵盖了运动、饮食、体重、血压、血糖等多种人体数据类别，通过将可穿戴设备、家用医疗器械、数据采集 APP 等多种采集来源的健康数据导入其中，可实现人工智能监测数据，并实现对接春雨医生“轻问诊”咨询服务，从而为用户创造巨大的健康价值。截至 2016 年底，春雨平台的激活用户已达 9200 万名，拥有 49 万名公立二甲医院以上的专业医生，每天产生的医疗问题达 33 万个。针对国内全科医生极度匮乏问题，2016 年 12 月，春雨医生与 CHA（Cambridge Health Alliance）开展了战略签约，引入创新基础医疗模式，打造以患者为中心的医养结合国际社区诊所，为社区居民提供高标准、国际化的全科医学（家庭医生）医疗服务。

2. 福建省国家健康医疗大数据中心及产业园

作为国家首批健康医疗大数据中心重点省市之一，福建省近两年来颁布各项举措，持续加大医疗大数据发展力度。随着福建省“数字福建”的建设逐步取得成效，福建省整体信息化水平不断提升，为发展健康医疗大数据提供了良好条件。

2015 年 5 月，福建省卫生和计划生育委员会印发《福建省进一步改善医疗服务行动实施方案》，指出充分运用信息化、网络化手段，积极推动预约就诊模式，通过网络、电话、窗口、诊间、自助终端机、基层社区等多种方式和途径，为患者提供预约诊疗服务。2016 年 1 月 28 日，福建省卫生计生工作会议特别指出，要进一步推进健康医疗大数据应用，积极实施“互联网+健康医疗”服务。2017年初，福建省政府办公厅印发《福建省医疗“创双高”建设方案》，该方案中指出，福建省在“十三五”期间的医疗建设投入为18.2亿元，包括建设一批高水平医院和高水平临床医学中心（临床重点专科），以快速提升全省医疗服务整体水平。

福州市作为福建省省会，汇聚了丰富的医学临床资源，将建设国家健康医疗大数据中心及产业园作为百日攻坚重点项目。依托健康医疗大数据中心及产业园国家试点工程建设，福州市发挥其“治未病、健康云、VR产业、医联体”的四大优势，力争通过3—5年的持续建设，将“有福之州”“温泉之都”进一步打造成“健康之城”。2016年11月26日，国家健康医疗大数据中心及产业园建设试点工程在数字福建（长乐）产业园正式挂牌。健康医疗大数据是数字福建（长乐）产业园规划的重点发展方向，产业园通过建设健康医疗大数据中心，布局健康服务、精准医疗、生物医药、科技金融四大特色产业片区，形成健康城市战略运营及健康人文国际交流两大基地，覆盖健康养生、精准医疗、智慧健康、分级诊疗四大健康医疗应用领域。该中心及产业园到2017年底将全面建成互通共享的区域人口健康信息平台，吸引50—100家健康大数据企业落户产业园，培育1—3家龙头企业，到2020年底，在医疗、医药、医保和健康各相关领域数据融合应用取得明显成效，带动大健康产业链发展，到2025年，基本形成“互联网+智慧医疗”新经济形态，建成泛珠三角最大的大数据中心。

厦门市已累积近十年全人口电子健康数据信息，内容涉及健康医疗的各个方面。2016年11月，在厦门软件园三期，国家健康医疗大数据中心与产业园建设试点工程厦门园区正式成立。借助园区的落地，厦门市提出，在2017年2月底之前，完成健康医疗大数据中心与产业园建设国家试点工程相关方案和配套政策的制定完善工作。2017年底，要建成厦门健康医疗大数据中心并成为全省大数据中心，同时培养一批健康医疗大数据开发应用产业化示范项目。2018年底，打造东南健康大数据中心，基本建成覆盖全生命周期、结构合理、功能齐全的大健康医疗产业体系，健康产业规模将达到600亿元。2020年底，力争成为国家健康医疗大数据中心并形成可复制可推广的厦门模式，健康产业产值将达到1200亿元。厦门市将通过推出一批“互联网+健康医疗”服务示范工程，通过健康医疗大数据的采集、存储、挖掘、研究应用，围绕信息安全、精准医疗、健康医疗智能设备制造、大数据基础服务、健康服务、生物医药等领域，打造一系列精品项目，助推相关产业集聚发展。

（三）市场特点

我国对数据应用政策的释放和推进，促使医疗大数据产业加速形成。从数据收集、融合、清洗处理到应用环节，由数据融合相关公司的高速发展，到数据应用相关公司即将爆发式增长，医疗大数据市场应用前景广泛。医院、医药企业、医保企业、互联网公司等依据各自不同的数据资源优势，分别在医疗临床决策、医药研发、医疗支付、慢性病及健康管理、公共卫生管理各领域抢占医疗健康大数据发展机遇。据贵阳大数据交易所 2016 年预测，到 2020 年，我国医疗大数据应用市场规模将达到 79.05 亿元。

医疗临床决策领域。根据医疗数据种类提供临床决策支持，具有数据累积优势的数据收集基础设施提供商和基因测序公司发展迅速。武汉雕龙医疗数据公司为各医院提供数据集成解决方案，同时利用医院的综合数据为各种临床决策提供支持服务。截至 2016 年底，雕龙医疗数据公司为兰州军区总医院建立了“医院不良事件上报处置管理系统”（以下简称报告系统）。该报告系统为自愿、非惩罚性质，由医务人员自愿报告医疗安全不良事件信息，利用报告系统进行研究、分析，向医疗机构提出医疗安全警示信息和改进建议，以增强医院识别、处理安全隐患和预防不良事件发生的能力，从而实现医疗安全的目标，交流和分享风险防范经验，增强风险防范意识，提高风险防范能力，最终实现保障患者健康和医疗安全的目标。此外，华大基因依托拥有国内最大的基因数据库及生物技术人才，提供基因测序服务。思派网络基于对肿瘤数据的掌握，利用大数据技术为肿瘤诊断提供临床决策支持。

医药研发领域。我国基于大数据的医药研发处于起步时期，医药信息化厂商和领先的生物信息挖掘技术公司潜力较大。医疗大数据在药企研发的临床前至上市后都发挥重要作用。我国医药信息化市场和研发大数据分析服务者提供者较少，主要原因在于我国研发药品少，仿制药品多。医药研发主要是帮助医药企业收集、分析实验数据，国内新成立的太美医疗基于云计算和大数据技术，研发 EDC 电子数据采集系统、CTMS 临床试验项目管理系统、

IWRS 交互式应答随机系统、PV 药物安全警戒系统、数据处理分析服务，帮助医药企业、科研机构收集、分析医疗实验数据。

医疗支付领域。目前，医疗支付领域参与企业较少，但随着国家医保控费动机增强以及医药分家政策的推进，拥有大量处方及支付数据的公司将极具优势。我国医疗处方主要集中在医院，因此医疗大数据在医疗支付方向的应用直指信息化智能管控提供商。由于医疗体系的差异，与美国 PBM 业务相比，我国医保控费信息化公司的盈利模式和产业链地位相对受限。医保支付方在产业链中仍有较高的主导权，因此，与社保合作紧密的信息化智能管控提供商有一定的优势。布局较早且客户资源丰富的医疗信息化厂商也可以通过与不同的社保信息化厂商合作来实现价值突破。此外，医疗大数据助力商保公司开发各类补充性医疗保险和降低赔付成本医保，快马医疗公司通过审核处方、处理药品赔付申请、协助制定药品目录等方式，在不损害医疗质量的前提下，降低医疗成本，提升医保资金使用效率。

慢性病及健康管理领域。医疗健康大数据可助力疾病预防和患者依从性提高，可产生巨大的市场价值。根据医疗大数据分类，慢性病及健康管理市场可分为两类，一种是基于基因数据的健康防御，市场参与者较多，具有精准健康管理模型的公司具有核心竞争力，代表公司如 23andme，其通过个人 DNA 鉴定和基因测序/分析服务，建立了庞大的 DNA 数据库。另一种是基于患者数据和慢病数据库的慢病管理，代表公司如糖医生，通过智能硬件获取患者的健康数据，然后对患者做出健康建议和提醒，目前已成为糖尿病管理行业内拥有最大体量用户的患者数据收集平台。

公共卫生管理领域。传统的公共卫生管理要求医生在发现新型流感病例时告知疾病控制与预防中心，但是通常是人们发病多日后才就诊，由于流行疾病的传播性远快于后置传递信息，从就诊到医院发出诊断预警信息约有 1—2 周的滞后周期，从而导致错过了流行病的最佳预警时期。实际上这一时期中互联网搜索、社交、LBS 等数据，结合疾病、环境数据，采用机械学习（machine learning）和群智（crowd sourcing）等技术，开展监测、传播动力学研究和风险评估，即可对公共流行疾病提前预警，以及实时评估不同地域病情，制定有针对性的响应计划和配以合理资源进行及时防控。互联网搜索、社交巨头凭借搜索和社交数据优势及技术挖掘优势占领医疗大数据在公共卫生管理的应用。

三、应用案例

国内医疗行业经过多年建设和发展，目前已普遍建成了以医院信息管理系统（HIS）、电子病历（EMR）、实验室信息管理系统（LIS）、医学影像系统（PACS）以及放射信息管理系统（RIS）为主要应用的综合性信息系统。医疗数据的大规模快速增长对其进行健康医疗大数据分析和利用具有重要的意义和价值。通过数据关联掌握并理解数据模式和变化趋势，从而改善医疗效果并降低医疗成本。基于大数据进行疾病的早期预测、管理人口健康以及检测出卫生保健欺诈，根据历史数据进行病人手术必要性预测并评估病人的治疗并发症风险等。

（一）医惠科技医疗大数据应用解决方案

浙江医惠科技医惠科技专注智慧医疗领域，是国家火炬计划重点高新技术企业、智慧医疗行业领军企业。围绕国家医疗健康事业发展的目标和要求，以简约智慧医疗为理念，构建面向医院业务、基层卫生、居民养老和健康管理的连贯医疗信息化和大数据服务，提出了医疗大数据应用解决方案。该方案以医院数据仓库及相关的工具软件为基础，通过对分析结果的归纳筛选，采用简洁直观、操作简便、直达桌面的方式，为医院提供一个完整的、多用途的大数据智能应用环境。通过对医院各个应用系统的业务数据进行汇聚、融合、挖掘、分析和展现，加大全院范围内信息资产的利用率，提高信息分析的准确性、一致性、时效性，建立完善的业务数据指标分析模型和运营监控管理模式，对医院运营状态进行实时监控和管理，为医院经营管理和临床医疗提供及时、准确、科学的决策依据，提高医院的运营管理水平，从而提升医院的核心竞争力。

（二）上海时云医疗科技“康诺云”

时云医疗科技（上海）有限公司开发的“康诺云”，运用大数据挖掘技术实现了对已有疾病的身体状态进行监测和判断，对人体还没形成的疾病状态做出预测，为用户提供健康管理方案，是我国医疗大数据领域早期成功案例之一。其以血压计作为数据入口，以服务器作为数据处理，以应用作为结果展示。通过为用户提供可穿戴式设备，连续记录用户的体征数据，如血压、体温等体征数据，将这些数据传输到手机上进而链接云端的数据库。云端分析师通过数据分析得出用户自身的连续体征波动规律，当波动出现异常时则会有预警出现，给出个性化的健康管理建议。康诺云通过大数据分析技术为用户提前预测疾病，提供个性化的健康管理方案，为患者降低了医疗成本。

（三）迪安诊断“服务 + 产品”一体化体系

浙江迪安诊断技术股份有限公司以提供诊断服务外包为核心业务的独立第三方医学诊断服务机构，业务涉及司法鉴定、诊断产品销售、诊断技术研发生产、司法鉴定、健康管理、CRO 等领域。依托全国连锁化医学实验室的平台，不断完善“服务 + 产品”一体化的专业服务体系，创造诊断项目齐全、标本流程高效、诊断结果准确、咨询服务权威的第三方医学诊断服务模式，形成了整合营销竞争优势，确定了全国连锁化、规模化复制的扩张策略。通过纵向与横向的有效资源整合，加快全国布局速度，启动了公共检测平台的多服务领域拓展与上下游产业链的整合式发展战略。迪安医疗大数据省级重点企业研究院重点开展医疗大数据采集、分析和共享平台的建设，致力于诊断技术与方法、诊疗新模式与医疗健康大数据的研究分析，攻克第三方医学大数据运营模式中出现的关键性共性问题。打通医疗、医药、医保的上下游联系，构建一个完善的医疗大数据生态圈，在提高医疗质量、强化公众安全、降低医疗成本等方面发挥巨大作用。

（四）精英天成大数据血液管理平台

精英天成是从事血液信息化软件开发、智能设备研发生产的一家大数据医疗企业。在临床医学中，救命血关乎患者的生命，现实却往往因为寻找血源困难而耽误治疗。贵州一家公司运用大数据开发血液管理平台，可以有效解决这个问题。精英天成开发的管理系统已经在湖南、湖北、贵州、广西、黑龙江 5 个省份全面使用，在 20 多个省份局部使用，覆盖 80 多家血站和单采血浆站，近 600 多家医院。该系统将各级卫生计生行政主管部门、中心血站、单采血浆站、医院、生物制品企业的信息纳入到一体化管理软件平台，解决了长期困扰各级血液主管部门的数据共享问题，实现了对血液管理的实时监管，避免频采、跨区采浆等违规采血采浆问题。

（五）智能决策支持的糖尿病自我管理系统

糖尿病是一种遗传因素和环境因素共同作用所导致的慢性全身性代谢疾病，截至2013年，全球糖尿病患者达3.2亿人。北京糖护科技有限公司主要经营糖尿病系列智能监测设备的研发和销售，以及患者端和医生端应用软件APP的研发及配套服务。开发的智能决策支持的糖尿病自我管理系统，通过集血糖监测数据的实时采集、数据管理、数据个体化分析及反馈、远程分享、智能提醒、医患互动、知识教育为一体，构建糖尿病自我管理与辅助治疗系统。该系统显著提高患者对糖尿病自我管理的依从性和管理能力，提高血糖控制的达标率和控制糖化血红蛋白HbA1c的稳定性，避免或延缓并发症的发生。同时便于患者向医疗机构提供规范的院外数据，提高医生处方的准确性和处方效率，对降低患者医院就诊的频率和医疗费用支出具有直接而积极的意义。

（六）基于FPGA的异构大数据流硬件加速器系统

杭州健培科技有限公司致力于医学影像大数据分析技术（MIBA）的研发及应用。为基于深度学习的人工智能算法的并行性能提供硬件支持，健培科技开发了基于FPGA的异构大数据流硬件加速器系统，该系统旨在为深度学习并行计算提供内存、带宽、能耗比、计算性能和并行扩展性等方面的扩展。其底层医疗大数据集成与存储系统与现有医院信息系统HIS、PACS、LIS、RIS等系统对接，应用数据清洗、MLH－ESB、虚拟存储、数据加密脱密等方法将现有医疗数据系统整合，通过医疗大数据智能诊断平台进行高效、高精度的数据挖掘，为医院和公众提供智能诊断服务。FPGA异构大数据流硬件加速集群已经部署于邵逸夫医院，该平台性能功耗比是同等计算性能CPU平台的10倍以上。此外，该系统可对胸腔疾病或症状包括肺结节、气胸、肺大泡、肺影模糊、心脏肥大、钙化肉芽瘤、肺部膨胀、脊椎骨变质、脊椎侧凸、骨折进行定性、定量或定位分析。针对不同的疾病或者病症，不同的数据类型包括CT与DR图像，具体实施由部署在邵逸夫医院的三套CAD检测或识别系统进行辅助诊断。

第十四章　能源大数据

大数据在能源领域的应用能推动能源数据整合共享，强化平台服务支撑，加强智能化节能产品研发，优化能源企业管理，强化能源规划布局。2016 年，国家部委密集出台《关于推进“互联网 +”智慧能源发展的指导意见》等相关政策推动能源大数据产业发展。从细分行业领域看，我国大数据与能源行业的结合主要体现石油行业、电力行业和新能源行业三个行业，其中石油行业大数据应用处于起步阶段，智能电网将推动电力大数据迅速发展，风电成为新能源领域大数据应用的重要突破口。从当前国内市场竞争格局看，我国能源大数据企业主要分为三个梯队：第一阵营是国有能源企业和国内大型 IT 企业，第二阵营为行业的国际龙头 IT 企业，第三阵营是初创型企业。能源大数据领域的典型应用有油气田生产管理综合解决方案、能源大数据应用系统、百适煤炭大数据应用分析系统。

能源大数据不仅是指利用大数据技术在电力、石油、燃气等能源领域进行数据采集、分析、处理等应用，还包含能源行业生产、消费、转型与大数据思想的融合。随着云计算、物联网等新兴技术产业的深入发展和工业两化融合进程的不断推进，大数据在能源领域的行业应用前景越来越广阔，不断推动能源产业发展和商业模式创新。

一、应用需求

随着能源行业两化融合程度的逐步加深及各种生产监测设备和智能传感器的日益普及，使得大量能源领域的数据信息不断得到采集和存储。这些海量的数据资源为利用大数据技术构建实时、准确、高效的综合能源管理系统提供了可能性。此外，在能源领域的基础建设、生产和消费管理方面，利用大数据技术可以实现降低经济和环境成本、促进传统能源管理模式转型升级和提升能源预测能力等目的。

推动能源数据整合共享。传统的能源大数据主要由政府相关管理部门掌控，如工信部、能源局、国土资源部、国家发改委等部门都建有采集能源数据的各种系统。随着云计算、物联网等新兴技术逐步在能源领域的应用扩展和政务数据的公开化，企业获得的能源数据信息数量正在迅速增长。同时，政府各部门之间和政府与企业之间相对独立，存在数据壁垒，导致出现数据资源共享不足、利用有限等问题。建立国家能源大数据资源中心，逐步实现政府与企业之间数据集成和共享的需求日益增加。通过不断扩展能源大数据的采集范围，实现多领域能源大数据的集成融合，可以提升政府能源统计、分析、预测等业务的时效性和准确度，同时可以帮助企业降低经济和环境成本、制定合理的发展策略。

强化平台服务支撑。通过建设能源数据综合服务平台，可以集成能源消费、供给和相关技术的各类数据，为政府、企事业单位、居民用户等不同的需求的用户提供能源方面的信息和数据分析服务。在这方面，国内电网信息化企业具有资源、数据、技术和资金等方面绝对优势。2016 年 10 月，由北京洛斯达科技发展有限公司负责运行和维护的中国能源数据公共服务平台内部公测版正式上线，通过搜集整理全国各类能源数据，该平台可以为全国电力、石油、煤炭、天然气、新能源等各行业从业者提供全方位的能源数据服务，还可以为政府、企业、公众三种不同的群体提供定制化的数据服务。在综合服务方面，能源大数据的需求主要体现在以下三个方面：一是在居民用户能源日常管理方面，利用大数据技术分析用户日常能源消耗情况，可为居民用户在能源消费、节约方面提供优化建议，实现节能环保，如帮助居民用户优化用电时段和能源消费类型等。二是在企业服务方面，为企业提供产品耗能、技术测试等，如对电动汽车进行综合性能分析等服务。三是政府能源调度方面，通过大数据分析，了解区域耗能特点和设备的健康情况，精确掌握能源负荷变化规律，提高负荷预测精度，对能源的跨区域调度提供辅助决策支撑。

加强智能化节能产品研发。利用大数据技术，可以对生产、消费、终端设备等不同数据源进行综合数据分析，设计节能产品和开发高效的能源利用方式，如电网企业拥有电力数据采集和分析优势，可采用与设备制造商合作的方式改进需求侧管理或通过合作研发来获取收益。基于大数据技术研发的智能家居产品，可为居民用户提供节能降费服务以及绿色环保的生活体验，如2016年加拿大Ecobee公司研发的智能恒温器产品ecobee3 lite，可以识别、分析用户室内温度习惯，并智能调控最佳室温。

优化能源企业管理。采用大数据技术，能源企业可以将自身的生产、消费数据与终端设备、电力运行、环境信息等数据结合，分析能源消费特点，准确预测能源需求，提升自身管理运营效率。在能源企业自身管理方面，能源大数据的需求主要体现在两方面：一是借助大数据技术对企业内部管理系统ERP、MRP等的数据信息进行整合利用，优化企业整体的生产和运营管理；二是通过大数据数据分析，充分挖掘企业经营相关的数据信息，预测企业发展趋势和支撑企业决策管理。

强化能源规划布局。结合我国现阶段能源结构特点和发展需求，借助大数据技术能整合广泛的能源数据资源，建设国家能源大数据库，提供能源状况判别及预测，辅助支撑国家能源规划和战略决策，支持智慧能源服务，加快能源大数据服务体系创新。在能源大数据管理协同的基础上，通过综合分析资源储量数据、开发数据、加工数据、消费数据等，提供需求预测、能源预警等功能，为能源开发、管理和规划提供数据支撑服务。针对智慧能源业务的需求，建设具有设备智能、多能协同、信息对称、供需分散、交易开放等主要特征的能源产业。

二、发展特点

（一）政策特点

国家部委密集出台相关政策并积极推动能源大数据发展。2016年2月，国家发改委、能源局、工信部联合发布《关于推进“互联网+”智慧能源发展的指导意见》（发改能源〔2016〕392号），提出要发展能源大数据服务应用，实施能源领域的国家大数据战略。《指导意见》提出，要积极拓展能源大数据的采集范围，逐步覆盖电、煤、油、气等能源领域，实现多领域能源大数据的集成融合。建设国家能源大数据中心，逐渐实现与相关市场主体的数据集成和共享，促进各类数据资源整合，提升能源统计、分析、预测等业务的时效性和准确度。6月，国务院第138次常务会议审议了由能源局提出的

《关于实施"互联网+"智慧能源行动的工作情况汇报》，对实施"互联网+"智慧能源工作计划进行再部署。7月，国家能源局印发《关于组织实施"互联网+"智慧能源（能源互联网）示范项目的通知》（国能科〔2016〕200号），提出将开展综合和典型创新模式的两类能源互联网试点示范。典型创新模式试点示范，包括基于电动汽车、灵活性资源、智慧用能、绿色能源灵活交易和行业融合五种情景的能源互联网试点。此外，还有国家发改委、能源局发布的《能源技术革命创新行动计划（2016—2030年）》和《能源发展"十三五"规划》等一系列政策文件中，都指出要重点推进大数据技术在能源领域的应用和发展。随着这些政策落地实施和后续保障措施的不断完善，能源大数据发展环境将会不断优化，必将迎来飞速发展的局面。

（二）应用特点

截至2016年，我国大数据与能源行业的结合主要体现在三个行业：石油行业、电力行业和新能源行业。

石油大数据处于起步阶段。我国油气行业长期处于国家垄断地位，对大数据、云计算等新兴技术的接受和推广较为缓慢。石油大数据在项目建设环节，仍处在油田勘测与开发一体化数据的采集、存储阶段，尚未上升到大数据挖掘分析的高度。在油品生产销售环节同样处于萌芽状态，大多数生产企业对炼油大数据多停留在概念性了解。2016年中石化结合企业自身应用需求和业界云平台特点，打造了中国石化云计算大数据平台，以提升企业资源共享能力、数据利用能力和创新驱动能力。随着国家能源大数据战略的推行，以及能源生产企业在勘探开采、炼化生产、产品销售等方面对大数据应用的需求增加，国内三大石油国企将成为推动石油大数据进展的主力军。

智能电网快速发展。为了推动智能电网发展战略，国家电网于2014年开始重视电力领域中大数据技术的应用。"十二五"期间国家电网和南方电网都已经对智能电网进行了大规模投资和建设。在2016年的"十三五"规划纲要中，智能电网被列为"十三五"规划重大项目，这充分体现了智能电网对促进我国经济社会发展重要的战略作用。国家对于智能电网的大力推广为电力大数据的应用和发展奠定了基础。智能电网的快速发展带动了调节电高峰、家庭用电耗能及工业用户节能省电等诸多方面对大数据技术的需求，智能设备、数据分析厂商面临着迅速发展的机遇。从整体来看，目前电力大数据技术在电力行业的应用仍处于初级阶段，随着国家智能电网战略的快速推进和企业市场的不断扩展，其应用规模、范围和深度需有可能迎来爆发式的增长。

风电成为新能源领域大数据应用的重要突破口。大数据技术在新能源领域的应用目前主要集中在风电行业。国家近几年大力推行风力发电，截至2016年9月，我国风电累计并网装机容量已经达到1.39亿千瓦，根据《风电发展“十三五”规划》，到2020年，风电并网装机容量将达到2.1亿千瓦以上。风电行业涉及硬件较多，而且分布区域较广，具有海量数据的特征，需要借助大数据技术才能进行数据分析，同时大数据的实时性（实时数据采集、在线监测等）能为风电行业提供精准的解决方案，帮助风电管理人员实时监控终端运行状态，高效管理数据。当前风电行业的痛点在于风电机组性能差异大、风电场设计、运行不合理，造成年发电量达不到预期。利用风电机运行过程中产生的海量数据，可以借助大数据技术实时分析发电量，并对可能发生的问题进行预测，挖掘改善发电性能的措施，从而提高发电效率。未来在风电机组领域的数据交易将会非常活跃，企业用户将成为交易主体。

（三）企业特点

总体来看，2016年我国能源大数据尚处于起步阶段。国有大型能源企业和国内大型IT企业都刚开始在能源领域布局大数据业务，初创型能源大数据公司也刚刚起步。从当前国内市场竞争格局看，我国能源大数据企业主要分为三个梯队：第一梯队是国有能源企业和国内大型IT企业，国有能源企业掌握行业技术和数据资源，在结合自身实际需求发展行业生产大数据方面具有绝对的先天优势。同时由于能源行业涉及国家发展战略，出于信息安全考虑，政府会优先支持国产化大数据产品在该领域的应用。国内大型IT企业（华为、浪潮等）在大数据技术领域具有丰富的实施经验，能够保证系统的稳定性。这些IT企业通过与能源企业合作或提供服务解决方案等形式，将成为能源行业大数据的首要受益者。第二梯队为行业的国际龙头IT企业。通常这些龙头IT企业具有领先的技术和理念，能够引领大数据技术发展的趋势和潮流。但在进入我国市场过程中，由于不熟悉我国国有能源企业的运行管理模式以及国家对数据安全方面的限制，这些企业的发展仍面临较大的局限性，很难迅速打开市场局面，所以他们目前的商业模式主要是以与国内软件企业或者科研机构合作研发为主。第三梯队是初创型企业。这些初创型企业主要是面向风电等清洁能源方面的大数据需求，提供分布式存储、实时监测分析等技术服务，解决新能源行业数据量大、需要实时处理的难题。由于国家能源企业在公开招标采购中对供应商资质要求较高，而初创型企业尚处于起步阶段，在用户资源竞争方面和国内大型企业相比处于劣势。但随着云计算、大数据等新兴技术的迅速发展以及新能源领域的不断开拓，初创型公司可能通过突破性技术来争夺市场的主导权，未来竞争格局仍存在较大变数。

三、应用案例

（一）油气田生产管理综合解决方案

北京力控元通科技有限公司（简称“力控科技”）是工业信息化与自动化方面的软件企业。公司主要在智能制造、智慧城市等领域，提供实用、先进的两化融合系列产品及系统解决方案。力控科技在工业物联网与工业大数据平台基础上构建先进制造、建模与仿真、决策优化、生产安全预警、工控安全防护等解决方案，从而驱动企业从智能生产到运营管理的创新。力控科技在 2016 年 6 月发布的油气田生产管理综合解决方案是依据多年油气田行业的自动化、信息化应用经验并结合智慧油气田和油气生产物联网的特点推出的综合解决方案。该方案的总体构架分为三层结构：在感知层，采集安装在油水井、阀组间、中转站、联合站以及管线等站点设备单元上的传感设备及视频监控设备，将生产数据和视频图像实时采集并集中起来；在传输层，基于有线或无线网络技术通过云共享把数据安全传送到各个应用服务终端，利用实时库和关系库对数据进行存储，并根据数据进行二次挖掘分析；在应用层，通过搭建分析平台，对数据进行加工、分析、整理、发布，并以文字、报表、图形、图像等形式发布，实现对生产设备单元的远程监测、控制、辅助分析、生产决策、运维管理等功能。油气田生产管理综合解决方案利用大数据技术实现生产过程调度、管理、生产流程优化及节能降耗等，提高了生产指挥的决策能力，实现了企业生产全过程的监督，保证了生产装置的持续优良运转，在减少能耗、降低生产成本的同时，最大限度地提高了企业的经济效益。

（二）基于集团信息系统集成的大数据应用解决方案

中国石油规划总院（CPPEI）是中国石油天然气股份有限公司重要的决策支持机构，是集战略研究、规划、可行性研究、咨询评估、经济研究、科技开发与设计、信息技术服务、行业管理和技术归口管理于一体的综合性研究机构。中国石油规划总院推出的基于集团信息系统集成的大数据应用解决方案，实现了中国石油内外部各类数据的集成中存储和关联分析，提高了数据获取能力和响应速度，丰富了数据分析应用手段，充分挖掘了数据价值。其主要应用成果可分为以下几个方面：一是建立统一的决策支持指标库，共设计集团指标95项，专业公司指标151项，下属企业指标1240项，并建立了指标间的关联，实现指标集中动态管理、分解和追溯；二是设计基于底层交易报表千余张，服务于各级单位、各类业务管理中，同时系统还提供报表灵活定义工具。满足不同用户对数据查询、统计的需要；三是结合中国石油战略目标，设计了战略、风险、财务与资产、人力资源、投资、社会责任、科技创新、供应链管理、设备运行和销售市场10项分析主题和应用场景，满足总部、专业领域及所属企业对业务整体和分维度分析需求；四是实现对业务运行的实时监控，可分析、查看、追溯每笔业务操作行为，有效规避业务风险；五是实现业务领域的典型应用，为生产运行、用户服务、经营预测等提供数据服务。

（三）能源大数据应用系统（北京洛斯达科技发展有限公司）

北京洛斯达科技发展有限公司（以下简称“洛斯达”）是电力规划设计总院的唯一全资子企业，是国内能源领域著名的IT企业。公司拥有计算机信息系统集成资质、信息安全服务资质、甲级测绘资质、双软企业资质、AAA级信用企业等多项资质，并通过国际质量管理体系认证。公司同时是“中国能源建设集团信息中心”“国家电力规划研究中心电力信息研究所”和“电力规划设计总院信息技术中心”，为政府、企业、工程建设提供专业的信息化服务。公司到2016年为止已经拥有50余项专利、专有技术以及软件著作权，是电力行业唯一一家将信息化技术应用于电网建设全过程的企业，在国内首次实现了国际先进的电网一体化运营与管理平台。能源大数据应用系统是洛斯达公司为满足各级能源管理部门的大数据应用需求，提出的一套包括能源数据的获取、存储、应用分析和发布的大数据产品。该系统共设计了7类业务能力：一是数据采集与处理能力，二是数据库建设能力，三是统计、监测、分析和预测能力，四是规划计划能力，五是能源项目监督监管能力，六是数据展示和发布能力，七是数据安全防护能力。截至2016年，公司基于该产品的技术架构，先后承建全国能源监测预警与规划管理系统、“一带一路”能源合作信息系统、约旦国家能源信息系统等项目。

全国能源监测预警与规划管理系统。洛斯达公司为国家能源局建设的“全国能源监测预警与规划管理系统”包含了能源基础数据库、能源监测、能源规划与项目管理、能源预测、国际能源等模块。满足了能源局对于掌握我国能源基本情况，辅助研判能源形势、预测能源需求、制定国际能源战略等需求。“全国能源监测预警与规划管理系统”其采集子系统搭建在国家电子政务外网上，部署在国家信息中心主节点。利用采集子系统，国家能源局可以便捷地从国家电网、南方电网、中国石油、中国石化、中国海油采集每日数据，包括每日最大负荷、各省发电和用电情况、电力存煤可用天数、每日成品油产销量等。系统中的电力信息模块，采集了近20年的全国电力工业资料汇编等数据，用户可自由查询，在线进行分析和对比，并可以自动生成报告。利用现有数据和相关计算模型，形成了可以预测未来火电消纳和新能源消纳空间的分析模块，可供多用户在线计算，并且可以多方案对比。

“一带一路”能源合作信息系统。洛斯达公司以能源大数据应用系统的项目管理子系统为基础，为能源局建设了“一带一路”能源合作信息系统，通过该系统可以管理中资企业在64个“一带一路”沿线国家所承担的能源项目，支持分项目类型、投资方式、合作方式查询。系统具有以下特点：一是数据量大：共涉及64个国家的最新的能源数据。二是项目数量多：共有780个项目，涉及火电、水电、油气、新能源、电网、贸易装备、煤炭、核电等八大类能源项目。三是项目类型全：共有投资、技术服务与工程承包、装备贸易等多类能源合作项目。四是项目范围广：共包括油气、煤炭、电力50余家能源企业在“一带一路”相关国家开展能源合作的项目。

约旦国家能源信息系统。2015年6月，洛斯达公司中标“约旦国家能源信息管理系统”项目。该项目由欧盟基金会出资建设，用于约旦国家能源数据的采集、存储及管理，通过采集电力、油气等各类型能源数据，为约旦能源统计、分析提供支撑。约旦国家能源信息管理系统包含对公众的能源门户网站、对内的能源数据采集、能源数据分析三个配套子系统，搭建了约旦能源基础数据库和能源多维数据仓库，构建了涵盖数据采集更新、转换发布、备份恢复、安全运行等的数据管理机制。系统提供多级数据采集、多角度能源数据统计分析、多维图表展示、能源数据与报告下载以及能源政策法规宣传等功能。系统共设计能源数据采集流程 35 个，涉及能矿部 6 个部门以及石油炼化公司（JPRCO）、国家电力公司（NEPCO）、配电公司（EDCO、IDECO、JEPCO）、约旦统计局（Dept. of Statistics）、约旦中央银行（CBJ）等多个机构，涵盖约旦能源供应侧和消费侧的重要企业，并可连接太阳能电站、石油存储终端 SCADA 等监测设备，实时获取能源运行数据，形成了完善的数据采集体系。

（四）百适煤炭大数据应用分析系统

山西精英科技股份有限公司成立于 2012 年，属于软件和信息技术服务业企业。公司专注于工业和政府监管的物联网应用，重点为煤炭行业监管部门和能源企业提供信息化解决方案。该公司开发的百适煤炭大数据应用分析系统已取得软件著作权，并成功申报国家安监总局 2016 年安全生产重大事故防治关键技术科技项目——“基于云计算的煤矿安全大数据平台开发”。百适煤炭大数据应用分析系统是面向政府煤炭安全监管，该系统包括数据采集、数据存储、数据处理、分析应用、可视化展示等环节，实现安全子系统、人员子系统、产量子系统、煤矿安全生产动态评估、隐患预警预测预防、灾害防治、GIS 可视化展现等功能，将安全管理从“事后处理”到传统模式革新到预控层面上，提升安全隐患源头治理能力，降低事故发生的可能性。该产品在山西省煤炭监管信息平台的建设中作为基础数据管理和应用平台得到推广性应用，截至 2016 年初，山西省大数据管理节点部署已经覆盖省厅、全部的产煤市（集团）县（分子公司）和大部分矿区，在运行服务过程中为山西省的煤炭安全监管业务应用提供了有效的支撑，提高了业务的实时性和处理效率。此外该产品还陆续在安徽省、贵州省、河北省和新疆维吾尔自治区得到推广应用，通过为这些地区的煤炭安全监管提供服务，取得了良好的经济和社会效益。

第十五章　农业大数据

随着我国农业转型和农业现代化水平的提高，大数据技术正应用到农业产业链的各个环节，在加速作物育种、辅助生产决策、保障农产品质量安全管理、平衡农产品市场供求等方面体现重大应用价值。2016 年，我国农业大数据发展政策环境良好，农业信息化水平显著提高，物联网技术的普及以及农业电商的快速发展为农业大数据进一步发展创造了有利条件。总体而言，我国农业大数据应用还处于初级阶段，大部分农业大数据公司也处于起步阶段，但也出现了大量农业大数据实践与应用，主要在资源环境、生产、管理和销售等环节初步得到了应用和发展。

我国农业目前正处于转型阶段，无论从农产品相关市场还是具体的农产品运输方式上，都可以看出我国正在从简单粗放的农业生产逐步转变为利用信息技术及数据来做决策的精益化农业。随着农业产销环节市场化程度越来越高，传统农业正越来越多地受到互联网、大数据等新兴科技的影响。依托现代的物联网技术收集农产品的各种信息，利用大数据技术建立简单直观的信息交流模式已经成为日益迫切的需求。农业大数据是指一切与农业相关的数据，涉及农业生产、经营、管理和服务的方方面面，如种子、化肥、农药、环境、土壤、农资投入以及产品加工、市场销售、农业金融等都属于农业大数据的范畴。随着我国农业现代化水平的不断提高，农业大数据技术应用正在渗透到农业产业链的各个环节。

一、应用需求

农业大数据加速作物育种。在传统的农业生产领域，育种成本高、耗时长、工作量大，利用大数据技术可以显著地加速育种过程。生物信息技术和实验型技术的飞速发展，使得农作物培育和研究不再局限于温室和田间，如今已经可以采用大数据技术进行分析和模拟，根据运行结果，只需采用相对很少部分农作物进行实际大田环境验证，这极大地提高了育种专家确定良种信息的效率。国内已经有相关企业在该领域开展了初步的应用。2016 年华智水稻生物技术有限公司推出的育种管家就是一款育种信息管理系统，通过该系统可以进行育种材料管理、杂交配组管理、大田测试管理，通过专业统计方法开展数据分析，进行品种综合评价。育种专家还整合了分子育种模块，可以根据育种材料的基因组信息，结合移动设备采集的表型数据，运用先进的育种算法和理念帮助用户进行科学的育种决策。

农业大数据辅助生产决策。农业生产过程十分复杂，要受到作物、土壤、气候以及人类活动等诸多因素的影响。随着移动通信技术和物联网技术的飞速发展，农业生产者目前可以通过遥感卫星和无人机来实现收集天气、病虫害、土壤成分等环境信息、监测农作物生长情况、指导施肥灌溉和预估产量等。随着农业生产设备现代化程度的不断提高，数据采集能力不断增强，农业数据正在变得十分庞大和复杂，需要借助大数据分析技术帮助农业生产者做出有效决策，支持农业种植及上下游的产业的发展。国内 2016 年成立的佳格大数据公司就是致力于通过遥感获取农业数据，利用气象、环境等数据来支持用户作出农业种植及上下游的决策。

大数据保障农产品质量安全管理。随着人们生活水平的提高，食品安全问题日益受到广泛的关注，绿色食品、有机食品成为逐渐成为人们日常生活消费的首选。在绿色、有机农产品辨别真伪和质量管理方面，利用大数据技术可以跟踪农产品从农田到顾客的整个过程并开发“三品”认证查询系统，供消费者查询。如今，农产品供应链越来越长，利用大数据技术可以有效地降低农产品跟踪和监测的复杂性，并且可以提高仓存、运输、零售等环节的运营质量。2016 年，浙江省积极打造农产品质量安全追溯网，以大数据技术监管农业生产全过程并对监管数据进行分析和综合利用，为农产品质量安全监管服务。

农业大数据平衡农产品市场供求。利用大数据分析技术，通过采集生产、销售数据以及建立农产品数据分析模型，来预测农产品供求平衡关系，并通过信息反馈，指导农业生产者未来生产决策，一方面可以通过预测性种植，维持市场供给平衡，既可以防止农产品价格波动过大，又可以防止农业生产者承受巨大损失；另一方面根据预测，可以按需分配生产资料，通过充分调配避免生产资料的产能过剩或短缺。国内农业电商企业一亩田主要提供农产品撮合交易的服务，通过连接服务产地端的供应商和销地端的经销商两头，从中游流通环节切入，解决两端信息不对称、交易决策不充分的问题。截至2016年末，一亩田APP拥有超过346万用户、产品来源2100个县，2016年的交易促进效应达到每日撮合近3万单。

二、发展特点

（一）政策特点

国家连续出台多项政策推动农业大数据发展。2015年8月，国务院发布的《促进大数据发展行动纲要》中指出，随着信息化和农业现代化深入推进，农业大数据正在与农业产业全面深度融合，逐渐成为智慧农业的神经系统和推进农业现代化的核心关键要素。《纲要》中强调要大力发展农业农村大数据，推进各地区、各行业、各领域涉农数据资源的共享开放，加快农业大数据关键技术研发，推动农业资源要素数据共享。2015年12月，农业部发布的《关于推进农业农村大数据发展的实施意见》中提出到2017年底前，跨部门、跨区域数据资源共享共用格局基本形成，到2025年，实现农业产业链、价值链、供应链的联通，大幅提升农业生产智能化、经营网络化，全面建成全球农业数据调查分析系统。同时，建设国家农业数据中心，推进数据共享开放，完善农业数据标准体系。2016年10月，农业部印发《农业农村大数据试点方案》，《方案》提出，到2019年底地方各级农业部门内部及涉农部门之间的数据共享机制初步形成，省级农业数据中心建设取得显著进展，部省联动、数据共享取得突破，同时要加快大数据在农业生产经营各环节中的应用，利用大数据关键共性技术研发、关联分析和挖掘取得积极进展，形成一批创新应用成果。目前，我国农业大数据发展仍处于初期阶段，仍存在开放共享总量偏低、可机读性差、数据更新比例低等问题，随着国家的政策的落实和完善，农业数据将进一步实现跨部门、跨领域的互联互通，通过建设农业大数据中心和数据开发平台等措施，其发展环境将不断优化。

（二）环境特点

近年来，我国农业信息化水平得到显著提升。据中国互联网络信息中心统计，到2016年6月，我国农村网民规模达1.91亿。农业物联网已经在全国重点省市展开推广应用，目前已在天津、上海、安徽等地开展物联网区域试点工作，并在黑龙江、北京、江苏、内蒙古、新疆等地大力推进国家物联网应用示范工程。物联网技术的普及，使得农业生产智能化水平不断提高，给农业大数据迅速积累创造了有利的条件。同时，农产品电子商务发展迅猛，据统计，截至2016年8月，淘宝村发展到1311个，淘宝镇135个，广泛分布在全国18个省区市，全国累计建设农村电商服务点约30万个。农业电商快速发展，掌握了大量农产品舆情动态数据，带动农业大数据不断完善。

（三）应用特点

行业应用还处于初级阶段。我国现处于由粗放生产、信息分散、不对称的小农经济为主向规模化、机械化、集约化的现代农业过渡的时期。国内大部分农业大数据公司也尚处于起步阶段，面临着成本投入高、推广速度慢等大量问题。农业大数据的实践与应用，还需要企业、政府、农业生产者多方通力合作。目前，我国农业大数据主要在资源环境、生产、管理和销售等环节初步得到了应用和发展。

三、典型案例

（一）农产品溯源（大数据）服务平台

天津中安华典数据安全科技有限公司（以下简称“中安华典”）成立于2014年，是电子监管码和全程溯源系统整体解决方案供应商，主要致力于大数据安全处理与行业应用。中安华典2016年推出的农产品溯源（大数据）服务平台一期酒水类模块已投入使用，系统整体基于公司自建的国家A级安全防护数据中心，较传统平台类项目系统安全防护相比实现了全面提升，能确保系统运行的平稳和数据存储的安全可靠，并实现产品100%查询验证、唯一性溯源，节点信息查询、物流管理、消费者行为分析、生产信息把控、定制推送等功能。通过大数据并行技术，“农产品溯源（大数据）服务平台”可全面融合多领域溯源产品查询信息，消费者通过统一平台即实现主要消费产品生产信息全查询，并通过平台点评回馈功能实现互联网下企业与消费者之间的良性互动。溯源企业可根据消费者溯源信息市场变化，精准甄别目标顾客，并可通过平台定制用户体验服务，将有限的营销资源提供给目标顾客。全程的溯源管理追踪，溯源企业可实现产品从生产至销售全程掌控，利用大数据并行技术对整个产销链条进行信息化管控，满足传统企业信息化建设需要。

（二）云禾农业大数据服务平台（杨凌云禾农业信息科技有限公司）

杨凌云禾农业信息科技有限公司（以下简称“云禾农科”）是一家农业领域的科技创新企业，主要致力于通过物联网与农业大数据应用来实现农业生产经营活动的管理与控制。云禾农科以“互联网思维”+“物联网思维”+“交互式思维”为设计理念，提出将依靠“经验+体力”进行农耕的传统方式，逐步转化为依靠“农业大数据决策+物联网智能管控”的现代智慧农业模式。云禾农科2016年推出的云禾农业大数据服务平台的主要功能有：一是通过项目运营开展智慧农业系统技术研发与集成示范推广，针对农作物建立基础的生长数据模型和科学的数据分析方案，形成更加专业高效的农业专家服务系统，云禾农科利用自己在现代农业物联网科技技术、环境感知传感器数据采集技术、农业应用云存储云计算技术领域的优势和云禾农商用户服务积累的优势，研发智慧农业系统核心技术和集成与示范推广的通用基础构架与服务。二是依托云禾农科的云禾新农派现代农业服务平台和核心技术的优势，在陕西立足特色农业种植带，完成农业物联网感知大数据热点布局、数据采集和环境感知数据积累与分析的基础工作，形成具有陕果特色种植带示范作用的农业大数据感知网络。三是立足现代农业大数据，针对我国中西部地区关键农作物提供科学种植信息服务、水肥一体自动化管控、科学节水灌溉、作物生长环境数据监测、土壤墒情大数据监测和改良等领域进行深入研发和科技示范推广，建立农业专家库和作物生长数据模型，尤其对高附加值作物种植数据分析等全方位数据采集，创新深入导入信息通信、处理和云技术的现代农业应用。四是积极推广现代农业信息技术科技成果转化推广，加强农业科技产业对接。建立智慧农业技术集成系统、示范与推广活动所产生的科研成果。加强农业信息交流服务。

云禾农科利用物联网、互联网技术、大数据技术的融合，结合现代农业实际需求构架了一个包含智慧云端与智能终端的全域系统架构，并利用云技术给农业种植用户提供高效便捷、可靠优质的农业物联管控与大数据服务。云禾服务平台的价值主要体现在三方面：一是给用户带来的基础价值，实现高效节水，节省省人工降低低成本。二是实现现代农业种植大数据积累，并给科学种植和环境适配提供关键的参考数据，为今后的现代农业种植大数据分析和科学种植决策提供核心依据。三是给用户带来的增值价值，提供贴身的在线服务，为农产品可追溯提供完备的数据和路径，并可以提供定制和可复制平台服务。

（三）“互联网＋农业”大数据应用公共服务平台解决方案

新东网科技有限公司（以下简称：“新东网”）成立于2001年，经营范围涉及计算机的软硬件开发及系统集成、电子产品、互联网技术的开发，主要致力于为行业用户提供“互联网＋”整体解决方案和服务。新东网2016年为武汉市建设的“互联网＋农业”大数据应用公共服务平台，以武汉市现有农业信息化系统为基础，通过农业信息集中整合、分类存储，进行数据挖掘、分析工作，构建农业大数据中心，并对数据资源进行常态化管理维护，为武汉市农业生产、经营、管理、舆论导向等提供了有效的数据支撑。“互联网＋农业”大数据应用公共服务平台主要采用面向对象分析和设计的多层体系结构设计方式。系统所有的业务功能全部采用组件技术进行开发，能够随时在线更新组件，具有良好的可扩展性。系统的多层分布式应用可划分成五层：Web层（用户层）、业务层（即服务层）、应用支撑层、信息资源层和基础层。通过武汉市“互联网＋农业”大数据应用公共服务平台的建设与应用，可以实现武汉市农业产业信息、全市农业产业质量安全信息的及时汇总，支持武汉市农业产业安全相关事件的应急事件和快速处置，实现对农业各生产流通节点进行监控管理和提供针对农业产业的综合信息服务，进而构建上下贯通、协调运作、功能互补的农业产业信息化主线。

（四）以大数据技术为支撑的智慧农业信息综合服务平台

新疆劳道农业科技有限公司（以下简称“劳道农业”）成立于2014年，

是一家互联网农业服务公司。劳道公司2016年推出的智慧农业信息综合服务平台，采用“线上互联网平台+线下连锁智能门店网点”的O2O销售模式，以IT农业信息服务和金融服务为特点，以线下覆盖网络为支撑，利用“微利经营策略”和“现代金融工具”两大优势，快速整合线下农资流通和农产品流通，通过盘活流量提升获利能力，再反补大数据研发、平台建设和农业产业链建设，最终实现线上与线下的优势互补。平台的服务对象主要以种植户和线下实体零售店面为主，同时也结合自身农业管理种植优势，针对性地对大型农业公司和现代农业合作社展开有偿技术服务。平台的大数据建设项目技术创新包括智能门店管理服务平台、手机APP农业信息应用系统，后期计划研发农业信息数据库、信息化农产品追溯技术、智能化农业信息发送技术等。通过该平台还可以为实体经销商搭建一个有序的实体与网络相互呼应的行业集群即商户联盟体系，建立一个均衡农资市场跟公正透明的市场环境，从而避免因无序竞争和良莠不齐现状导致不必要的损失。同时信息化的管理可降低实体店铺的管理投入和运营成本，为实体店铺提供最为优化的进货建议、储存建议、产品运输建议、农户潜在购买力、市场数据等等。通过本平台的订单式融资，还可以引导更多的金融资本进入农业产业链，帮助实体经营者实现资金流的畅通，从而更好地保证了行业的有序发展。此外，农业生产者可以通过平台了解农资价格和农产品销售价格，避免价格波动带来的损失；为农业生产者提供种植建议和种植方法辅导等服务，有利于减少化肥农药的过量使用，保证食品安全，减少环境污染。农业生产者既可通过农业信息的互动对接消费者，也可选择公司为其提供购销洽谈服务，协助其与收购企业进行对接，实现农超对接，逐步实现“订单式”生产。通过降低农业投入品的支出成本，配套全程跟踪各种先进的技术服务，使农业生产者投入降低的同时产量增加，从而提高收益。

（五）智慧畜牧业电商大数据平台

城云科技（杭州）有限公司成立于2012年，是一家专注于云计算和大数据行业的高科技企业，主要致力于为用户提供云服务运营和行业解决方案。该公司2016年推出的智慧畜牧业电商大数据平台是在已有城云大数据平台的基础上以“互联网+农业”为理念开发出的新型电商平台。该平台在底层数据存储中通过采用 HDFS 与城云自有云存储系统混合存储技术，解决了 HDFS 在面对海量小文件存储的内存过度消耗的问题；通过采用 Hadoop 与 epiC 双计算引擎并存的技术，解决了 Hadoop 在进行数据分析时笨重不灵活、效率不高的问题，实现了批数据处理的高灵活度和高效率。智慧畜牧业电商大数据平台在加速畜牧业乃至农业信息传播和共享、丰富畜牧业农产品营销渠道、降低流通成本、保障产品安全等方面起到了应用示范作用。平台的实施有利于推动传统畜牧业向信息化畜牧业的产业升级。该项目已与蒙牛乳业集团建立战略合作关系，由城云为蒙牛乳业建立蒙牛大数据平台，智慧畜牧业电商大数据平台已经为 100 多万头奶牛提供服务，占全国市场份额的 10% 以上，为 2000 多家的畜牧业供应商提供运营和大数据服务，为 1 万多用户提供在线交易、牧场管理咨询、供应链金融等服务。

第十六章　电信大数据

电信行业由于数据积累量巨大而成为大数据技术应用的重要领域，其发展可以优化基础设施建设和管理，帮助电信运营商实现精准营销，强化业务运营监控和经营分析预测，推动电信大数据的商业化发展。2016 年，我国电信产业已完成人口红利模式的发展阶段，正在向流量红利模式和数据红利模式转变，电信大数据真正进入商业化阶段，产业规模较上年增长 163%，达到 342 亿元。由于互联网、云计算和物联网等新兴技术的快速发展，电信运营商正在面临日益激烈的竞争局面，电信大数据的发展将推动运营商向信息服务模式转型。目前，国内三大电信运营商均已启动了大数据发展规划，其中中国电信和中国联通大数据业务发展较快，路径相对明确，已进入实质运营阶段。

电信运营商在行业数据积累方面具有其他行业无可比拟的优势。但随着电信业务数据规模的飞速增长，以及新型数据结构的不断涌现，电信运营商在数据管理、分析等方面也面临着日益严峻的考验。一方面是电信业务类型和服务内容的不断丰富和发展以及网络用户规模迅速扩展，使得电信运营数据飞速增长，传统的数据处理方式已经无法满足海量数据存储、分析需求；二是新型数据结构不断涌现，传统的数据分析处理模式无法对非结构化的、大容量的数据信息进行多用户、多应用、实时有效的分析。利用大数据技术可以帮助电信运营商存储、管理和分析海量的数据资源，实现数据分析管理方面的创新。

一、应用需求

大数据优化基础设施建设和管理。在网络管理和优化方面，电信运营商对大数据的需求主要来自于两方面：一是基础设施建设优化方面的需求，例如通过大数据技术可以实现通信基站优化选址和通信资源的合理配置等，通过分析用户流量的位置分布特征，在3G、4G高流量区域设置4G基站；此外，运营商还可以数据模型分析对已有的基站进行效率成本方面的优化改造。二是网络运营管理需求。在网络运营管理方面，利用大数据技术可以分析网络流量的变化趋势，合理调整配置设备资源，提升网络质量和优化网络利用率。2016年福建省中富通股份有限公司推出的4G网优测试数据管理平台就是一款基于大数据技术的集网优数据测试管理、网优测试数据格式标准制定、空间智能化分析的大型网络优化系统系平台。

大数据实现精准营销。在市场化精准营销方面，电信经销商对大数据的需求主要体现在以下四个方面：一是用户画像，基于用户终端、位置、通话、手机上网等信息数据特征，运营商可以为用户打上典型的特征行为标签，并利用数据分析、挖掘进行用户分类，不断完善用户特征画像。二是用户关系研究。借助大数据分析用户基本资料、通话记录、网络行为等数据，运营商可以开展对用户社交圈分析，进而寻找营销机会。三是精准营销，运营商在用户画像的基础上，深入了解客户行为偏好和需求特征，实现用户个性化需求与业务推动的精准匹配。据了解，中国电信于2013年起，已经开始试点开展DSP相关的精准营销业务。上海移动于2016年3月启动“精准营销及位置和征信大数据应用软件开发项目”。

大数据强化运营管理。电信企业运营管理对大数据的需求主要有以下两个方面：一是业务运营监控。运营商利用大数据分析技术可以从移动终端、业务类型、网络流量等多方面监控管道和用户运营情况，并在此基础上灵活构建指标模块和智能监控体系，实现快速准确地掌控运营情况。二是经营分析预测。过去电信企业主要通过数据分析师撰写企业经营专报和专题分析等形式对自身经营状况和市场前景进行分析和总结，如今借助大数据分析技术，根据采集的企业内部数据、用户数据、市场数据等，以网页或APP等形式，自动生成经营分析和市场预测报告。

大数据推动电信数据商业化。电信数据商业化的需求主要体现在两方面：一是对外提供营销洞察和精准广告投放。电信运营商借助大数据技术可以为企业用户提供消费者群体和市场特征分析，进而实现精准营销洞察、商业数据分析服务。营销部门可以基于营销洞察分析结果，进一步提供精准广告投放服务。二是为企业用户提供数据分析打包服务。电信运营商利用大数据监测和决策支撑，采取与市场研究机构合作的方式，为零售企业分析客流信息、客户消费能力及特征等数据，在此基础上提供商铺选址等服务。例如江苏电信为江苏省旅游局搭建“旅游客情监测与分析平台”和中国电信推出“慧选址”商铺选址服务等。

二、发展特点

（一）规模特点

2015 年可以看作是我国电信大数据破局之年，中国电信和中国联通先后推出大数据品牌和大数据产品。2016 年，我国电信大数据开始真正进入商业化阶段。据预计，2016 年我国通信大数据产业规模达 342 亿元，较 2015 年增长 163%，其中大数据基础设施占比 60. 5%，市场规模达 207 亿元，大数据软件占比 29. 5%，市场规模达 101 亿元，大数据应用占比 10%，市场规模将达 34 亿元。从投资特点看，国内电信运营商由前期侧重购买大量硬件提升数据存储量，逐步发展为着重对于分析能力和大数据应用的投资与合作。

数据规模巨大且仍在高速增长。根据工信部数据，截至 2016 年 9 月末，中国移动电话用户总数达到 13. 16 亿户。其中，4G 用户总数达到 6. 86 亿户，固定宽带用户总数达到 2. 92 亿户，光纤接入用户总数达到 2. 10 亿户，占宽带用户总数的比重达到 72%。电信部门拥有的海量的用户数据资源，其覆盖范围非常广泛，电信运营商可以根据这些数据进行用户画像、用户预测等数据加工，进而为企业自身或用户提供数据产品和服务。利用大数据技术不仅能够为电信运营商带来更多的营业利润，而且能够分析出各项业务的比重，进而了解到大众的消费趋势，根据消费趋势进行业务创新。

（二）市场特点

由于互联网、云计算和物联网等新兴技术的快速发展，电信运营商正在面临日益激烈的竞争局面。一方面，传统电信运营商所拥有的数据资源优势正在被逐渐替代和赶超，如互联网企业可以通过多种 APP 应用同样获得用户的位置信息、网络使用情况等，甚至互联网企业通过泛互联化可以收集到更多更丰富的大数据信息，例如高德地图、大众点评、滴滴出行、百度糯米等；

另一方面，随着消费和服务理念的不断发展变化，多行业的垂直整合成为大势所趋，各行业通过收集用户信息，借助大数据分析技术，为用户提供更恰当的、更综合全面的整体式服务。在即将来临的大数据时代，为了避免被互联网企业超越和取代，电信运营商的及时转型已经成为必然趋势。传统的运营商组织结构为金字塔模式，其信息系统、组织构架已经无法满足海量新型数据的分析和处理需求，同时自上而下的运营模式灵活对接用户日益丰富的服务需求，因此运营商要根据市场的需求变化进行运营模式的创新，通过重新梳理企业的经营模式和组织架构，以用户和消费者为中心搭建新的运营体系。电信大数据的发展有利于运营商实现市场信息系统和管理经营的完美对接，必将有力地推动运营商向信息服务模式转型。

（三）企业特点

截至 2016 年，我国电信产业已完成人口红利模式的发展阶段，正在向流量红利模式和数据红利模式转变。从总体趋势上来看，电信运营商基于大数据转型已成为必然趋势。目前，国内三大电信运营商均已启动了大数据发展规划，其中大数据业务发展较快、路径相对明确、已进入实质运营阶段的是中国电信和中国联通。中国移动发展相对较慢，目前总部层面以规划为主，不过部分省公司进展很快。例如：四川移动与中国城市规划设计研究院合作，以成都地区作为试点，基于用户的位置信息，分析和解决城市交通问题等。2015 年 11 月，中国电信发布“天翼大数据”品牌，定位于“大数据基础设施运营和数据资源提供商”，同时中国电信北京研究院还推出了“灯塔大数据行业应用平台”，该平台拥有完整的大数据技术解决方案。2015 年 12 月，中国联通发布大数据产品“沃指数”，包含“行业指数”和“市场洞察”两部分。此外，2016 年 1 月，中国联通还与西班牙电信成立“智慧足迹数据科技有限公司”，双方拟共同在中国市场，利用匿名、聚合、外推的网络数据，快速提供有价值的位置和轨迹洞察等大数据应用服务。

三、应用案例

（一）中国移动大数据公共服务平台

中国移动通信集团公司成立于 2000 年，主要经营移动话音、数据、宽带、IP电话和多媒体业务，并具有计算机互联网国际联网单位经营权和国际出入口局经营权。截至2016年初，公司员工总数达43.8万人，用户总数达8.26亿户，是全球网络规模、用户规模最大的移动通信运营商。中国移动2016年推出的大数据公共服务平台以实现数据统一采集、统一存储、统一管理、统一运营、统一服务为目标，为各业务部门（市场部、网络部、财务部等）及外部用户提供灵活的服务。服务的方式包括：解决方案和数据产品（SaaS）、数据整合服务能力输出（PaaS）、数据租售运营（DaaS）、咨询服务（CS）等。逐步建立基于企业级大数据平台的生产、消费、创新的多方参与"生态圈"，满足未来数据运营的需求。"大数据公共服务"目前已将业务逐渐拓展到交通与城市规划、政府公共服务、旅游景区运营、金融征信及风险监控等领域。平台自启动以来实现每年超7000万元收入，且随着部分新服务研发成果推广，未来将产生更大的收益。大数据公共服务平台提供的数据服务可以应用于城市应急管理、交通资源调度及规划、城市规划（公共资源优化配置）等领域，社会效益显著。随着枢纽实时滞留客流分析系统、高速路实时状态分析系统研发的完成，未来将发挥更大的作用。另外，平台将实时人流量查询功能面向公众免费发布，就民生关注热点定期、不定期在本地公众媒体及新媒体上发布大数据深度分析报告，为市民理财、出行、学业等民生大事提供及时有效的参考，获得本地媒体的大量转载及市民的关注。

（二）中国联通云数据能力开放平台及大数据应用

中国联合网络通信集团有限公司（简称"中国联通"）成立于2009年1月，主要经营GSM、WCDMA和FDD-LTE制式移动网络业务，固定通信业务，国内、国际通信设施服务业务，卫星国际专线业务，数据通信业务，网络接入业务和各类电信增值业务，通信信息业务相关的系统集成业务等，是全球500强企业。中国联通推出的"中国联通云数据能力开放平台"在国内电信行业首次实现了全网全域的多源异构数据集成，借助统一的大数据平台一体化存储、加工，并且形成了大数据能力及结果数据的开放化运营以及应用的孵化和研发落地，具体实现包含以下能力：全网多源异构数据集成能力、异构资源管理能力、大数据加工处理能力、多租户管理运营能力、多样化数据挖掘能力和数据安全管控能力。中国联通云数据能力开放平台及大数据应用立足于电信行业数据开放运营，实现 PB 级大数据的融合与开放，完成了 PB 级云化大数据平台研发、建设及运营。截至 2016 年，统一大数据平台节点数已达到 3000 个，采集了包括 31 个省份移动用户位置数据、上网日志以及 10010 客服电话录音数据等全国各类数据共 30PB，覆盖用户数达到 4 亿，每日处理数据超 3800 亿条。

（三）4G 网优测试数据管理平台

中富通股份有限公司是一家专业的第三方通信网络管理服务提供商，致力于为通信与信息领域提供一流的通信网络维护和通信网络优化服务，主要用户包括中国移动、中国电信、中国联通等电信运营商，以及华为、中兴、上海贝尔等知名通信设备供应商。中富通股份有限公司 2016 年推出的 4G 网优测试数据管理平台是一款集网优数据测试管理、优化、网优测试数据格式标准制定、GIS 展示、空间数据分析、数据海量化、专题化、模拟的智能化分析的大型网络优化系统系平台。该平台基于 2G/3G/4G 无线测试数据，进行海量数据分析、统计、挖掘等数据建模，实现对无线网络优化工作的管理和无线网格智能化，可广泛应用于电信、联通、移动三大运营商，解决 2G/3G/4G 网络 DT/CQT 海量测试数据的集中管理、格式统一的问题。该平台着重创新优化智能分析引擎，查找问题点，分析故障原因，自动生成总体网络优化策略。

第十七章　交通大数据

交通大数据是大数据技术在智能交通领域内的典型应用，有助于优化传统交通管理模式，辅助交通实时预测，推动交通数据整合，促进智能交通的发展。2016 年，国家和地方各级政府大力支持交通大数据的发展，密集发布相关支持和配套政策，推动我国智能交通取得新的突破式发展。国家路网监控系统不断完善，全国 ETC 联网用户接近 4000 万，较上年增长近 7 倍。交通管理部门积极开展交通数据的挖掘和应用，汽车电子标识的推广和应用在各省市铺开，更被写入国家《京津冀协调发展纲要》和公安“十三五”规划。货车帮——公路物流信息平台、贵州省智能交通云平台、民用直升机运行支持服务管理平台等都是 2016 年大数据技术在交通领域应用的典型代表。

交通大数据是指大数据技术在交通领域内的应用，是通过多种设备、技术采集海量交通数据，结合大数据分析、挖掘等多种技术衍生而来的相关产业。智能交通产业是现代 IT 技术与传统交通技术相结合的产物，而交通大数据是大数据技术在智能交通领域内的应用产业。大数据技术能够广泛应用于交通数据的实时采集、存储、分析、分类、查询，能够精确地分析、预测交通状况，并对影响交通的潜在因素产生洞察。随着城市智能交通的快速发展，交通大数据产业将迎来爆发式的增长。

一、应用需求

随着物联网、云计算和新型传感器等技术的快速发展，交通数据采集规模呈现爆发性的增长，新型数据结构的大量涌现，使得原有的交通数据处理手段出现严重不足，对大数据技术的需求日益凸显。同时，智能交通发展带来的路网优化、流量预测、交通信号自动控制、非现场执法与交通疏导等工作也需要依靠大数据技术对信息基础设施、交通监控平台以及各 GPS 运营公司的监控数据和其他信息资源进行处理和分析，来获得并整合有关交通状况的信息，实现对交通的智能控制。

大数据优化传统交通管理模式。借助大数据技术可以促进传统交通管理模式的变革，提高公共安全管理水平。具体来讲主要有以下三个方面：一是大数据技术能提高交通运输效率、满足交通调控需求和改善路网通行能力，特别是在涉及工程量巨大的路网基础设施改造方面，大数据技术可以发挥重要作用；二是有助于提高交通安全水平。大数据技术的实时性和可预测性特点可以显著提高交通安全系统的数据处理能力；三是提供环境监测方式，借助大数据技术，通过建立区域交通排放的数据监测模型和搭建交通运行与环境数据共享试验系统，可有效分析交通对环境的影响。例如，杭州市利用大数据分析技术制定城市道路建设规划和治堵工程决策，建成“四纵五横”的快速路网。《2016 年度中国主要城市交通分析报告》显示，2016 年度杭州拥堵趋势下降 4.94%，下半年比上半年拥堵下降了 13%，治理拥堵成效在主要城市中排名前列。

大数据辅助交通实时预测。各个交通部门数据可以通过大数据技术进行准确提炼并构建预测模型，进而对未来的交通运行状态进行有效模拟。在交通实时预测方面，大数据处理信息的及时性特点对于车辆碰撞、换道、驾驶员行为预判等方面都有较高的预测性。此外，出租车、物流企业等也可以借助其车队调度中心发布的实时交通状况数据信息，实现规划最佳行车轨迹、减少重复空载现象和提前规避交通拥堵等，例如滴滴出行针对出租车市场供求失衡、乘客与司机间信息不对称等问题导致资源浪费，推出智能化打车方式，通过用户的行为大数据与地图、交通大数据相结合，建立数据分析模型，精确定位出租车司机与乘客位置之间的关系，快速地进行关联分析，做到匹配精确。

大数据推动交通数据整合。行政区域的划分是我国的一种有效的区域治理措施。但这种措施给交通数据的整合带来了不利的影响。各个地方政府为达到各自管辖区域的利益最大化，使交通数据长期处于碎片化、割裂化状态。借助交通大数据的虚拟特性，有利于实现信息跨越区域、跨部门的数据同步采集、分析和管理，通过搭建多方交通信息共享平台，就能够解决交通数据跨域管理问题。此外我国大部分城市内部的交通管理部门之间也存在条块分割现象，数据信息呈现垂直分布和单一应用特征，导致区域内的交通管理分散和信息内容单一等问题。利用大数据技术可以构建综合性立体的交通信息体系，实现不同部门、不同范围、不同领域的交通数据汇聚，在此基础上充分发挥城市交通的整体性功能。如贵州省交通运输厅 2015 年牵头打造的“贵州省智能交通云平台”，就是通过开展跨部门、跨行业领域数据资源梳理，建立交通行业大数据分析模型，起到了辅助行业顶层设计和管理决策的作用。

大数据推动智能交通发展。随着城市智能交通系统的不断发展，交通数据采集的范围、广度和深度急剧增加，形成了以交通流检测数据、交通监控视频数据以及系统数据和服务数据等为主的海量交通数据资源，传统的交通数据分析方式已很难对这些数据进行开发和利用，只能借助大数据技术才能进行有效的分析处理。此外，交通数据的深层价值有待进一步的开发，交通大数据挖掘分析已经成为智能化交通信息处理的核心内容。2016 年，以智能终端为服务窗口、以云计算和大数据分析技术为支撑的智能交通信息服务正在逐步成为主流。例如深圳榕享的“交通仿真与智能管控机器人”可实时采集视频检测数据与线圈检测数据，将采集的交通流数据、信号配时等数据输入到建立的仿真路网模型中，进行实时的交通系统仿真。通过一体化交通仿真模型，机器人能快速找出路网拥堵点以及分析路网的常发性拥堵点，并对交通流运营状况的演变进行预测和分析。

二、发展特点

（一）政策特点

国家密集发布交通大数据相关政策。2015 年 7 月，国务院发布的《国务院关于积极推进“互联网 +”行动的指导意见》中“互联网 +”便捷交通一项，明确指出加快互联网与交通运输领域的深度融合，通过基础设施、运输工具、运行信息等互联网化，推进基于互联网平台的便捷化交通运输服务发展。显著提高交通运输资源利用效率和管理精细化水平，全面提升交通运输行业服务品质和科学治理能力，将成为未来重点发展方向。无论是交通运输资源利用效率和管理精细化水平，还是交通运输行业服务品质和科学治理能力，所离不开的都是底层交通大数据的应用。2016年交通运输部连续发布了交通运输信息化、科技、标准化等三个“十三五”专项发展规划，全力打造智慧交通。这些规划是“十三五”时期推进交通运输信息化发展、加强科技创新和完善标准化体系建设的纲领性文件。根据这些规划，“十三五”期间，交通运输部将着力推进落实“互联网+”重点行动，包括实施“互联网+便捷交通”“互联网+高效物流”，促进“大数据”发展和应用，以及加快构建车联网、船联网等。2016年9月，交通运输部发布《交通运输部办公厅关于推进交通运输行业数据资源开放共享的实施意见》，提出3—5年内实现建立健全行业数据资源开放共享体制机制，基本建成协调联动、高效运转的行业数据资源管理体系，完善行业数据资源开放共享技术体系，建立互联互通的行业数据资源开放共享平台等主要目标。同时，交通运输部将制订完善交通运输行业数据交换共享标准，完善部省两级数据资源目录体系，提升行业数据资源开放共享程度，夯实交通运输大数据发展基础。此外，交通运输部还将研究制定开展交通旅游服务大数据行动实施方案，并将“积极吸引社会优质资源，继续推动全国综合交通出行服务信息共享应用示范工程，建立综合交通服务大数据平台”。

地方政府积极出台配套政策措施。北京市交通委出台《北京市“十三五”时期交通发展建设规划》，明确提出未来五年北京要推进智慧交通建设，通过交通大数据开放、信息共享和集成应用，建成“用数据说话、用数据决策、用数据管理、用数据创新”的交通运行治理模式，提升精细化管理水平。北京将建立人口与交通拥堵的跟踪分析与决策支持系统，并打造基于全行业数据的交通运行分析诊断系统，为新阶段的拥堵治理、核心区缓堵等重点工作提供一体化的决策。北京还将试点推广电子标识，以方便交管等部门自动、非接触、不停车地完成车辆的识别和监控，同时这也是北京“十三五”期间实现交通智慧管理，配合大数据治理，解决拥堵问题的重要方法之一。广东省交通运输厅印发《广东省“互联网+”运输服务行动》，提出未来将构建综合运输公共信息服务大数据中心，并建立综合交通、道路运输、水路运输三大数据中心，实现数据互联互通和可视化。《行动》指出，广东省到2017年要基本完成交通运输行业数据资源的全面整合，到2020年要基本建立涵盖公路、水路、民航、铁路、邮政及气象等部门的信息采集、交换、共享和应用机制，实现海量数据深层次的交互融合与挖掘应用。在具体交通大数据应用上，《行动》提出以互联网引领运输产业转型升级，以互联网引领运输行业治理体系构建，到2020年基本实现综合运输海量数据融合开放及交互交易，构建旅客运输一票到家、货物运输一单到底、高速公路一卡通行、公共信息一站解决、服务监督一号畅通、监测应急一体联动的“互联网+综合运输”服务一张网的“六个一”发展格局。

（二）应用特点

国家路网监控系统不断完善。截至2016年9月，全国（除西藏、海南外）高速公路不停车收费系统（ETC）联网运行一年，用户已接近4000万，较2015年9月底增长近7倍，ETC专用车道13291条，主线收费站ETC车道覆盖率约为99%，匝道收费站ETC车道覆盖率约为90.5%。除ETC系统外，高速公路还建有交通信息采集、交通气象采集、交通监控等系统，通过这些系统收集的海量数据资源，可以搭建完善的用户服务体系，推出微信、微博、手机用户端、智能终端等应用，充分发挥交通大数据的积极作用，为高速公路用户提供多元化服务。

交通管理部门积极开展据应用。2016年，全国各省份公安交通管理部门积极构建交通运行监测与指挥控制中心，包括交通信息采集系统、交通信号控制系统、道路交通监控系统、交通诱导显示系统、停车管理系统、交通违章处理系统等，初步实现了交通信号控制、道路监控、交通信息综合查询、有/无线指挥调度及交通诱导等基础功能。例如，贵州省交通运输厅和贵州交通信息与应急指挥中心建立了贵州省智能交通云平台，为贵州交通行业管理和公众服务提供支撑。同时，我国各省市汽车电子标识的推广应用试点工作相继启动，2015年1月，无锡试点工作启动；2015年4月7日，深圳市公安局交通警察局宣布，深圳将试点安装汽车电子标识。2016年3月10日，珠海宣布将给在册的45万辆汽车安装汽车电子识别标签。2016年4月，汽车电子标识应用被列入国家《京津冀协调发展纲要》示范项目、公安“十三五”规划。电子标识的推广，将有利于智慧交通管理，通过交通大数据的实时挖掘应用，能有效提供公众出行信息服务和城市交通管理控制的解决方案。

三、应用案例

（一）智慧交通大数据

浙江宇视科技有限公司（以下简称“宇视科技”）成立于2011年，主要业务是视频监控产品的研发、生产和销售，产品包括IP摄像机、智能交通、视频编解码器、NVR/HNVR、监控网络、监控存储、监控平台、大屏等产品，并面向不同行业提供解决方案。宇视科技是浙江省大数据应用示范企业。宇视科技推出的智慧交通大数据项目由智能交通关键采集装备、UniHadoop大数据平台、智能交通管控平台三部分组成。该项目能提升城市交通的管理能力，解决城市交通拥堵、资源浪费、安全事故频发、难于实时控制事态等难题，使城市交通发展走上良性发展的轨道。在经济效益方面，智慧交通大数据通过产品应用技术辐射，将拉动卡口电警、高清IPC等前端设备，红绿灯、地感、诱导屏等外围设备，交换机、路由器等网络传输设备，以及周边存储设备的销售，促进原有产品的升级换代。在社会效益方面，智慧交通大数据是国家重点鼓励发展的新一代信息技术，有助于整体提升智能交通行业技术水平，带动行业快速发展。宇视科技有限公司提供的交通大数据应用解决方案帮助宜昌市于2016年1月获得世界可持续交通奖 。

（二）DIVA

北京大海云川科技有限公司（以下简称“海云数据”）成立于2013年，主要致力于为企业提供大数据整体运营与分析服务，依托于计算机数据视觉、数据算法等技术，探索大数据的潜在商业价值，为不同行业用户提供基于数据交互可视化的整体产品，实现将大数据应用于分析、决策和预判等领域。基于自身核心产品图易，海云数据在航空、警务等方面都有卓越发展，在2016年获得了工信部颁发的大数据行业领军企业奖和2016年度机场峰会颁发的机场信息化贡献奖。海云数据旗下的DIVA是一款可供于航空业决策层进行实时分析、可视分析的产品。DIVA从业务的结构上面来讲，基本上分成了四个模块：服务保障模块，旅客信息平台模块、安全监管模块，以及机场运营数据分析模块。DIVA通过整合和对比分析各家航空公司运营、财务、综合生产、地勤方面的数据信息和KPI的考核信息，帮助航空企业决策层对企业的状态进行实时分析。

（三）货车帮——公路物流信息平台

贵阳货车帮科技有限公司（以下简称“货车帮”）成立于2014年，是一家公路物流互联网企业。货车帮主要提供全国公路物流信息及交易服务、货车金融及车辆后服务，产品主要功能包括：查找货源、订阅货源、发布货源、找货找车、停车场、新车二手车交易等，提升司机找货效率，减少空驶，保证货主能够及时调配车辆，保障运输。公司采用双品牌战略，面向货主端的“物流QQ”和面向司机端的“货车帮”，已建成覆盖全国所有地市的物流信息平台，截至2016年8月，货车帮诚信注册车辆会员超过230万。货车帮根据货运司机、物流货运公司、仓储企业和城市货运车辆需求开发的货车帮——公路物流信息平台主要产品包括：物流QQ－PC端、物流QQ－APP、货车帮－APP、全国公路物流指数。通过物流QQ和“货车帮”APP应用软件，以信息数据为供需方进行有效对接，以信息流引导物流和资金流朝着合理的方向运动，让社会资源得到最大限度的节约和合理运用。同时，通过与阿里云合作，货车帮大数据平台利用物流QQ和“货车帮”APP每天获得的货运数量、交易额等数据信息，打造了“全国公路物流指数”，用于客观实时反映全国公路物流资源和运力情况。物流企业可直接在服务平台获得用户需求信息，进行规模化定制，减少资源浪费，满足用户多样化、个性化的需要，使企业和消费者都能从中受益。2016年数博会期间，货车帮“以互联网＋物流提升公路物流行业效率获得李克强总理称赞。

（四）贵州省智能交通云平台

贵州省智能交通云平台是由贵州省交通运输厅牵头，贵州交通信息与应急指挥中心作为技术支撑单位，黔通智联公司进行数据开发和运营，贵州省造价站等业务部门广泛参与，形成的一小组、一中心、一公司的运行体系，主要为贵州交通行业管理和公众服务提供支撑。智能交通云基于“云上贵州”系统平台打造IaaS基础设施层，加强对省内交通数据采集终端建设，通过行业内外资源整合，构建统一视频整合平台、Gis一张图等PaaS平台服务，开发路网运行管理、造价监督、公众出行服务等一系列SaaS层应用，实现行业管理和公众出行服务水平的提升。截至2016年，该平台已完成对全省路网

600 多路视频信号的接入，累计完成 6 万台客货运车北斗卫星定位终端的设备安装，并实现与交警交通管制、交通事故、车辆驾驶员及违规信息、交通流量数据的互调共享和应急处置的联勤联动，依托交通云，对高速公路路网和国省干线公路运行状态进行监测和统一管理。交通数据中心、GIS 共享平台、养护管理、重点营运车辆公共服务系统、黔通途等系统已开始在智能交通云平台上提供服务，涉及高速公路收费、路网监控、公路养护、公路基础、公路交通量、道路运输基础、建设项目等业务数据。此外，贵州省还通过该云平台与重庆、云南、四川、陕西建立西南区域“四省一市”交通运输行业信息交换共享机制，推进与公安、气象、旅游、消防等部门进行跨行业数据交换，基于这些数据，在路网运行管理、交通大数据综合分析、交通建设工程动态审计与造价监督和居民出行服务等多方面展开应用。

（五）民用直升机运行支持服务管理平台

哈尔滨飞机工业集团有限责任公司（以下简称“哈飞公司”）成立于 1952 年，是隶属于中国航空工业集团公司的大型国有骨干企业，是我国直升机、轻型多用途飞机科研生产基地。哈飞集团 2016 年推出的民用直升机运行支持服务管理平台主要以运用大数据技术提高民用直升机运营的安全性、经济性和保障性为主要目标，分析研究设计数据、保障数据、使用数据之间的关联，构建民用直升机运行支持的大数据环境，通过使用数理统计和逻辑判断工具，提升民用直升机的飞行安全，提高民机运营支持效率。该管理平台面向用户个性化需求，研究基于云计算和大数据技术的民用直升机产品支援服务技术和服务模式，建立快速响应机制，开发基于国际互联网的支援服务系统，提供直升机产品支援在线服务。民用直升机运行支持服务管理平台对于改变当前国内基于纸型文件的民用直升机运行工作方式、提高服务保障工作效率、提高我国民用直升机生产和运营水平具有重大的推动作用。

区域篇

继2016年2月国家发展改革委、工业和信息化部、中央网信办批复同意贵州省建设国家大数据（贵州）综合试验区之后，2016年10月，第二批获批建设国家级大数据综试区的省份名单发布，包括两个跨区域类综试区（京津冀、珠江三角洲），四个区域示范类综试区（上海、河南、重庆、沈阳），一个大数据基础设施统筹发展类综试区（内蒙古）。国家大数据综合试验区的设立，将在大数据制度创新、公共数据开放共享、大数据创新应用、大数据产业聚集、大数据要素流通、数据中心整合利用、大数据国际交流合作等方面进行试验探索，推动我国大数据创新发展。八大大数据综合试验区将共同引领东部、中部、西部、东北等“四大板块”的大数据产业发展，实现数据共享、区域内协同发展、加快产业转型。

第十八章　贵州省

国家大数据（贵州）综合试验区成立于2016年2月，作为首个国家级大数据综合试验区，在大数据产业上已取得突破性发展，得到国家层面的积极认可。贵州省将大数据发展提升为“一把手”工程，先后制定明确了一系列的产业发展规划和优惠政策，并在系统平台建设、大数据交易、大数据创业创新、大数据立法等方面在全国率先启动，切实推动大数据产业发展。贵州将政府数据资源共享开放作为重要切入点，打造了全国第一个省级政府数据“汇聚、融通、应用”的系统平台——“云上贵州”。贵阳市于2015年2月启动实施“数据铁笼”行动计划，成为“破解监督制约权力重大课题的创新之举”。2015年4月率先成立贵阳大数据交易所，交易所由九次方大数据公司联合贵阳市政府共同组建，是全球首家大数据交易所。另外，贵州大力推动大数据在工业、金额等领域的融合应用。

一、整体概况

国家大数据（贵州）综合试验区是首个国家级大数据综合试验区，成立于2016年2月。作为国内最早发展大数据的省份，贵州在数据产业上的突破发展得到国家层面的积极认可。2015年2月14日，李克强总理考察贵阳大数据应用展示中心并明确提出，希望贵州在大数据领域探索出一片新天地，为服务国家战略做贡献。同年5月26日，马凯副总理在出席贵阳数博会并考察贵州信息产业发展情况时，充分肯定贵州发展大数据是创造性落实中央精神的重大举措，为贵州发展大数据提供了充足的信心和底气。同年6月17日，习近平总书记考察了贵阳大数据应用展示中心，并明确表示：“贵州发展大数据确实有道理。”2015年8月底，《国务院关于印发促进大数据发展行动纲要的通知》正式发布并明确指出，“支持贵州等综合试验区建设”，贵州大数据发展正式上升为国家战略。2015 年 9 月，贵州启动全国首个大数据综合试验区建设工作。2015 年 11 月，贵州省委十一届六次全会将大数据和大扶贫确立为贵州经济社会发展的两大战略。

作为首个国家级大数据试验区，贵州在生态环境、能源价格、地质条件等方面具有得天独厚的先天优势，先后制定明确的产业发展规划和一系列产业发展优惠政策，建设基础设施与平台，促进数据开放共享，逐步明确了大数据产业发展理念、思路与路径，为企业落地发展与市场培育提供良好的土壤，推动了大数据产业快速发展。贵州省将大数据发展提升为“一把手”工程，并在系统平台建设、大数据交易、大数据创业创新、大数据立法等方面在全国率先启动，率先设立国内首个大数据交易所，并建成了全国首个省级政府数据集聚、共享、开放的“云上贵州”系统平台。贵州省是全国首个出台政务数据资源共享管理办法的省市，通过促进和加快人口、自然资源和空间地理、宏观经济等基础数据库整合，加快“云上贵州”平台建设。贵阳大数据交易所成为构建大数据资源流通的中游平台，促进了大数据流通、开发、使用的完整产业链和生态链的形成，有力推动了大数据跨行业、跨区域流通。在大数据应用方面，贵州以政府治理大数据创新应用为突破口，实施“数据铁笼”计划提升政府治理能力。

试验区制定了未来 3—5 年时间的发展目标，通过打破数据资源壁垒、强化基础设施统筹，形成一批大数据先进产品，培育一批大数据骨干企业和一批大数据产业人才，建设一批大数据众创空间，有力推动相关制度创新和技术创新，发掘数据资源价值，有效提升政府治理能力，从而为贵州省经济转型升级提供有力支撑。

二、发展特色

（一）建设“云上贵州”系统平台

贵州大数据发展以“以应用为先、以应用带产业”为发展原则，将政府数据资源共享开放作为重要切入点，打造了全国第一个省级政府数据“汇聚、融通、应用”的系统平台——“云上贵州”，该平台是支撑全省大数据产业发展的云计算基础设施，通过电子政务外网和互联网向全省各级政府部门提供云计算服务。第一节点已于2014年10月15日建成投入使用，采用阿里云飞天操作系统进行搭建，目前已为全省40余个政府机关和企业提供各类云服务。新启用的云上贵州系统平台第二节点位于贵安新区电信产业园，采用与第一节点相同的架构——阿里云飞天操作系统进行部署，并由贵州省电信公司全额投资，采取合作共建方式进行建设，云上贵州公司统一负责管理和运营。目前，平台主要提供包括弹性计算、关系型数据库、开放存储、负载均衡四大件服务产品，两个节点可提供3368台弹性计算服务器，972台云数据库服务器，数据存储空间3000T。

“云上贵州”系统平台致力于数据信息的融汇和应用，打破政府部门信息壁垒，消除数据孤岛，为国家建设数据共享交换平台先行探索、积累先试经验。目前，“云上贵州”日均访问量超过10亿次，累计访问流量达38TB，全国各省份均调用该平台数据。

搭建统一平台，加快数据集聚。推动省级政府部门和市州政府应用系统向“云上贵州”平台迁移，到2016年底，省直属部门迁云的应用系统达到370个，超过预订目标42个；各市（州）和贵安新区向云端迁移的应用系统达到338个，超过预订目标87个。四大基础云在2016年底完成建设。大力实施数据资源汇聚工程，推动教育部、公安部、国家旅游局、中科院等一批国家部委和科研机构的数据资源在贵州省集聚。

统筹数据标准，促进共享开放。贵州现已完成353个数据资源目录的梳理，推动170个数据集迁移到云端，发布共享数据集118个，实现108家省直部门网站与省政府网站的数据交换。省政府数据开放平台现已正式上线运行，面向公众开放了13个省直部门的数据资源，成为全国首个开放省级政府可机读活数据集的省市，有效打破了信息孤岛，促进了政府部门数据无缝交换。

政府示范引领，带动社会应用。目前，“云上贵州”系统平台已有“20朵云”、47个政务部门部分信息应用系统在系统平台运行。另外，贵州大数据广泛应用于公共服务、扶贫资金使用、医疗社保、国土空间、社会信用、工商注册、公安执法等领域，政用、民用、商用价值不断凸显。

2017年底，“云上贵州”系统平台建设将加快推进。省市两级政府部门应用系统将全部迁入进入“云上贵州”体系，迁入“云上贵州”应用系统数据资源目录达到100%。而且，在数据资源开放共享方面，省市两级政府部门

50%数据资源上架共享，省直部门绿色数据100%上架开放，可机读数据超过50%以上。

（二）实施“数据铁笼”行动计划

贵阳市于2015年2月启动实施“数据铁笼”行动计划，成为“破解监督制约权力重大课题的创新之举”。贵州省充分发挥大数据发展的优势，不断加快网上政务建设，将能够纳入网络的行政权力全部纳入网络运行，通过制定统一的数据技术标准，优化、细化、固化权力运行流程和办理环节，合理、合法地分配各项职责，实现网上办公、网上审批、网上执法，让行政权力在“阳光”下清晰、透明、规范运行，接受社会公众的监督。

2016年，贵阳市正式发布了《贵阳市全面推进“数据铁笼”工程建设的指导意见》和《贵阳市2016年全面推进“数据铁笼”工程建设工作实施方案》，进一步加快“数据铁笼”计划的实施。截至目前，“数据铁笼”行动计划已在40多家单位实施，实现市政府所有职能部门全覆盖，逐步形成“用数据说话、用数据决策、用数据管理、用数据创新”的管理机制。“数据铁笼”促进权力运行全程电子化，推动政府公共服务的技术创新、管理创新和服务模式创新，促进管理型政府向透明、高效、廉洁的服务型、责任型政府转变。

“数据铁笼”行动计划率先在市交管局和市住建局开展试点。针对交警执法的公平公正问题，交管局通过音视频系统、接待评价系统和信访执法监督系统、GPS和指纹识别考勤系统、执法终端系统等的运用，有效记录民警在权力运行、遵守纪律以及工作效能等方面的行为，从而实现对权力运行过程实时自动监控、消除权力监督真空，从而实现把权力关进大数据笼子的目标。住建局以全行业业务办理过程管控、云计算大数据应用、构建诚信体系等3条主线，搭建的数据化行政行为分析和监管平台，把业务办理、行政调解、建筑市场行为监督管理等工作的全过程都记录在案，方便社会公众对业务办理中违纪违法行为进行监督。

（三）加快建设贵阳大数据交易所

贵州启动大数据综合试验区建设后，于2015年4月率先成立贵阳大数据交易所。贵阳大数据交易所由九次方大数据公司联合贵阳市政府共同组建，是全球首家大数据交易所。贵阳大数据交易所摒弃了大数据产业交易底层数据的原始概念，选择由交易所作为第三方机构对数据进行清洗与建模分析，为买卖双方提供一个数据结果交易的场所。自成立以来，贵阳大数据交易所提供数据交易功能，同时提供大数据清洗建模分析服务、大数据定向采购服务、大数据平台技术开发等增值服务。2016 年 4 月，贵阳大数据交易所探索数据交易的新规则、新标准，取消交易佣金制，改为增值式交易服务模式，通过促进数据要素流通和相关资源整合，贵阳大数据交易所推动政府数据公开、行业数据价值发现，以数据流引领技术流、物资流、资金流和人才流。

目前，贵阳交易所交易金额突破 7000 万元，接入贵阳大数据交易所的数据源公司有广东省南方大数据平台、腾讯等超过 100 家，涵盖贸易通关大数据、专利类大数据、企业征信大数据、企业工商大数据、行业生产销售数据、城市交通服务数据等各种数据类。目前在交易所可以交易的数据总量超过 50PB。交易所与 139 家省内机构达成战略合作，发展会员突破 300 家，发生实际交易的会员超过 70 家，包括泰康人寿、京东、华为等知名企业。

在国际化发展方面，贵阳大数据交易所现已完成全国"一总部、四中心"的布局，四中心分别布局在北京、上海、深圳和成都。2015 年 11 月 6 日，交易所与马来西亚大数据智慧集团签订合作框架协议；2016 年 1 月 19 日，交易所与韩国 The IMC 公司建立沟通机制，探路大数据交易国际化，输出中国大数据交易模式，释放全球数据价值，推进"一带一路"等国家战略的实施。根据测算，到 2020 年，贵阳大数据交易所将发展会员 10000 家，年数据清洗交易量达 1 万 PB。

（四）推动大数据与传统行业融合

加快大数据与传统行业融合。贵州深入开展"千企改造——大数据助力企业转型升级专项行动"，引导优势大数据企业为贵州重点企业梳理发展"痛点"并制定解决方案，从而促进传统企业加快转型升级。腾讯、阿里巴巴、西门子、三一重工、用友等 68 家国内外知名企业为贵州企业提供了 173 个转型升级解决方案，覆盖数据挖掘分析、企业信息化、智能制造、工业大数据应用等多个领域。185 名企业专家分批赴贵州 23 家重点企业开展会诊服务。烟酒、化工、煤炭、装备制造、能源电力、健康医药、冶金等行业中，首批选定茅台、瓮福、盘江等 23 家重点企业，共提出转型升级需求 59 项、选定合作意向大数据企业33家。

贵州大力推动大数据在各领域的融合应用。工业领域，启动“工业云”众包平台建设，平台提供需求对接、信息发布、数据展示三大功能，提供企业需求发布、产品服务推介、数据挖掘与分析等六大功能，为企业转型升级建立长效机制。金融领域，启动建设大数据金融服务平台，成立了云上贵州基金管理公司和贵州大数据金融投资公司，并设立5亿元云上贵州大数据产业基金和2亿元云上贵州大数据产业引导基金，为金融大数据发展提供支持。建设“云上贵州”APP，大力打造贵州省政务大数据和民生大数据的移动终端统一服务平台。

第十九章　京津冀地区

京津冀大数据综合试验区在大数据基础设施建设、数据开放共享、产业集聚发展等方面引领示范带动作用突出，通过三地加强协同合作，共同打造国家大数据产业创新高地。

拥有完善的数据资源和多层次、丰富的应用场景，形成较为完整的大数据产业发展生态，将在产业发展、数据中心建设、应用示范等方面取得重要突破。根据三地的优势，京津冀地区打造以北京为创新核心、天津为综合支撑、河北做承接转化的大数据产业一体化格局。京津冀地区大力推动区域协同创新，成立京津冀大数据产业协同创新平台，正着力探索创新三地大数据人才联合培养、大数据人才引进、流动与共享、大数据人才创新创业等试点示范。围绕环境、交通、金融、物流、文化等京津冀协同发展重大需求，京津冀地区推动开展大数据创新应用。

一、整体概况

京津冀是全国首批确定的跨区域类大数据综合试验区，于 2016 年 10 月成立。京津冀大数据综合试验区充分发挥三地各自特色和比较优势，北京是核心区，优势是大数据创新和引导，天津的优势在于设备制造与集成，强化大数据发展的带动和支撑作用，河北的优势是大数据存储，强化承接和转化，形成北京中关村 + 天津滨海新区、武清 + 河北张家口、廊坊、承德和秦皇岛“1 +2 +4”协同发展功能格局，引领京津冀大数据协同发展。京津冀在大数据基础设施建设、数据开放共享、产业集聚发展等方面引领示范带动作用突出，通过三地加强协同合作，不断加强基础设施统筹建设，推动以大数据的思维、技术、模式、产品、服务等突破行政藩篱和区域界线，发掘和释放数据资源价值，在数据开放、数据交易、行业应用等多领域积极开展创新探索，共同打造成为国家大数据产业创新中心、国家大数据应用先行区、国家大数据创新改革综合试验区、全球大数据产业创新高地。

京津冀大数据综合试验区的建设内容主要包括建立京津冀政府数据资源目录体系、公共数据开放共享、大数据产业聚集、大数据便民惠民服务、建立健全大数据交易制度和大数据交易平台等试验探索。对于京津冀大数据产业的未来发展方向，《京津冀大数据综合试验区建设方案》提出，通过3—5年的建设，京津冀大数据综合试验区建设将取得明显成效。预计到2017年底，三地数据开放、产业对接框架基本形成，数据开放共享机制体制初步建立，环保、交通、旅游等民生重点领域试点示范率先启动。到2018年底，三地初步形成集群特色鲜明、协同效应显著、资源配置优化的发展格局。到2020年底，以人为本、惠及民生的大数据服务新体系初步建立，大数据红利充分释放，成为提升政府治理能力的重要支撑和经济社会发展的重要驱动力量。

二、发展特色

（一）大数据产业生态日趋完善

京津冀地区拥有完善的数据资源和多层次、丰富的应用场景，形成较为完整的大数据产业发展生态，将在产业发展、数据中心建设、应用示范等方面取得重要突破。京津冀地区的大数据企业数量迅速增长。数据观的统计数据显示，2009年以前，京津冀地区大数据产业企业总数仅为350家，目前企业总数已增至875家，涵盖大数据应用服务、基础框架、数据资源和支撑服务等大数据产业发展的不同领域。其中服务机构有33家，数据源公司有44家，基础架构公司有168家，应用服务公司有625家。大数据支撑服务机构包括科技创新平台、交易中心、联盟协会、产业园区等，为京津冀地区大数据产业发展构造了良好的产业环境。

（二）区域协同发展的功能格局初步形成

京津冀根据三地的优势，打造以北京为创新核心、天津为综合支撑、河北做承接转化的大数据产业一体化格局。北京作为政治中心、文化中心、国际交流中心和科技创新中心，发挥全国科技创新中心的资源优势和中关村国家自主创新示范区的创新体系的巨大优势，以大数据的产品创新、技术创新和应用创新为着力点，积极打造国家大数据产业创新核心区和全球大数据产业创新高地。天津的主要优势在于大数据应用领域，是京津冀大数据产业发展的拓展区，将依托滨海新区、武清和西青等电子信息产业基地为构建完善的大数据发展和产业综合支撑体系。依托天津国际航运核心区、金融创新示范区，推动航运、金融和跨境电子商务大数据综合创新应用。河北是京津冀大数据产业发展的功能区，其中张家口作为京津冀大数据新能源示范区，承接京津冀地区数据中心转移；廊坊大数据产业发展初具规模，建设京津冀物流金融遥感大数据示范区；承德是河北旅游的龙头城市，将打造成为京津冀旅游大数据示范区；秦皇岛和石家庄将分别打造成为京津冀健康大数据示范区和京津冀大数据应用示范区。

京津冀发挥政策、产业结构、自然气候、产业链配套等发展优势，协同促进大数据发展。中关村发挥示范带动作用，投资2亿元在承德设立河北京津冀大数据交易中心，提供京津冀区域数据资产登记、数据资产托管管理、商品交易、资产交易、数据资产金融产品设计服务、数据资产证券化等。并与河北张家口宣布推进云计算产业基地建设，推动京津冀地区数据中心向张北等区域集中，不鼓励在北京建设数据中心。在中关村示范区带动下，京津冀形成“中关村数据研发服务，承德、张家口数据存储，天津数据装备制造”为主线的“京津冀大数据走廊”并深化发展。

（三）大力推动区域协同创新

成立京津冀大数据产业协同创新平台，定位于促进京津冀大数据产学研协同创新的资源共享、监测评价和试点示范等，正着力探索创新三地大数据人才联合培养、大数据人才引进、流动与共享、大数据人才创新创业等试点示范。平台利用京津冀在人才和产业方面的优势，为京津冀大数据产业发展提供人才与智力支撑，推动以科技创新为动力的大数据产业发展和学科建设。北京大学时空大数据协同创新平台、方正信产大数据战略合作、中航工业电子采购平台大数据服务、北京供销大数据战略合作等项目相继签约，将进一步推动京津冀大数据产业协同创新平台建设。

中关村作为核心区，自2012年起率先布局发展大数据产业，并将大数据作为非首都功能疏解、构建“高精尖”经济结构、服务保障民生的重要抓手。以大数据前沿技术研发和产业化应用为核心，鼓励和支持大数据企业创新发展，加大前沿项目的挖掘和支持力度，加快北京大数据研究院等产业创新平台建设。并建立中关村大数据产业园，引导企业合理布局京津冀。目前，中关村大数据产业规模已超过700亿元，形成了完整的大数据产业链，覆盖数据中心、大数据工具、平台和数据创新应用服务等关键环节。

根据《京津冀大数据综合试验区建设方案》，京津冀将在大数据基础设施建设、数据开放、数据交易、行业应用等方面开展大数据协同创新，聚集全球大数据创新资源，培育一批大数据产业领军企业，形成企业创新大数据应用和商业模式的发展格局，构建最具活力的大数据产业生态系统。

（四）瞄准协同发展重大需求推动创新应用

京津冀围绕环境、交通、金融、物流、文化等京津冀协同发展重大需求，推动开展大数据创新应用。在京津冀交通一体化方面，大数据在智能公交、辅助交通规划、驾驶员评估、群体出行预测等方面发挥巨大价值。数据观的数据显示，京津冀环境大数据的规模将快速增长，2020年或将达到600亿元。在京津冀环保一体化方面，大数据将为政府、企业、公众带来重大价值，提高生态环境治理能力，促进环境管理科学监测，推动环境监管创新。数据观的数据显示，京津冀环保大数据的规模2020年或将突破500亿元，年均复合增长率达到100%。另外，在科技冬奥、环保、交通、健康、旅游、教育等重点应用领域，将不断推动大数据创新应用、促进一体化服务协同和产业集聚。

开展大数据交易流通试验探索。以数据交易服务推动数据资源资产化，建立健全大数据交易制度，推动形成京津冀一体化数据资产交易市场。《北京市“十三五”时期软件和信息服务业发展规划》中指出，京津冀将强化数据资源的统筹管理和利用，建立京津冀政府数据资源目录体系，并进行公共数据开放共享试验探索，推进公共基础信息共建共享，建立统一的公共数据共享和开放平台体系。

第二十章　珠三角地区

珠三角地区是全国首批确定的跨区域类综合试验区之一，发展定位是围绕落实国家区域发展战略，强化数据要素流通，以数据流引领技术流、资金流、人才流，支撑跨区域公共服务、社会治理和产业转移，促进区域一体化发展。试验区涵盖珠三角九市，依托广州、深圳等电子信息优势地区，集聚了腾讯、华为、中兴等骨干企业，积极组织开展了第一批省级大数据产业园、大数据创业创新孵化园推荐工作，大数据产业加快集聚化发展。大数据在提升政务服务水平、完善社会治理、改善民生服务方面发挥了重要作用。建设了广东省政府数字统一开放平台“开放广东”，首批开通了信用、交通、农业、经济、信息化、文化和国土等 7 个领域共 104 个数据集，10 个数据应用和 8 个数据接口。

一、整体概况

珠三角是全国首批确定的跨区域类综合试验区，于 2016 年 10 月获批。珠江三角洲国家大数据综合试验区的实施范围为 5.6 万平方公里，涵盖珠三角九市，在功能上形成“一区两核三带”的总体布局。“一区”即珠三角国家大数据综合试验区。“两核”是指以广州、深圳为核心区。“三带”是指重点打造佛山、珠海、中山、肇庆、江门等珠江西岸大数据产业带；惠州、东莞等珠江东岸大数据产业带；并辐射全省，打造汕头、汕尾、阳江、湛江等沿海大数据产业带，进而带动泛珠三角各行政区在大数据领域开展深度战略合作。

珠三角大数据综合试验区的发展定位是围绕落实国家区域发展战略，强化数据要素流通，以数据流引领技术流、资金流、人才流，支撑跨区域公共服务、社会治理和产业转移，促进区域一体化发展。根据其建设方案，未来珠三角大数据综合试验区将在3个方向实现突破：一是打造大数据综合应用引领区，推进政务和民生领域的大数据应用。二是打造大数据创业创新生态区，推动基于大数据的创业创新，构建富有活力的大数据创业创新生态体系。三要打造大数据产业发展集聚区，建设大数据产业园，培育大数据骨干企业。

依托广州、深圳等地区的电子信息产业优势，珠江三角洲地区发挥广州和深圳两个国家超级计算中心的集聚作用，在腾讯、华为、中兴等一批骨干企业的带动下，逐渐形成了大数据集聚发展的态势，将成为我国重要的大数据产业集聚区域。

二、发展特色

（一）建设政府数字统一开放平台

完善的信息基础设施和数据资源的整合、共享和开放是充分挖掘利用大数据价值的前提。《广东省促进大数据发展行动计划》明确提出，将建设全省统一的电子政务数据中心，搭建省、市电子政务云平台，并构建从省到乡镇的四级政务网络体系。在数据采集、整合、共享和开放方面，制定出台了《广东省政务服务大数据库建设方案（2016—2017年）》，推动建设全省统一的政务大数据库，并完善省政务信息资源共享平台，实现省、市、县（市、区）三级政务数据的共享与交换，推动政府数据共享。

广东省政府数字统一开放平台“开放广东”于2016年10月26日正式上线启用，首批开通了信用、交通、农业、经济、信息化、文化和国土等7个领域共104个数据集，10个数据应用和8个数据接口，方便公众和企业对接使用。计划到2020年底，“开放广东”平台将在零售服务等重点领域开放500个以上的政府数据集，形成50个以上的开放数据应用。

广州市率先出台《广州市政府信息共享管理规定实施细则》（以下简称《细则》），贯彻落实国家推进政府信息共享的部署。政府数据统一开放平台于2016年10月20日正式上线，该平台首期开放46个政府职能部门的300多项数据集，涉及道路交通、教育科技、民生服务、企业服务等14个重点领域。设置有数据目录、数据分析、地图服务、应用服务、开发服务、互动交流、网站统计七大栏目。此外，东莞市近期也在《东莞市大数据发展实施方案》

中明确，将为社会公众提供统一的数据访问入口。

（二）拓展大数据创新应用

提升政务服务水平。加快建设广东省网上办事大厅，推动“一站式”办理，“一表式”填报和“一门式一网式”服务。推动项目并联审批，形成网上审批大数据资源库，实现统一受理、同步审查、信息共享和透明公开。到2020年，全面普及省网上办事大厅手机版、企业专属网页及市民个人网页。

社会治理更加精准。在企业监管、质量安全、节能降耗、环境保护、食品安全等领域，开展大数据试点示范应用，依托广东省市场监管信息平台，加强事中事后监管和服务。建设安全生产大数据平台，加强安全生产监管和服务。

在民生服务方面，通过加快交通运输、社会保障、环境保护、医疗健康、教育、文化、旅游、住房城乡建设、食品药品、气象等领域的大数据应用，提高服务质量，惠及更多百姓。到2020年，建成互联互通的医疗健康大数据平台，实现卫生计生一网覆盖和政府社会资源融合；大数据在农业和气象领域广泛应用；珠三角实现对80%交通基础设施的智能感知覆盖，基本建成综合运输公共信息服务大数据中心；全省100%人社业务数据实现省级集中管理。

发展工业大数据。在工业领域，将运用大数据驱动智能制造加快发展，推动互联网与制造业融合发展，加快实施“中国制造2025”。根据建设方案，到2020年，珠三角建成15个左右省级以上基于大数据的协同性工业设计中心；建成30个左右“数据工厂”，推动以“机器换人”为重点的生产线智能化改造，构建“数据驱动”的生产和管理运营模式并逐步推广；80%以上的大中型制造业企业普遍运用大数据技术开展高效的供应链管理；超过80%的大中型制造业企业运用大数据开展市场营销活动并取得显著成效。

运用大数据促进创业创新。支持大型互联网企业及基础电信企业向大数据领域的中小微企业和创业团队开放接口资源、数据信息、计算能力、研发工具等，降低创业的技术和关键资源获取成本。目标到2020年，珠三角建成20个左右大数据新型创业孵化平台，支撑1000个以上创新创业项目落地；建成20个左右大数据能力开放平台，吸引10万家以上中小微企业和创业团队接入；建成5个以上大数据产业孵化基地；每年举办2场以上大数据创新创业大赛，支持100个以上优秀创新创业项目落地转化。

（三）促进大数据产业集聚发展

珠三角是我国最重要的信息化产业集聚区域之一，也是实施大数据国家战略的重要阵地。广东省委、省政府历来高度重视大数据发展，积极组织开展了第一批省级大数据产业园、大数据创业创新孵化园推荐工作，推动大数据集聚化发展。经过评选，中山美居智能制造大数据产业园、广东福能大数据产业园、肇庆大数据云服务产业园、深汕特别合作区数据产业园、云浮市云计算大数据产业园、广东省健康医疗大数据产业园、广州开发区大数据产业园、江门市“珠西数谷”升级大数据产业园等8个大数据产业园，广东移动大数据创业创新孵化园、中科云智大数据创业创新孵化园和全通星海孵化园等3个大数据创业创新孵化园成为第一批省级大数据产业园、大数据创业创新孵化园培育对象。

到2020年，珠三角建设10个左右大数据产业园，争创3—4个国家级大数据产业园；培育8家左右大数据核心龙头企业，150家左右大数据服务、产品制造和应用骨干企业；建成10家以上具备较强实力的大数据研究机构。

（四）建设数据交易平台

华南首个数据交易服务平台——“广数Datahub”（www.gzbdex.com）于2016年6月正式上线运营。平台以跨境电商、物流、金融、交通（航运）四大领域作为重点，紧密切合广州“三中心一体系、三大战略枢纽”的战略布局，力争通过促进相关领域数据的流通与变现，带动商贸、物流、金融等高端要素在广州集聚，进而辐射华南和全国。该平台是目前国内首批具备数据交易、大数据流通和共享交易功能的线上平台之一，能为大数据产业链上相关企业实现数据变现提供需求发布、数据导航、数据订购等九大服务。2016年，“广数Datahub”平台会员数量预计超过3000家，数据交易将超过100笔，交易额突破3000万元。

第二十一章　上海市

上海市是四个区域示范类综合试验区之一，发展定位是积极引领东部、中部、西部、东北等“四大板块”发展，着力于数据资源统筹，加强大数据产业集聚发展，发挥辐射带动作用，促进区域协同发展，实现经济提质增效。作为信息化与智慧城市领先发展城市，上海拥有信息化技术发展好、数据资源丰富和相关产业集聚等优势，初步形成了“交易机构 + 产业基金 + 创新基地 + 发展联盟 + 研究中心”五位一体的综合推进体系。在 2012 年 6 月，上海就设立全国首个政府数据服务网站——上海市政府数据服务网，囊括经济建设、城市建设、资源环境等 11 大类数据。目前上海已成为国内领先的集数据贸易、应用服务、先进产业于一体的战略高地。

一、整体概况

上海市是 2016 年 10 月成立的四个区域示范类综合试验区之一。其发展定位是积极引领东部、中部、西部、东北等“四大板块”发展，着力于数据资源统筹，加强大数据产业集聚发展，发挥辐射带动作用，促进区域协同发展，实现经济提质增效。上海市已经形成了由经信委、国家发改委、网信办、科委等四个部门组成的工作机制，将围绕自贸区建设和科创中心的建设两大战略，从推动公共治理大数据的应用、推动大数据的科技创新和基础性治理的工作和研究、推动大数据与公共服务基层社会治理相结合、进一步加强与长三角地区和长江经济带城市的合作四大方面推动大数据发展。

作为信息化和智慧城市领先发展城市，上海拥有信息化技术发展好、数据资源丰富和相关产业集聚等优势。根据相关数据，市政府数据服务网站开放数据集超过 3000 项，形成 3—5 个大数据产业基地，引进和培育 50 家以上大数据骨干企业，数据驱动型产业经济总量达到千亿级别。上海积极部署大数据产业发展，率先成为国内领先的集数据贸易、应用服务、先进产业为一体的战略高地。2013 年，上海市科委出台《上海推进大数据研究与发展三年行动计划（2013—2015 年）》，聚焦推进医疗卫生、食品安全、智慧交通等 6 大行业大数据公共服务平台和金融证券、互联网、制造业等 6 个重点领域大数据商业应用。另外，上海市委、市政府《关于加快建设具有全球影响力的科技创新中心的意见》、上海“十三五”规划纲要等重要政策均列入了大数据发展内容。2016 年 10 月，《上海市大数据发展实施意见》发布，全面推进本市大数据应用和产业发展，助力精准施策、供给侧结构性改革和经济发展方式转变。《意见》提出要基本形成高端智能、新兴繁荣的大数据产业发展新生态和“大众创业、万众创新”的产业驱动新格局。大数据核心产业产值达到千亿元级别，建成 3 家大数据产业基地，培育和引进 50 家大数据重点企业，形成一批服务经济社会民生的大数据融合发展新业态。

二、发展特色

（一）具备优越的基础资源和产业发展基础

在基础设施方面，已完成 910 万户光纤到户，用户超过 450 万；WLAN 接入热点 14.2 万个，i-Shanghai 接入场所 900 处；3G、4G 用户总数达到 2211 万户，基本形成全域数据采集和传输网络。在数据资源方面，建立了 2400 万实有人口库，190 万户法人单位数据库，全市陆域高分辨率空间地理基础信息库，政府数据资源目录数 1.5 万条、数据项 21 万个；拥有世界最大的医联数据共享系统 3900 万就诊人群健康档案、4800 万张交通卡和每天 30GB 交通流量数据。在产业基础方面，拥有世界第一的货物和集装箱吞吐量、亚洲第二的证券交易额、16000 亿元的电子商务交易总额。电子信息、软件和信息服务业产业规模双双突破 5000 亿元，形成了星环科技、晶赞科技、筑想集团、华院数据、星红桉数据、宝藤医学等一批在专业领域具有影响力的大数据企业。

（二）推动公共数据开放共享

上海在公共数据的共享开放上领先全国。早在 2012 年 6 月，上海就设立全国首个政府数据服务网站——上海市政府数据服务网，囊括经济建设、城市建设、资源环境等 11 大类数据。2016 年 3 月，制定发布了《上海市政府数据资源共享管理办法》，促进政府数据资源开放共享，初步形成了以电子政务云为载体，以基础数据库为支撑，以政府数据资源目录为主线的数据共享的工作思路。目前，根据相关统计，上海数据资源的开放的内容已经涵盖了经济建设、资源环境、教育、科技、道路交通、社会发展、公共安全、文化休闲、卫生健康、民生服务、机构团体、城市建设、信用服务等 12 个重点领域，累计开放数据资源超过 900 多项，积极覆盖了各个部门的主要业务范围。

（三）形成五位一体的综合推进机制

依托“政府引导、市场主导”的发展原则，上海大数据发展初步形成了“交易机构 + 产业基金 + 创新基地 + 发展联盟 + 研究中心”五位一体综合推进体系。

商业数据流通方面，以上海数据交易中心为核心，通过国有控股、混合所有制和市场化运营方式，推动商业数据衍生产品交易实现数据流通创造新价值。交易中心建设了面向应用场景的在线连续自动化交易平台，电子交易系统自 2015 年 9 月上线内测以来，实现，电信、联通、数据公司晶赞科技、星际大数据、东方航空等 20 余家行业龙头企业和机构的在线数据交易，月交易额突破 1000 万元。数据交易品的组织设计上，上海数据交易中心开设了营销应用与征信应用两大应用板块，对三十个数据单品进行挂牌。对于营销应用方向，数据单品主要包括了性别推测、年龄段推测等基础信息推测和浏览行为偏好列表、电商购买意向列表、应用使用偏好列表等列表以及汽车、母婴、金融三大行业的特有数据单品。在征信应用方面，交易平台主要的数据单品方向为身份要素验证。为保证数据流通安全，上海数据交易中心创新数控分离机制，实现其平台上的交易进行全过程把控，从源头上禁止所有不合法数据进入交易系统，并在交易中实施大数据配套生态并联合研究机构进行第三方评估，交易结束后依照数据使用许可协议监督进行审计，从而加强风险管控。

产业基金方面，成立大数据产业发展基金，为企业的创新创业提供良好的生态，目前已筹集约 10 亿元资金。静安区出台大数据发展配套政策，设立财政专项资金和大数据产业投资基金。杨浦区设立 10 亿元创新创业政府引导基金，与社会资本合作，设立创业投资母基金、直投基金、跟投基金，以及投贷联动引导资金。

产业集群方面，将上海市大数据产业基地作为重要载体，推动大数据产业创新与企业向基地集聚。位于静安区市北高新园区的上海市大数据产业基地是上海首个大数据基地，同时也是上海数据中心密度最高的地区，大数据产业生态日趋完善，加快构建以自主创新为特征的大数据产业集群，打造上海最具发展活力和潜力的大数据产业高地。基地引进了上海数据港、鹏博士、万国数据、荣之联、易可思复高、上影特艺等多家领军企业，集聚了中国电信、中国联通、中国移动等近20家通信运营商，腾讯、阿里巴巴等近40家互联网企业以及30多家金融业企业的数据中心，并与微软、戴尔、甲骨文、英特尔等全球知名企业签署了战略合作协议。另外，位于上海杨浦的大数据创新基地，积极推动大数据产业与本区知识密集型现代服务业、互联网新经济等战略性新兴产业和其他传统优势产业的融合发展，打造大数据技术创新的产业链上下游。

联盟建设方面，成立上海大数据联盟为纽带，促进大数据产业链协同和区域合作。上海大数据联盟是上海市经济信息化委、上海市科委在整合现有联盟资源的基础上，联合指导成立的由大数据领域相关的资源、技术和应用等方面机构自愿组成的非营利性联合体。目前，联盟注册会员已超过400家。在人才实训方面，以上海开放数据创新应用大赛为抓手，促进大数据人才培养。会同市交通委，以城市交通为主题，举办上海开放数据创新应用大赛（SODA），开放1000GB的大赛专用数据集，得到社会各方广泛关注，共有817个团队提交创意作品505个。

产业技术创新方面，依托大数据研究中心，实现大数据关键技术突破。目前，上海交大、复旦大学、同济大学、华东理工等10余所沪上高校已设立大数据研究院或大数据研究中心，在分布式处理框架、多源数据融合分析、流计算、现场计算等领域取得了积极的进展。成立上海市大数据技术与应用创新中心，创新中心以城市精细化管理为牵引、以大数据软件开源社区为抓手、以政务大数据共享为推动力，充分整合产学研用资源，促进政校企联合创新，推动上海大数据产业创新发展。

第二十二章　河南省

河南在2016年10月获批建立国家大数据综合试验区。河南省大数据基础雄厚，农业、经济、人口交通及社会民生等领域数据资源丰富，互联网和移动互联网规模方面均居全国前列。河南省政府将大数据、云计算及其相关产业列为全省重点发展的战略性产业，先后出台了《河南省云计算大数据开放合作建议方案》《河南省“互联网＋”行动实施方案》等政策措施。截至2016年，河南省已经与阿里巴巴、腾讯、360等互联网巨头开展战略合作，这些企业在政务、工业、农业、制造服务、生活服务等诸多领域创造出了众多优秀的大数据产品、服务和应用解决方案。依托独特的区位、环境、资源产业等优势，河南省建设以“两区两基地”为支撑的国家大数据综合试验区，其中两区指的是国家交通物流大数据创新应用示范区和国家农业粮食大数据创新应用先行区，两基地是指国家中部数据汇聚交互基地与全国重要的大数据创新创业基地。

一、整体概况

河南是我国人口第一大省，经济总量居全国第五位，拥有着极具开发价值的数据资源和市场优势。特别是航空、铁路、公路、港口信息在郑州航空港经济综合实验区加速汇聚，粮食生产、流通、加工数据历史长、数量大、类型多，人口数据和社会治理数据不断丰富完善，为开展经济运行、产业转型、民生服务大数据应用提供了有力支撑。当前，河南正处于工业转型升级、城镇化加速推进的关键时期，经济的加速发展和社会治理模式的逐步改进，为河南发展大数据产业提供了广阔的市场空间。

政策密集发布，支持大数据产业发展。2016年10月，国家发展改革委、工业和信息化部、中央网信办发函批复，同意河南省建设国家大数据综合试验区。河南成为继贵州之后第二批获批建设国家级大数据综合试验区的省份之一。为推动河南省大数据产业快速发展，河南省政府将大数据、云计算及其相关产业列为全省重点发展的战略性产业，先后出台了《河南省云计算大数据开放合作建议方案》《河南省“互联网+”行动实施方案》等政策措施。2016年4月出台的《河南省国民经济和社会发展第十三个五年规划纲要》中明确提出河南将建设成网络经济大省，实施大数据发展战略。

数据资源日益丰富，基础设施不断完善。河南省大数据基础雄厚，农业、经济、人口交通及社会民生等领域数据资源丰富，互联网和移动互联网规模方面均居全国前列；2016年河南省信息社会指数同比增长4.69%、信息经济指数同比增长5.22%，均居全国第4位，中部六省首位。2012年至2016年间，信息社会指数和信息经济指数年均增长速度分别居于全国第五位、第二位和中部六省首位。河南省高速光纤宽带网络、新一代移动通信网络规模居全国领先地位，为河南大数据应用提供了强有力的网络基础支撑。

重点企业加速聚集，产业环境不断优化。截至2016年，河南省已经与阿里巴巴、腾讯、360等互联网巨头开展战略合作，云服务能力持续增强，与阿里巴巴共建的中原云平台已正式运行，与腾讯合作建设的微信“城市服务”入口已率先在郑州、洛阳等城市开通。河南省是全国数据中心建设布局二类地区，浪潮、微软、阿里巴巴的云计算数据中心项目纷纷在郑州落地，中国联通、中国电信、奇虎360也先后在河南省布局建设大型数据中心，其中中国联通中原数据基地一期工程、洛阳奇虎360云计算产业园一期工程1号数据中心已投入运营，形成了较强的服务能力。2016年6月，中国移动通信集团河南有限公司与洛阳市签订战略合作协议，双方将携手建设中原大数据云计算中心项目，以加快各领域信息化应用发展，推动信息资源整合共享，促进大数据云计算产业发展，把洛阳打造成为中原地区大数据产业发展新高地。大数据服务平台方面，河南的中华粮网、世界工厂网等一批行业服务平台在国内具有较大影响力，此外还有河南工业云、豫教云、健康河南卫生服务云、旅游云等一批行业云及大数据平台正在快速建设中。

面临的问题。河南省大数据拥有雄厚的发展基础，但同时也面临着一些问题：一是管理体制规范，没有成立大数据产业的统一领导机构，存在政出多门、重复建设、权力分散和执行效率低等；二是数据资源合作共享机制不完善。政府部门、企业之间存在行业壁垒，没有建立规范的数据采集、共享机制，导致数据资源共享程度不高，应用规模较小且分散，数据价值挖掘不足等问题；三是大数据服务尚处起步阶段导致相关核心技术和商业模式未出现关键性突破；四是政府在大数据产业相关机构设置、人才激励、财政预算等方面缺乏统筹规划。由于我国大数据产业发展仍处于初期阶段，这些问题具备一定的普遍性。

二、发展特色

（一）依托地方优势加强“两区两基地”建设

河南省重点提高大数据在各领域的应用水平，加快把独特的区位、环境、资源产业等优势转换为竞争优势。河南省建设以“两区两基地”为支撑的国家大数据综合试验区，其中“两区”指的是国家交通物流大数据创新应用示范区和国家农业粮食大数据创新应用先行区，“两基地”是指国家中部数据汇聚交互基地与全国重要的大数据创新创业基地。国家交通物流大数据创新应用示范区建设将依托郑州航空港经济综合实验区，打通航空、铁路、公路、港口等部门的信息数据壁垒，推动交通物流要素的整合、共享、协作开发和高效利用，为我国交通物流体系建设中的大数据应用提供示范；国家农业粮食大数据创新应用先行区建设将依托国家粮食生产核心区，深化大数据在粮食生产、加工、流通等环节中的创新应用；国家中部数据汇聚交互基地建设将依托郑州国家级互联网骨干直联点，统筹布局，整合资源，集约建设绿色大型区域公共数据中心；而大数据创新创业基地将结合实施“互联网 +”行动、信息惠民工程和智慧城市建设，开展政务服务、健康医疗、养老服务、智慧旅游和公共安全等大数据应用试点，打造大数据创新创业高地。在建设规划方面，河南省将以建立数据资源交换共享机制、统筹大数据基础设施建设作为两大基础支撑，并以实施多式联运现代物流大数据应用示范工程、现代农业粮食大数据应用示范工程、电子商务大数据应用示范工程、经济运行大数据应用示范工程、制造业大数据应用示范工程、“一号、一窗、一网”政务服务示范工程、益民服务大数据应用工程等七大重点试验工程为抓手，突破大数据产业发展的瓶颈。

（二）大力推广行业大数据应用

河南省经过多年的信息化发展，各个行业也积累了大量的大数据资源，并拥有了一大批本地的优秀大数据企业，这些企业在政务、工业、农业、制造服务、生活服务等诸多领域创造出了众多优秀的大数据产品、服务和应用解决方案。

在政务和民生方面，安阳市成立的安阳大数据云计算中心，搭建了政务云、民生云、企业云、物联网云四个平台，是国内地市级最大、运算速度最快的云计算中心。通过政府部门的入驻，云平台大大提升了工作效率，并打造了教育、医疗等一站式生活服务平台，未来将进一步实现协调办公一网通、群众办事一站通、智慧医疗一卡通、便民服务一号通等项目。此外，还有河南金鹏实业有限公司自主研发的“网格化”社会公共管理信息平台是融 MIS、GIS、移动互联为一体的大数据应用软件，其承建的郑州市社会公共管理信息平台，是郑州市“三大主体”工作之一。

在电信方面，河南省的呼叫产业在基于大数据的精准营销和个性化推介方面发展迅速；中国移动河南公司将投入 26 亿元加快洛阳呼叫中心项目建设，预计 2018 年底完工，建成后可提供 2 万个呼叫座席，将成为中国移动通信集团公司集客服、管理、交流及展示、公共服务等于一体的综合性基地。

在制造业方面，郑州悉知信息科技股份有限公司运营的世界工厂网是工业品和原材料领域的电子商务服务大数据应用平台。该平台重点帮助中国制造型企业通过互联网实现转型升级、快速发展。“世界工厂网”通过网络搜索和流量转换，运用大数据分析对用户进行查找和定位，并对工业品原材料细分行业的采购、供应数据进行不同维度的统计分析，通过精准定位有效解决传统企业采购过程中的难题，使企业销售目标获得有效、可控的电子商务实现。

在农业生产方面，河南腾跃科技有限公司打造了农作物精准生产物联网应用云平台。该平台通过实时采集农田温度、湿度、风力、大气、降雨量等数据信息，监视农作物灌溉、土壤和空气状况变更，并通过智能分析与联动控制功能，根据需求随时进行智能决策指挥，及时精准地满足农作物生长各项指标要求，实现现代农业的综合信息采集、监测分析预警、决策指挥调度以及智能管理，使农作物生长完全遵循人工调节，达到大幅增产、优质生产的目的。

在医疗健康方面，郑州新益华医学科技有限公司开发的新型农村合作医疗综合管理平台，针对农合医疗大数据进行了采集、存贮、处理、提取、传输、汇总和加工等各种处理，并实现了相应的决策分析。

在物流方面，河南万里信息技术有限公司开发和运营的万里物流信息平台，可以针对物流形成的海量信息进行挖掘管理和决策分析。此外，还有河南大一物流集团有限公司运营的马帮“云服务”互联网+物流货运一站式信用支付平台项目。

在教育方面，郑州威科姆科技股份有限公司开发的中小学教与学过程大数据分析及评价服务平台主要包含题库系统和教与学过程（大数据）智能分析系统及教学可视化应用空间三大模块。平台依据每个学生常态化教学课堂练习、教师布置的在线作业等活动进行教与学的智能分析，为每个学生智能地生成知识图谱，方便教师精准教学、学生精准提分、家长精准辅导。该平台已在全国部署27个省级云平台，构建了全国最大的教育资源云（教育大数据公共服务平台），在中小学在线教育市场占有率全国第一。

第二十三章　重庆市

重庆2016年成功获批国家大数据综合试验区。自2013年以来，重庆市制定推出《大数据行动计划》《进一步加快全市大数据发展的工作方案》等相关政策，以加快建设有国际影响力的大数据枢纽与产业基地。为加快大数据产业发展，重庆市成功引进华大基因大数据、美国微软大数据学院等大数据重点项目，同时推动誉存、云威、智慧思特等本地企业快速发展，促进大数据产业链的加速完善。仙桃数据谷是重庆大数据产业发展的重要载体，围绕智慧经济的核心技术需求，以“大数据、小传感、海存储、云应用”为技术前沿，构建“3+8+N”产业体系。同时，仙桃数据谷与美国西亚斯集团、重庆邮电大学共同建设了大数据学院，加快培养大数据创新人才。同时，重庆大数据在医疗卫生、社会保障、教育文化等应用的加速落地。

一、发展概况

重庆市早在2013年就制定了《大数据行动计划》，该政策提出要加快大数据产业布局，将重庆建设成为有国际影响力的大数据枢纽及产业基地。2014年3月，渝北区围绕重庆大数据产业布局，为决定培育发展先导性前沿科技产业，构建具有国际竞争力的创新生态圈，重庆市政府第40次常务会研究决定规划建设仙桃大数据产业园，以更快地适应全球大数据和智能硬件产业快速崛起趋势。2015年底以来，重庆市抢抓云计算、大数据、“互联网+”等新兴热点，先后出台《重庆市“互联网+”行动计划》《进一步加快全市大数据发展的工作方案》《关于培育和发展分享经济的意见》等一系列政策，促进重庆市大数据等软件产业快速发展。2016年，为加快大数据产业发展，重庆市成功引进华大基因大数据、美国微软大数据学院等大数据重点项目，同时，誉存、云威、智慧思特等本地企业也逐渐发展起来，推动重庆市大数据产业链的加速完善，并成功获批国家大数据综合试验区，以期引领西部板块大数据产业发展。

二、发展特色

重庆市采取三方面举措打造大数据产业集群：一是高位规划，布局“3+8+N”产业体系；二是多方合作共建，与西亚斯集团以及重庆邮电大学共建大数据学院，建立大数据成果交易平台，打造国际精品与前沿科技产品O2O新型商业形态和跨境第三方支付平台；三是形成产业集群，与微软、ORCALE、华大基因、科大讯飞、海云天等上百家企业达成协议。

（一）仙桃数据谷布局“3+8+N”产业体系

仙桃大数据产业园（简称“仙桃数据谷”）于2014年4月正式启动，面积1.77平方公里，规划建筑面积160万平方米，2017年底基本建成，重点布局大数据、小传感、海存储、云应用四大产业板块，发展金融大数据、健康大数据、教育大数据、跨境电商等高附加值产业。同时，仙桃数据谷面向国际大数据相关产业及国际大数据龙头企业进行招商，集聚全球资源，运用全球市场。到2020年，仙桃数据谷要引进龙头企业30家，核心企业300家，总部注册企业100家，园区实现企业收入1000亿元。

重庆市依托仙桃数据谷快速发展大数据产业。按照“产城融合”的建设发展思路，仙桃数据谷围绕智慧经济的核心技术需求，以“大数据、小传感、海存储、云应用”为技术前沿，重点布局感知、存储、数据挖掘三大核心产业，前沿消费行为大数据平台、移动计算解决方案平台、机器人图像芯片设计平台、全套3D打印平台、智能样机生产平台、智能语音识别系统平台、外观设计平台、智能样机营销平台等8大平台，以及金融、航空、健康、教育、工业、设计、商务、城市管理N个领域大数据应用产业（即“3+8+N”产业体系），引领大数据时代下前沿智慧产业发展方向，产业大类分为VVAR和大数据两大产业，目标企业包括大数据、虚拟现实、无人机、服务机器人、智能穿戴、智能终端的行业龙头。

表 23-1 2016 年仙桃数据谷大事记一览表

时间	事件描述
1 月	金电联行落户仙桃国际数据谷； 数据谷生活美学街正式对外运营； 中科曙光与 VMWARE 成立合资公司，在仙桃国际数据谷设立全球总部开展经营活动； 举办“智能样机创新中心进高校”主题活动，渝北区与重庆邮电大学签订战略合作备忘录。
2 月	美国高通公司与中科创达成立合资企业重庆创通联达智能技术有限公司入驻。
3 月	融控科技、易见联科技等企业入驻 ARM 产业生态圈。 重庆 ARM 生态产业园揭牌并成立集成电路产学研创新联盟，落户仙桃数据谷； 安创空间重庆公司落户仙桃国际数据谷，打造创新硬件生态圈。
5 月	成功召开 2016 虚拟现实国际高层互动峰会，11 家 VR 企业签约仙桃国际数据谷。

资料来源：赛迪智库整理，2017 年 2 月。

（二）加强智慧重庆建设

2016 年 8 月，重庆市政府与国家测绘地理信息局合作，签订了时空信息大数据服务发展战略合作协议，使重庆市时空信息大数据的获取、集合、处理、开放及管理能力得到全面提升，并在此基础上夯实了“智慧重庆”建设信息基础。同时，重庆市建设了以综合市情系统、城乡规划综合数据库、交通决策支持系统为重点的三个大数据平台，有效推进智慧城市建设。

重庆市社会公共信息资源整合与应用“3 + 1 + X”体系中的“1”平台，即指综合市情系统，包含数据标准、共享数据资源库、软件系统、共建共享机制等主要建设内容。该系统在市发改委重点项目管理、两江新区市场监管等工作中开展了试点应用，有效提升了政府宏观决策、社会治理、公共安全等的信息化、智慧化水平。此外，城乡规划综合数据库主要利用城乡规划全覆盖和“多规合一”的契机，整合叠加各类规划数据，构建了一个涵盖规划研究、规划编制、规划实施管理、多部门共享的规划管理信息平台，奠定了“智慧规划”基础。交通决策支持系统则集成了市级相关部门、企业交通人流数据、市民出行调查数据以及分布流动情况等，有助于重庆市交通管理部门全面掌握交通供给、需求及运行情况，以此来分析交通规划实施、交通运行存在的问题，并提出决策建议，奠定“智慧交通”基础。

（三）提升数据行业应用能力

重庆渝北区政府与微软（中国）有限公司、微软亚太科技有限公司签署共建重庆大数据平台的战略合作备忘录，三方在大数据平台、大数据学院、创新孵化加速器平台、大数据体验中心领域方面展开全面合作。合作通过汇聚各行业领域数据资源，发挥大数据在医疗卫生、社会保障、教育文化、交通旅游、资源环境、工业经济、农业生产、商贸物流、公共安全、社会生活等领域的作用。

表 23－2　2016 年重庆大数据平台数据应用一览表

案例名称	案例详情
互联网大数据舆情监控	基于微软大数据技术构建的互联网舆情监控服务，通过监控互联网媒体发布的新闻数据和社交媒体发布的文本内容，利用热点预测、情感分析、文本聚类等大数据分析算法，实现对针对重庆地区的互联网舆情的预测、监控和分析。
智能小医生－MS Doctor	运用自然语言处理技术与机器学习方法，通过对大量病例资料的分析、提取、训练，构建了一个医疗疾病诊断模型，系统通过对用户输入进行分析、提取、量化和预测过程，对病人病情有一个初步的判断。
医药宝	将患者基本数据、电子病历、诊疗数据、医学影像数据、医学管理、经济数据、医疗设备和仪器数据等汇集到云端，帮助医生和科学家研究人体构造、疾病治疗、进行模拟实验等。
车安大数据	通过对油耗、里程、车速的数据、加减速数据、紧急制动和紧急启动的数据、转弯行为数据、驾驶者行为数据等的收集与分析，对行车人员进行预警、指导和保障。
智慧交通大数据平台	基于实时交通报告数据侦测和预测拥堵情况。

资料来源：赛迪智库整理，2017 年 2 月。

（四）加强培育大数据创新人才

仙桃数据谷与美国西亚斯集团、重庆邮电大学共同建设了大数据学院，学院规划用地面积约 2.6 万平方米，包含大数据学院体验中心、大数据学院主楼、精品酒店及人才公寓，总建筑面积约 14 万平方米。

大数据学院由重庆邮电大学提供科研、师资、技术等资源并主导日常教学，并由美国西亚斯集团整合国际资源，提供技术、企业资源、科技成果等支撑。学院聘请哈佛大学知名教授担任名誉院长，并与新加坡国立大学等协作提供定制化的专业课程，主要开展短期或中期职业资格培训及研究生培养。其中，职业培训设置大数据及其关联产业的技术、管理、金融三类课程，培养掌握前沿大数据技术、拥有实践经验的人才。此外，渝北区政府还与微软（中国）有限公司、微软亚太科技有限公司签署了战略合作备忘录，三方在大数据平台、大数据学院、创新孵化加速器平台、大数据体验中心等领域展开了全面合作。大数据学院创新办学模式，为企业提供大数据核心尖端技术人才；大数据成果交易平台提供大数据技术与产品检测、认证、中试、知识产权、成果交易全流程服务；跨境第三方支付平台整合跨境电子支付、交易认证、结算及供应链金融、互联网金融平台体系为企业提供金融结算服务。目前，微软已确定将微软（重庆）大数据技术及产业创新基地、微软 IT 学院两大项目落户仙桃数据谷，并将采取“境内 + 境外”“线上 + 线下”“教学 + 实训”及国际协同招生的模式办学，国内学员可通过线上教育学习国外的课程。

第二十四章　沈阳市

沈阳市是东北地区唯一、副省级城市中唯一的国家大数据综合试验区。沈阳市作为东北老工业基地和全国新型工业化配套试验改革试验区，肩负着东北新一轮振兴发展的历史使命，其大数据产业发展将主要注重推动大数据在工业产品生产制造的全生命周期和全产业链各环节的应用，通过工业大数据推动两化深度融合，助推传统产业转型升级，进而打造国家级工业大数据示范基地。沈阳市已经探索出一条以融合创新为主线的工业大数据发展路径，截至2016年底，沈阳市建立了以铁西为试点，以国信优易公司牵头，集成五个发展模式，构建的“一中心、一平台、一基地、一研究院”的沈阳工业大数据应用生态体系。未来在国家大数据综合试验区的建设过程中，沈阳市将以推动工业云、工业互联网、工业大数据发展为重点，以市场为导向，以应用为切入点，开展智能制造创新应用示范，加快工业转型升级，推动工业大数据产业成为新的经济增长点。

一、整体概况

沈阳市是2016年10月成立的四个区域师范类综合试验区之一，是东北地区唯一、副省级城市唯一的国家大数据综合试验区。其发展定位是围绕东北老工业基地新一轮振兴的战略目标，立足沈阳、带动辽宁、辐射全东北，将沈阳市国家大数据综合试验区打造成为带动辐射效应强、示范引领作用显著的国家大数据示范基地，推动大数据产业区域协同发展，为全面创新改革和振兴东北老工业基地作出应有贡献。2016年11月，沈阳市国家大数据综合试验区建设正式启动，沈阳市将把发展大数据产业作为推动沈阳市产业结构调整和发展方式转变的重要抓手和支撑，注重数据资源统筹、整合与开放，重点推动工业大数据、公共服务大数据、社会治理大数据等创新应用，加强大数据产业集聚发展。

沈阳市作为国家全面创新改革试验区、国家级两化融合试验区、国家电子商务示范城市、东北地区中心城市和沈阳经济区核心城市，区位优势明显，并且已经积累了丰富的改革创新经验，形成了较雄厚的大数据产业基础和较完善的基础设施。此外，沈阳市政府高度重视大数据产业发展，将其列为沈阳市的“一号工程”，组建“沈阳市大数据管理局”，将大数据发展确定为智慧城市“一体两翼”发展的主体，组建以市政府控股、专业公司参股的沈阳大数据运营有限公司，并于2016年2月发布了《沈阳市促进大数据发展三年行动计划（2016—2018年）》，为大数据产业发展奠定了坚实基础。

未来几年，沈阳市的大数据产业将进入黄金发展期。预计到2020年，沈阳市大数据发展水平达到国内领先，大数据引领传统产业转型升级的步伐将不断加快，以智能制造为核心、具有国际竞争力的装备制造业基地将逐步形成，大数据布局日臻完善。政府和企事业单位的数据不断开放，大数据技术能力不断提升，大数据产业链不断完善，大数据产品及解决方案在政务治理、公共服务以及产业发展等方面广泛应用。加快打造浑南区、沈北新区、铁西区等地的大数据产业带，建设2—3个大数据示范园区，培育10家大数据行业龙头企业，大数据产业从业企业达到200家以上，大数据相关产业规模力争突破1000亿元，引领带动相关产业规模7000亿元，建成国家级工业大数据示范基地，将沈阳打造成为具有国际竞争力的智慧产业先导区、充满活力的区域大数据集聚区和全国智慧城市群典型示范区。

二、发展特色

（一）积极营造产业发展良好氛围

为提升沈阳市大数据集聚、开放和共享水平，营造国家大数据综合试验区建设的良好氛围，沈阳市利用2016沈阳·中国智慧城市（国际）创新大会的平台，加大宣传力度，引导大数据优秀产品、服务和应用解决方案厂商到沈阳市集聚发展，目前已有一批重大项目签约。此外，以2016创新大会召开为契机，沈阳市面向全世界启动开放数据创新应用大赛，大赛将充分调动沈阳市政府和企事业单位的积极性，以政务数据及公共数据为基础，整合社会及互联网数据，围绕数据开放和数据交易，吸引国内外的优秀企业、团队、高校和研究者参赛，并将邀请国内外投资机构对获奖项目进行投资洽谈，助推大数据创新成果转化，培育数据创新氛围，加强数据人才建设，以期建立从数据开放到数据创新再到数据产业的大数据创新发展路径，加速沈阳、辽宁乃至整个东北地区的大数据产业发展。此外，沈阳市还将制定并完善大数据产业发展相关的政策措施，为推动大数据产业健康快速发展提供坚实保障。

（二）着力提升大数据在装备制造领域应用水平

沈阳市将突出特色，重点推动大数据与制造业融合发展，利用大数据推动制造生产要素的整合共享与开发利用，加快工业产业转型升级。2016 年 4 月，国务院印发《关于全面振兴东北地区等老工业基地的若干意见》，明确提出了加快推动东北地区信息化与工业化深度融合以及制造业的智能化改造，促进大数据、云计算、工业互联网等新兴信息技术在企业的研发设计、生产制造、经营管理、销售服务等方面的综合集成应用。沈阳市作为东北老工业基地和全国新型工业化配套试验改革试验区，肩负着东北新一轮振兴发展的历史使命，其大数据产业发展将主要注重推动大数据在工业产品生产制造的全生命周期和全产业链各环节的应用，通过工业大数据推动两化深度融合，助推传统产业转型升级，进而打造国家级工业大数据示范基地。沈阳市已经探索出一条以融合创新为主线的工业大数据发展路径，截至 2016 年底，沈阳市建立了以铁西为试点，以国信优易公司牵头，集成沈阳机床 i5 智能制造模式、中科院自动化所关键技术研发模式、航天云网的工业设计开发模式、美林数据的工业数据交易模式、昆仑数据的机器数据优化模式等五个发展模式的“一中心、一平台、一基地、一研究院”的沈阳工业大数据应用生态体系。

在国家大数据综合试验区的建设过程中，沈阳市将以推动工业云、工业互联网、工业大数据发展为重点，以市场为导向，以应用为切入点，开展智能制造创新应用示范，加快工业转型升级，推动工业大数据产业成为新的经济增长点。2016 年 11 月，由东网科技与航天科工集团旗下的航天数据以及中关村大数据产业联盟共同发起成立的工业大数据研究院东北分院已经在沈阳挂牌成立。为更好地支撑沈阳市国家大数据综合试验区在工业领域的发展，未来，沈阳市将依托三大通信运营商的数据中心以及东网超云平台等资源，加快工业大数据中心建设，发挥本地软件企业、系统集成企业在传统行业领域的解决方案优势，面向汽车电子、装备制造、医药化工等重点领域，提供工业产品设计优化、工艺设计优化、生产过程优化等全流程工业大数据服务。此外，还将遴选沈阳机床、北方重工、沈鼓等重点企业开展工业大数据应用试点示范。

到2020年，在大数据的引领下，沈阳传统产业转型升级的步伐不断加快，工业大数据引领沈阳老工业基地全面振兴，以智能制造为核心的“中国制造2025”的先行区、具有国际竞争力的先进制造业基地和全面创新改革示范区逐步形成。最终引导全省工业产业升级，构建以信息化为支撑、高技术为引导、先进制造业为载体的现代工业产业体系。积累一定大数据核心技术，形成一批大数据优秀产品和解决方案，培养一批大数据产业人才，培育一批大数据骨干企业。

（三）大力推动政府和社会治理模式进步

大数据在完善社会治理、提升政府服务和监管水平方面作用明显。2016年2月，沈阳市印发《沈阳市促进大数据发展三年行动计划（2016—2018年）》，明确指出要打造精准治理、多方协作的“善政”新模式，构建以人为本、公平普惠的“惠民”新体系。沈阳市将利用国家大数据综合试验区建设契机，大力推动政府信息系统和公共数据资源整合、互联互通和开放共享，推进人口、法人、宏观经济、自然资源、空间地理等数据库建设；建设统一的大数据开放平台，加快政府信息平台整合和统筹管理，推动信用、交通、旅游、医疗、养老、商贸流通、教育文化、社保、安全生产、市场监管、质量监管、食品药品安全监管、生态环境保护、气象等领域的数据逐步向社会开放，以企业为主体进行数据分析挖掘，提升社会治理能力、加快民生服务普惠化，并激发商业模式创新，催生新业态，提升沈阳市乃至全省的经济运行水平。

第二十五章　内蒙古自治区

作为我国目前唯一获批建设的大数据基础设施统筹发展类综合试验区，内蒙古具有数据中心建设的良好气候、地质结构、电力等自然条件，是我国唯一既享受国家民族区域自治政策，又享受西部大开发和东北振兴优惠政策的地区，税费优惠，人才引进、创新创业扶持、科研项目申请、科技成果奖励等配套措施齐全，可为大数据产业创造优良的发展环境。近年来中国电信、中国移动、中国联通三大运营商和华为、中兴、曙光、中国科学院等科技巨头纷纷落户内蒙古，建设全国性的大型数据中心。现有服务器装机能力已经突破70万台，居全国第一，初步形成了“两大产业园区、三大数据中心、一批应用和服务”的发展格局。同时，内蒙古大力培育大数据开发及相关应用服务产业，挖掘大数据产业核心价值。

一、整体概况

内蒙古国家大数据综合试验区是我国目前唯一获批建设的大数据基础设施统筹发展类综合试验区。关于内蒙古大数据综合试验区的建设和发展，《内蒙古国家大数据综合试验区建设实施方案》提出两项发展任务，一是加大资源整合力度，强化绿色集约发展，向国内外提供数据存储服务，发挥数据中心的辐射作用；二是加强与东、中部产业、人才、应用优势地区合作，通过发展大数据，实现自身跨越发展。同时指出，内蒙古将以创新为发展大数据的第一动力，坚持以设施为基础、以安全为前提、以资源为根本、以应用为核心，重点打造基础设施、数据资源、产业发展、服务应用、制度保障、人力资源六大支柱，着力实施大数据政务、大数据基础设施、大数据社会治理、大数据公共服务、大数据农牧业、大数据精准扶贫、大数据金融、大数据人才培养、大数据监管等九大重点工程。

依托区位、自然条件、多重优惠政策叠加等优势，内蒙古自治区将大数据、云计算产业作为培育战略性新兴产业的主攻方向，形成较好的发展基础，现有服务器装机能力已经突破70万台，居全国第一。形成以呼和浩特市为核心，包头市、鄂尔多斯市、赤峰市、乌兰察布市为重点的发展格局。呼和浩特“草原云谷”——中国·内蒙古呼和浩特云计算产业基地，聚集中国电信、中国移动、中国联通等一批云计算产业链各环节核心企业和科研机构。全区首个云计算大数据创客中心在和林县开园，近40家创新型企业入驻。2016年颁布了《内蒙古自治区促进大数据发展应用的若干政策》，加快数据中心建设，推动大数据产业发展应用。

经过3—5年的努力，内蒙古自治区将建设成为“中国北方大数据中心、丝绸之路数据港、数据政府先试区、产业融合发展引导区、世界级大数据产业基地”。到2020年，全区云计算数据中心承载能力达到300万台服务器，成为国家级云计算数据中心基地；云计算大数据相关产业规模发展壮大，2020年产业规模达到1000亿元，年均增幅达20%。

二、发展特色

（一）拥有独特的自然条件和区位优势

内蒙古具有数据中心建设的良好自然条件。内蒙古气候条件适宜，年平均气温为0—8℃，适合服务器自然冷却，PUE（能源使用效率）值可以控制在1.4以下，比全国平均水平低0.8—1.6。在中国数据中心产业发展联盟大会的评选中，贵阳市、宁夏中卫市和内蒙古呼和浩特市同时获评“最适合投资数据中心的城市”。内蒙古绝大多数地区地质结构稳定，大部分地区不在地震带上历史上很少发生过破坏性较大的地震等地质灾害，能够保障大型数据中心的稳定运行。内蒙古电力装机居全国首位，蒙西电网形成了全国第一家省级电网独立输配电价格体系，输配电价可直接进行电力市场交易，大规模用电可实施多边交易直供价格，大数据中心用电价格最低仅为0.26元/度，全国最低，电源保障有力。据统计，目前全区大型数据中心服务装机能力已达70万台，居全国首位。其中，华为公司、中兴公司云计算基地分别落户在乌兰察布市和鄂尔多斯市。同时，良好的区位优势有利于服务输出。内蒙古对内靠近京津，毗邻黑、吉、辽、晋、冀、陕、甘、宁八省区，对外接壤俄蒙，拥有两条欧亚大陆桥，既方便对内数据、信息传输，也有利于面向俄蒙、欧洲提供大数据国际服务。

（二）具备政策叠加优势

内蒙古是我国唯一既享受国家民族区域自治政策，又享受西部大开发和东北振兴优惠政策的地区，税费优惠，人才引进、创新创业扶持、科研项目申请、科技成果奖励等配套措施齐全，土地供应充足，人力资源成本低，可为大数据产业创造优良的发展环境。相关财税、土地等政策达到自治区最优惠的水平。如自治区政府出资 20 亿元，引进社会资本设立 100 亿元的大数据产业发展引导基金、建立大数据中心用电价格与大数据中心服务器租赁价格联动机制、对大数据基础设施建设自获利 5 年内免征企业所得税、支持与大数据配套的劳动密集型产品生产、对大数据相关人员获得自治区奖励免征个人所得税等政策。另外，从 2016 年起内蒙古每年安排 5 亿元资金，重点支持大数据基础信息资源库、公共服务平台、关键技术攻关、产业链构建、人才培养等项目，并给予企业税费、用地、电价、人才引进等优惠政策扶持。

（三）建设全国最大数据中心

受优越的气候、地质、能源等条件吸引，近年来中国电信、中国移动、中国联通三大运营商和华为、中兴、曙光、中国科学院等科技巨头纷纷落户内蒙古，建设全国性的大型数据中心。目前，全区在建的云计算数据中心有 10 多处，服务器承载能力已经达到 70 多万台，已经安装服务器 30 多万台。

呼和浩特以建设全国最大的数据中心为目标，初步形成了“两大产业园区、三大数据中心、一批应用和服务”的发展格局。2014 年出台的《内蒙古自治区云计算产业发展规划》提出，要把呼和浩特建成服务于全国的枢纽型云计算产业基地。目前，盛乐和鸿盛两个云计算园区，引进了中国电信、中国联通、中国移动三大运营商，已经建成全国最大的数据中心，投资规模近 500 亿元，已形成 66 万台服务器的承载能力。

另外，包头市引进中科曙光公司建成包头云计算中心，计算能力达到 600 万亿次/秒，存储能力达到 50PB，出口带宽 10GB。已承载市政务云、企业云、公安云、档案云、普法云、中小企业公共服务平台、大数据共享交换平台、智慧社区等56个单位的84项应用。与此同时，鄂尔多斯市引进中兴能源建成绿色数据港，赤峰建成蒙东云计算数据中心。

（四）深挖大数据应用的价值

内蒙古大力培育大数据开发及相关应用服务产业，挖掘大数据产业核心价值。内蒙古环境监测系统在全国率先实现对重点污染源排放的在线监控、视频监控、工况监控“三位一体”的综合监控。35个空气环境质量自动监测站、5个水质自动监测站、20个沙尘暴自动监测站、30个噪声自动监测点的“千里眼”实时传输和分析着大草原的环境质量，组成了“环保部—自治区—盟市—旗县—企业”的环保专网，实现环境监测。

内蒙古魔镜数据科技有限公司开发的“中国乳业大数据平台”系统使全国乳业的各种数据一目了然、便于查询。系统呈现国内大型奶源分布图、各地奶源的日均鲜奶乳蛋白含量、各省乳制品进出口贸易量等。魔镜数据科技还将与内蒙古的牲畜育种、草业企业合作，开发畜种和草业大数据产品。

乌海市蒙宁陕甘毗邻地区警务信息协作平台首创全国公安智慧档案系统，实现与周边省市共享，形成了大数据应用，进一步完善了情报合成作战机制，构建起广覆盖、多途径、多样化的档案信息服务体系。

鄂尔多斯市“智慧政务”云平台已初步建成，实现了全市四级政务服务“一网联通、一窗受理、一站办理、一号服务、一卡通行”的服务模式。目前，全区电子政务大数据平台已将“群众跑腿”变为“数据跑路”，“企业四处找”变为“部门协同办”，为群众办事提供了极大便利，打通了信息孤岛。

企 业 篇

第二十六章　大数据硬件企业

华为作为全球领先的ICT解决方案提供商，高度重视云服务相关软硬件研发的自主创新，积极与电信运营商的开展深度合作，大力推进资源整合，极大地保障了云服务网络安全。浪潮集团在高端服务器、海量存储、云操作系统、信息安全等方面有较强竞争力，注重核心技术、产品的研发与创新，重视海外布局，正逐渐成为全球领先的云计划产品与方案提供商。中科曙光将超算作为立足之本，坚持核心技术安全可控，以上游CPU+下游云服务合力全面推进服务器业务创新发展。同有科技作为国内主要的大数据存储厂商，积极践行军民结合的发展方针，坚持以应用为中心引导大数据存储的变革，坚持自主化可控化，力争打造国产存储品牌。

一、华为

（一）发展概况

华为作为全球领先的信息与通信技术（ICT）解决方案提供商，专注于ICT领域，坚持稳健经营、持续创新、开放合作的发展理念，在电信运营、企业、终端和云计算等领域构筑了端到端的解决方案优势，通过创新的ICT解决方案打造数字化引擎，推动各个行业数字化转型，促进经济增长。公司长期致力于与合作伙伴、友商合作创新、扩大产业价值，构建良性发展的产业生态系统，已经加入了300多个标准组织、产业联盟和开源社区。目前，华为有17万多名员工，业务遍及全球170多个国家和地区，服务全球三分之一以上的人口。2016年上半年，公司实现销售收入2455亿元人民币，同比增长40%，利润率12%。

（二）发展策略

硬件是云计算战略实施的重要基础。从2008年起，华为进军云计算领域，在服务器、存储等硬件设备方面取得了一系列显著成果。在服务器方面，华为公司加大了对关键业务服务器的投入力度，2016 年推出的开放架构小型机 KunLun，成为全球服务器市场最引人注目的产品。由于具有高性能、高可靠、易运维等特点，据 Gartner 统计，2016 年第二季度，华为 X86 架构四路、八路服务器出货量同比增长率高达 143.20%，出货量达到了全球第一。同时，机架服务器和刀片服务器发货量也稳居中国第一。在数据中心方面，到 2015 年底，华为在全球部署了 660 个数据中心，其中 255 个云数据中心，华为长期专注于云计算相关软硬件研发，目前已经在全球部署了 5 个专注于云计算的研发中心，研发人员超过 10000 人。

高度重视软件研发创新。华为在软件方面的研发投入远远超过国内任何一家云服务厂商。公司自主研发了 FusionSphere 云操作系统，更好地实现了软件定义和资源协同管理，同时，为了满足企业用户不断复杂和变化的需求，原有的单一公有云或私有云也无法满足企业业务增值，混合云模式逐渐成为企业市场的主流。2016 年 3 月，华为发布了 FusionCloud Omini 混合云解决方案，实现公有云和混合云之间的互联互通，支持不同的企业业务在不同厂家的私有云和公有云之间的业务灵活迁移部署，完全满足了市场对混合云的需求。

加强与电信运营商深度合作。华为长期保持与电信运营商深度合作，共同面向云计算、大数据等新兴领域联合创新，提供敏捷高效的网络解决方案，助力运营商和企业云化转型。华为弹性大数据服务能够提供 Hadoop、Spark、Spark SQL、HBase、实时流计算、在线分析和机器学习等能力，能够灵活应对数据导入、数据分析和报表展示等各种需求。2016 年 1 月，华为助力中国移动部署 SDN 私有云，加速云化转型。中国移动采用华为云数据中心网络（Cloud Fabric）解决方案，建造集团私有云资源池基地 SDN 数据中心项目，对呼和浩特和哈尔滨的私有云资源池进行优化建设。

推进资源整合，保障网络安全。构筑并实施端到端的网络安全保障体系是公司的重要战略之一，华为在网络安全领域通过并购、战略合作等方式加强资源整合，有效保障网络安全。2016 年 1 月，华为收购两家以色列厂商 HexaTier 和 Toga Networks，将相关业务纳入到公司下一代网络和企业安全产品中。同时，华为与国内大数据安全厂商拓尔思公司加强战略合作，推出拓尔思—华为信息采集、检索等大数据一体机，在信息采集方面，能够实现实时监控、采集 Internet 网站内容，自动对信息进行过滤、分类、排重等智能化处理，全方位信息查询等功能；在检索方面，依托高可靠的体系架构，能够支持自然语言及智能扩展检索，支持 PB 乃至 EB 级大数据的联合检索，能够满足千万级用户的高并发访问需求。

二、浪潮

（一）发展概况

浪潮集团是中国领先的云计算和大数据服务提供商，公司已形成涵盖 IaaS、PaaS、SaaS 三个层面的整体解决方案服务能力，凭借在高端服务器、海量存储、云操作系统、信息安全等方面的优势，能够为客户打造云计算基础架构平台，并提供相关信息化软件、终端产品和解决方案。浪潮集团拥有浪潮信息、浪潮软件、浪潮国际、华光光电四家上市公司，业务覆盖云数据中心、云服务大数据、软件与系统集成、企业管理软件等四大领域，为全球 100 多个国家和地区提供 IT 产品及服务。2016 年前三季度，浪潮信息实现营业收入 89.2 亿元，同比增长 29.4%；净利润 3.29 亿元，同比增长 13.1%。

在服务器领域，据 Gartner 发布的最新全球服务器市场调查报告显示，2016 年前三个季度，浪潮服务器出货量同比增长 28%，份额位居全球第五，在中国市场以 18.2% 的市场占有率位居第一。浪潮连续 5 年入围国家电网集采，在国家电网和南方电网的采购所占比重保持在 30% 左右，在中国移动、中国电信和中国联通三大运营商也占据了主要的出货份额。在以互联网运营商为主要目标用户的高密度服务器领域，2016 年第三季度浪潮销售份额达到 34%，位居国内市场第一。在国内八路 X86 服务器市场，浪潮所占份额为 44%，是浪潮第 12 个季度蝉联该领域的市场第一，基于八路的 HANA 的数据智能、交易处理以及云计算整合等方案，在金融、公安和财税等行业已实现大规模应用。

（二）发展策略

加强核心技术、产品研发创新。2016 年 12 月，浪潮发布新一代关键应用主机天梭 M13，成为我国自主研制的在线交易处理性能最强的单机服务器系统，该系统面向对稳定性和可用性要求非常高的银行、政府、大企业的超大型数据库应用设计，具备大型机水平的 RAS 特性以及比肩大型机的处理性能，具备承载大型机应用的能力。同时，公司在高端服务器领域的突破使得我国各领域的核心业务系统能够构筑在自主技术和产品之上，为推动产业自主可控、安全可靠奠定了重要基础。

加强全球化布局。据 Gartner 的数据，2016 年前三季度，公司服务器整体出货量位列全球前五位，增速位列全球第一，其中双路服务器出货量和销售额同比增长 39% 和 60%，均为全国第一；八路服务器市场占有率 44%，连续 11 个季度位列全国第一；高端主机市场出货量占有率从 15% 上升到 23%，位列第二位。长期以来，公司一直加速全球化战略布局，建立全球化运营体系，在欧美市场的影响力迅速提升，公司"十三五"规划中明确提出服务器要进入全球前三、存储进入全球前五、小型机在中国市场份额突破 40%，未来浪潮将着力拓展海外市场，打开新的成长空间，逐步成为全球领先的云计算产品和方案提供商。

加强战略合作，提升竞争实力。2016 年 11 月，浪潮集团与思科公司共同宣布双方的合资公司——浪潮思科网络科技有限公司成立并正式投入运营，将有效补齐公司网络产品线，实现为用户提供服务器、存储、网络、虚拟化、云安全以及云数据中心整体解决方案的能力。

注重硬件重构 + 软件定义，提升存储性能。存储系统是存储硬件和存储软件的融合体，硬件的重构、融合以及软件定义的发展，为存储系统向新的方向发展奠定了技术基础。浪潮以灵活配置、按需供给为目标，提供统一的存储平台来开发面向 File、Block、Object、HDFS 的存储服务，在存储基础服务、可靠性、数据存储效率、存储解决方案等四个方面提供软件定义的策略。当前公司已组建 400 多人的核心软件研发团队，推进以存储"活性 +"为核心的存储计算业务。在美国硅谷、中国台湾、北京、济南、郑州成立五大研发中心，美国硅谷重点推进存储软件平台和核心算法的研究和工程化，北京重点开展存储系统软件及功能的开发，济南聚焦存储解决方案，郑州主要进行存储软件测试验证，中国台湾地区主要开发和运营软件平台。

三、中科曙光

（一）发展概况

中科曙光成立于2006年，是由中科院、科技部、工信部（原信息产业部）推动，以国家863计划重大科研项目为基础组建的国家高新技术企业，公司实际控制人为中科院计算所，于2014年在上交所上市。公司主营业务为服务器、高性能计算机、存储产品、安全产品、云计算产品的研发和销售以及基于自有产品根据用户需求提供整套系统解决方案。当前公司主营业务包括高性能计算机、软件集成及技术服务、存储产品三大类型，分别占比80%、8.78%和11%。高性能计算机是公司的主力产品，公司不断加强研发创新，结合软件定义和模块化设计理念，实施X86服务器平台化战略，为用户提供灵活、快捷交付的可配置产品，还建立了远程运维服务中心，开拓了电信、金融等主流市场，在国产化替代的大背景下，发展十分迅速。2016年上半年同比增长31%。另外，公司在2015年提出了“数据中国”战略，标志着公司从硬件生产厂商向综合信息系统服务商转型。2016前三季度，公司实现营收26.5亿元，同比增长24.29%；净利润7456万元，同比增长60%。

在市场方面，公司主要客户为企业、政府和公共事业部门，分别占总收入的41%、35%和24%，三类客户收入均有较快增长，企业客户主要是互联网企业，由于IT设备需求日趋旺盛，支撑了业务收入的快速增长，2016年上半年同比增长38%；政府、军工、环保等重要部门和关键行业由于国产化进程的不断推进，维持高速增长态势，2016年上半年增长33%；公共事业部门是公司的传统优势客户，2016年上半年保持18%的增速。

（二）发展策略

坚持超算研发为业务主导。中科曙光将超算作为公司立足之本，致力于高性能计算机领域的探索和研发，从曙光一号、曙光1000到曙光6000，先后研制成功了百万亿次和千万亿次高性能计算机系统。最新“十亿亿次”超级计算机曙光7000的研发工作已经结束，将等待上市；目前已经启动E级（“百亿亿次”）超算原型系统研发项目，将在上海和深圳超算中心应用示范。此外，在超算的基础上，公司还加强专用高性能计算机的研究，2016年4月，公司与寒武纪签署战略合作协议，布局人工智能专用服务器，此前公司与 NVIDIA 合作开发了深度学习专用服务器 DGX-1 和深度学习一体化平台 XSystem。

以上游 CPU + 下游云服务合力推进服务器业务创新发展。一方面，公司加强芯片研发生产，破解上游垄断。2016 年 4 月，公司参股子公司天津海光与 AMD 合作成立子公司，生产国内专用 X86 芯片，主要用于高性能服务器，能够有效打破英特尔芯片在国内市场的垄断地位，降低芯片成本，提供服务器毛利率；另一方面，公司顺应下游信息系统集约化的特点，向云服务业务转型，重点实施私有云服务的战略，积极保持互联网、政府客户的合作关系，保证服务器收入持续稳定增长，同时，凭借公司高端计算机领域的优势开展“数据中国”战略，从传统硬件厂商向云服务提供商逐步过渡。

坚持核心技术安全可控。中科曙光借助高端计算机领域的技术优势，公司掌握了包括云基础设施、云管理平台、云安全、云储存、云服务等在内的一系列云计算核心技术。曙光 Cloudbase 是公司第四代基础设施产品，可用于机房整体设计改造，具有低能耗、建设周期短、易管理、空间占用少等优点；曙光 Cloudview 是公司自主研发的云操作系统，深入融合计算、存储、网络等虚拟化技术，在运营效率、可靠性、易用性、安全性等方面有所加强；曙光 ParaStor 是公司推出的面向海量非结构化数据的分布式云储存系统，融合了曙光并行计算和海量数据处理技术，具有很好的可靠性、可扩展性和经济性；曙光 Cloudfirm 是公司推出的云管理平台，具有安全管理中心、安全运维等云安全功能，对用户、资产、安全事件等进行集中统一的监控管理和审计分析，及时发现针对云计算环境的网络攻击、病毒传播和异常行为等安全事件，能够有效满足各种 IaaS、PaaS、SaaS 服务的安全需求。虽然公司在众多领域有了自身的核心技术和产品，但相对而言仍无法满足对稳定性有高要求的私有云用户，一定程度上制约了业务的发展。因此，公司与 VMware 加强战略合作，组建合资公司，获取关键虚拟化技术，以开发性能更强、稳定性更好、兼容性更佳的云操作系统，提升用户体验。2016 年 1 月，中科曙光和 VMware 成立合资公司中科睿光；2016 年 4 月，中科睿光发布 Cloudview SVM Edition 2.0 和 Cloud Virtual 6.2 两款新产品，其采用 VMware 核心源码配合曙光 Cloudview 外围控制、管理技术组成，再加上曙光服务器、存储等硬件，打造安全可靠的云计算解决方案。2016 年 10 月，中科睿光旗下多款虚拟化产品强势入围央采网虚拟化软件项目。

四、同有科技

（一）发展概况

同有科技作为国内主要的大数据存储厂商，在大数据时代完成了从传统的专业存储厂商向大数据存储架构提供商的转型，能够提供面向政府、军队军工、科研院所、金融、医疗、教育、能源等多个行业领域大数据典型应用的创新技术、完善的产品和解决方案，拥有覆盖全国的营销服务网络。2012年，在国内创业板的成功上市，为公司的研发投入提供了更加雄厚的资本支持。2016年，公司实现营业总收入4.7亿元，同比增长30.57%；营业利润1.23亿元，同比增长75.43%。

（二）发展策略

以应用为中心，引领大数据存储变革。在新经济环境下，IT应用不再是最初的辅助工具，而是企业决策的核心支撑，以应用为中心的存储变革已经迫在眉睫。结合大数据时代的应用特点，公司延续“应用定义存储”的理念，推出了“智能感知高效”应用型大数据存储，这些从应用出发而设计的产品，得到了市场积极的反馈，实现了规模化销售。

坚持自主可控，打造国产存储品牌。随着网络强国、信息安全等战略的不断推进，公司在大数据存储产品的创新，在自主可控研发领域的持续投入，也得到了市场的肯定与认可。在政府、军队军工、科研院所、能源、交通、金融、医疗等众多行业，公司深入到以中国人民银行、河北检察院、湖北公安厅、吉林国土资源厅、智慧太湖新城等为代表的高端用户的核心应用，更为新疆油田、青藏铁路、广钢集团等众多国家支柱行业用户提供大数据存储服务。

积极践行军民融合。作为军队信息化领域最大的国产存储系统供应商之一，同有科技已经连续十余年为军队军工客户提供数据安全服务，累计提供了数千套存储系统。无论在产品技术、自主可控、资质，还是在客户覆盖、品牌知名度、成功实践经验等方面，同有科技在国内同行业中都拥有领先优势。鉴于在军队信息化领域的突出贡献，同有科技受邀参加2015年和2016年军民融合展，成为唯一两次参加军民融合展的专业存储企业。

第二十七章　大数据软件企业

人大金仓依托在传统基础和技术沉淀，在提升企业技术水平，完善大数据产品体系，拓展行业应用的同时，注重实施大数据服务，不断提升服务能力与品质。用友网络凭借自有客户资源，积极向大数据领域拓展，面向客户推出多款大数据产品与解决方案。东华软件率先开展大数据领域布局，不断开拓大数据应用市场，通过外延式发展提升企业竞争力。梅林数据则从大数据相关的技术与产品研发、行业应用、大数据分析、运营服务等多维度积极开展大数据业务，构建大数据生态圈。软通动力更加专注于城市大数据中心的建设及运营，强化产业大数据的应用。久其软件坚持技术与产品研发先行，以应用诉求为支撑，加速打造专属大数据生态系统。

一、人大金仓

（一）发展概况

北京人大金仓信息技术股份有限公司（简称“人大金仓”）成立于1999年，是中国电子科技集团公司（CETC）的成员企业，是中国自主可控数据库和大数据相关产品及解决方案的提供商。人大金仓先后承担了国家“核高基”重大专项、“863”重大专项等政府资金项目，研发出了具有国际先进水平的大型通用数据库产品，并广泛应用于政府、国防军工、金融、能源、医疗等高信息安全领域。

在大数据时代，人大金仓立足自主可控国产化替代，依托在传统数据库领域的产品基础和技术沉淀，以云计算、大数据等新兴技术需求为牵引，大力促进传统数据库对于大数据和云计算的支持能力以及与大数据系统的融合，以大数据基础平台、智慧城市大数据、政府大数据、大数据分析等解决方案为主线，为各领域提供大数据建设相关的规划与设计的咨询服务，以及从大数据平台搭建到应用实施的一站式服务。在解决方案方面，人大金仓面向党政军及企业级市场，推出了政府大数据解决方案、大数据中心解决方案、智慧城市大数据解决方案等系列行业解决方案。在产品层面，人大金仓形成了涵盖数据采集、存储管理、分析挖掘、数据利用、数据管理等功能的大数据系列产品体系。在大数据实施服务方面，人大金仓依托自有产品和代理产品，提供以数据为中心，从采集、治理、存储到应用、分析全生命周期的服务，贯穿大数据规划、实施、运维全流程，助力客户大数据应用顺利上线。

表 27－1　2016 年人大金仓大数据相关大事记

类型	事件概述
获奖	8 月，入选 2016 中国大数据企业 50 强； 8 月，荣获“2016 中国大数据管理及分析领域创新企业奖”； 8 月，入选中国大数据产业生态联盟理事单位； 8 月，总裁任永杰当选中国大数据产业生态联盟专家委员； 8 月，入选《2016 中国大数据产业生态地图》； 12 月，荣获“2016 年度中国大数据领域最具品牌影响力企业奖”； 12 月，总裁任永杰被评为“2016 年度大数据产业十大领军人物”。
合作	5 月，与贵阳市委群众工作委员会和社会建设工作委员会共同合作实施贵阳“社会治理大数据云平台”工程，实现精细化治理和精准化服务，提升贵阳的社会治理水平，打造“条专块统”的贵阳社会治理新模式； 12 月，与北京旋极伏羲大数据技术有限公司签订战略合作协议，在时空网格编码、时空大数据管理、服务以及研发等方面开展深度合作，并在市场营销中互相支持以及实现资源共享，发挥双方优势资源共同发展和开拓大数据产业市场。
业务	10 月，发布大数据中心建设解决方案白皮书，全力服务于大数据中心建设，助力企业信息化建设。
应用	5 月，基于金仓数据库 KingbaseES 为国家教育管理信息系统部署共享存储集群 Kingbase-RAC，构建了可动态扩展的数据库管理解决方案，形成了“共享、开放、安全”的信息大数据平台，为教育部提供数据采集、教育服务、教育监管、决策支持等提供数据应用支撑； 7 月，医院大数据分析系统在对糖尿病辅助诊疗方面得到了广泛应用； 12 月，承接内蒙古的“工业大数据”运行平台项目。

资料来源：赛迪智库整理，2017 年 3 月。

（二）发展策略

提升技术水平，完善大数据产品体系。多年以来，人大金仓在数据库领域不断深耕，目前在整个数据领域包括对数据底层已经形成了雄厚的技术积淀和牢靠的技术基础。依托雄厚的技术积淀，人大金仓快速向大数据进军。截至2016年底，人大金仓已经形成了相对完整的全栈大数据产品线，包括数据整合工具KingbaseDI，大数据平台KingbaseDP，并行分布式云数据集群KingbaseDBCloud，商业智能平台KingbaseSmartBI，服务管理KingbaseESB，数据同步KingbaseSS，数据资源管理平台KingbaseDRP，元数据管理平台KingbaseMDM，企业级数据库管理平台KingbaseEM以及质量管理平台KingbaseQM，可以提供数据采集、存储管理、分析挖掘、数据利用以及数据管理全方位支撑。此外，2016年，人大金仓发布了一款分析型数据库——KingbaseAnalyticsDB（KADB），该数据库是专门面向大数据分析类应用提供的数据库产品，可以为数据密集型行业提供数据查询、统计、分析、挖掘和备份等服务，可用作为数据仓库系统、BI系统和决策支持系统的承载数据库。

着力拓展大数据应用领域，提升核心竞争力。人大金仓面向各领域的实际业务场景，不断研发与之适应的大数据解决方案，逐步形成了自己的差异化优势和核心竞争力。2016年，人大金仓不断提升和完善解决方案的供给能力，其自主开发的360度全景大数据解决方案不仅可以提供大数据规划、实施、运维的全流程技术支持，还可以提供从数据产生、获取、存储到处理、治理、分析和应用的全生命周期的管理。凭借其强大的解决方案研发和供给能力、资源整合能力以及项目实施服务能力，人大金仓在医疗卫生、军工国防、电子政务、社会治理、党务、教育、金融、通信、智慧城市、企业信息化等方面应用市场广阔并具有突出的竞争优势，可以帮助各行业搭建并应用实施大数据平台。截至2016年底，人大金仓已经在上述十多个行业领域成功实施并交付了数十个数据中心解决方案。为推动政府组织结构和工作流程的优化重组以及智慧城市建设，人大金仓还专门推出了政府大数据解决方案和智慧城市大数据解决方案，并于2016年5月与贵阳市政府合作实施“社会治理大数据云平台”工程，提升贵阳社会治理水平。上述业务实践，为人大金仓在大数据应用方案领域给客户提供专业的产品、方案、实施奠定了坚实基础。随着人大金仓不断完善大数据产业链，2017 年人大金仓各个数据库产品和平台将呈现开放态势，数据价值挖掘、数据分析推演能力将不断提升，数据应用场景将不断拓展创新，大数据解决方案与市场以及用户需求的契合度将大幅提升。

专注大数据实施服务，提升服务能力和品质。人大金仓在全面掌握大数据实施理念和方法论的基础上，快速了解大数据相关产品（包括自由产品、主流开源产品、行业内领先的产品）的功能特性、融合相关产品和技术，并依据用户现场实际需求，快速提出具有人大金仓优势的实施方案，为客户提供大数据平台部署、运维和优化等产品实施服务，BI 实施、应用系统二次开发等数据应用服务，ETL 实施、数据维护等数据处理服务，平台运维和数据运维服务，以及数据挖掘和行业数据分析等服务。2016 年，人大金仓通过对大数据实施服务市场的进一步细化，掌握所需知识，积累经验，细分实施服务内容，使服务更加精细化，不断提升技术创新、行业分析、BI 定制、分析模型研发、平台实施、数据处理等服务能力和品质。截至 2016 年底，人大金仓已经在北京、成都以及上海等地建成研发中心，在全国设有直属分公司及办事处，并在各省（区、市）均有本地化服务合作伙伴。

二、用友网络

（一）发展概况

用友是亚太区领先的企业管理软件、企业互联网服务和企业金融服务提供商，成立于 1988 年，于 2015 年 1 月 31 日正式更名为“用友网络”，是我国最大的 ERP、CRM、人力资源管理等管理软件提供商和财政、汽车、烟草等行业应用解决方案提供商之一。近年来，用友在金融、医疗卫生等行业应用以及企业支付、企业通信、管理咨询、培训教育等领域获得快速发展。

在云计算、大数据和人工智能等新一代信息技术兴起后，用友加紧布局，2016 年上半年公司加快布局企业互联网服务战略，并在第三季度公布了用友 3.0 战略，聚焦“软件、云服务、金融”三大业务领域，以“普及企业互联网化”为使命，以服务千万级企业客户为目标，加大投入，加快构建以客户为中心的综合服务体系，逐步形成了公司新的竞争优势，并在数字营销与客服、社交与协同办公、智能制造、共享服务等方面取得较大进步。

2016年三季度，用友网络总资产额为106.42亿元，归属上市公司的净资产额为52.02亿元。2016年，公司在软件、云服务以及互联网金融服务三个领域的业务收入均有较快增长，前三季度实现营业收入人民币26.33亿元，同比增长16.01%，净利润-3.55亿元，比上年同期增长10.07%，其中软件业务收入增长10.7%。此外，公司对云服务和互联网金融服务业务投入进一步加大，合计投入65278万元，同比增加22000万元。随着投入的不断加大，云服务和互联网金融业务布局日益完善并逐步形成新的高速增长点。2016年前三季度云服务业务收入达到71244933元，同比增长达124.3%，互联网金融服务业务收入达139758130元，同比增长高达180.7%。

（二）发展策略

依托自有客户资源，向大数据领域拓展。用友在企业管理软件领域深耕多年，积累和大量的优质客户资源。目前大量企业都开始关注大数据，并利用大数据进行转型，而在转型过程中，用友通过为企业客户在整个管理层面和经营层面提供全方位的软件服务，可以自然地积累大量的数据，并在大数据链条中找到自己的位置。2016年，用友提出了“数据经营中心”理念，旨在帮助企业实现从数据管理到数据的经营转变，截至2016年底，企业“数据经营中心”建设方案已经在上海医药集团和浙江大学医学院附属邵逸夫医院落地。

推出大数据产品和解决方案，提升企业核心竞争力。用友从企业的核心应用出发，2016年5月推出DataInsight高级分析平台，为企业处理和分析内部、外部数据提供了一系列服务与工具，能够帮企业解决数据存储、计算和管理的问题，并可以帮助企业实现快速洞察、精准营销、趋势预测、经营优化等需求。同时，用友继续加大力度发展iuap平台，2016年8月，发布了企业互联网平台新版本iuap3.0，该平台可以实现对大规模非结构化和半结构化数据，以及超大规模结构化数据的解析和处理，支持企业对内部数据以及外部互联网数据进行全面管理，增强用户的数据分析能力，可以为企业提供数据质量、集成、建模以及挖掘等在内的一体化数据管理整体解决方案，截至2016年底，已经与金融、汽车、电信、地产等行业的多个企业签署了战略合作项目。此外，针对财税领域，用友从领导者视角出发推出财税大数据解决方案，以“互联网+”财税业务数据融合的思路，为财政、国税和地税等政府部门提供宏观经济形势和财政收入分析、决策支持和综合治税等应用功能，全面提升政府治理能力和服务水平。

三、东华软件

（一）发展概况

东华软件股份公司成立于2001年1月，原名北京东华合创数码科技股份有限公司，总部位于北京，在全国拥有50余家分支机构，是国家规划布局内的重点软件企业和国家火炬计划内的重点高新技术企业。公司以应用软件开发、计算机信息系统集成、信息技术服务、网络流控安全产品以及“互联网+”为主要业务，为电信、电力、交通、政府、医疗、国防、科研、金融、石油、煤炭、石化、保险及制造等行业用户提供了涵盖多种应用与技术平台的优秀软件和信息系统解决方案。

近年来，随着大数据浪潮的兴起，东华软件率先布局大数据领域，加速公司经营和商业模式转变。公司的“金融云”“企业管理云”“医疗云”等大数据相关产品在各细分市场得到一致认可，增强了公司客户黏性和稳定性。同时，东华软件还积极与大数据知名企业合作，共同推动大数据产业发展，截至2016年，东华软件已经与华为、阿里巴巴、九州通等企业建立了合作关系，并通过整合行业资源形成了雄厚的大数据综合服务能力：与郑州大学第一附属医院、华为技术有限公司以及九州通医药集团股份有限公司合作，推动医疗大数据协同创新中心建设；与阿里云和西安国际医学共同打造国内第一家实体智慧“云上医院”，共同建设互联网医疗、居民健康大数据平台和商业云平台；收购公共卫生信息化业务服务商万兴新锐，在公共医疗信息化以及面向机构和个人的健康管理平台开发与运营领域开展业务；与阿里云合作在山西西咸打造全球首个“云上空港”；积极与海安经济开发区合作，打造云数据应用运营中心。

从营业收入来看，2016 年东华软件发展态势良好，三季度东华软件营业总收入达到 35.92 亿元，较上年同期增长 15.17%，实现净利润 6.32 亿元，同比增长 5.03%。

表 27－2　2016 年东华软件大数据相关大事记

类型	事件概述
获奖	7 月，东华软件金融风险管控云平台和东华一体化大数据平台 DDH 入选《互联网周刊》刊发的 2016 上半年度最佳大数据案例精选； 8 月，入选 2016 中国大数据企业 50 强； 12 月，“基于大数据的能源电力生产技术服务平台”解决方案荣获“2016 年度优秀产品互联网创新解决方案”； 12 月，薛向东董事长当选 2016 年云计算产业十大领军人物。
合作	3 月，与 C3 LoT 达成合作，深耕能源工业大数据领域； 4 月，与北京市房山区就“互联网＋数据”驱动城市运营新模式举行座谈会； 7 月，与北京光普数据信息技术有限公司和北京天鸿科技股份有限公司签订“一种带有 Wi－Fi 模块的智能家用软水机与中国户联网”大数据综合运营平台开发建设战略合作协议； 8 月，与天津市滨海新区就开展大数据金融方面开展合作，布局大数据金融产业链等问题进行了深入的探讨和交流； 9 月，与 Qlik 公司在数据分析服务方面达成合作意向； 10 月，与东华光普大数据公司签署股权融资协议； 10 月，与 IBM 签署《软件许可和联合开发协议》，开展针对精准医学的医学数据分析与转化方面的联合开发。
投资公司情况	1 月，华中大数据交易平台完成了国内最大的单笔数据交易； 6 月，东华软件投资的华中大数据交易所通过武汉市大数据企业认定管理工作组织评审，正式被认定为武汉市大数据企业； 11 月，华中数交所与中南财经政法大学签订战略合作协议，共同建设大数据金融和大数据资产评估研究中心。

资料来源：赛迪智库整理，2017 年 3 月。

（二）发展策略

加紧开拓大数据应用市场。工业大数据领域，东华软件研发的工业大数据平台通过对工业大数据资产的采集、存储和分析为企业提供跨精益经营、智慧生产、智慧运维等方面的大数据分析服务，能够为能源电力、制造业等多个重资产行业的数字化转型提供支撑。其中，针对能源电力行业开发的

“基于大数据的能源电力生产技术服务平台”荣获“2016年度优秀产品互联网创新解决方案”。2016年3月，东华软件与C3物联网技术公司（C3 IoT）建立战略合作关系，共同推动工业领域的数字化转型，面向用户提供工业大数据专项服务。医疗大数据领域，东华软件为全国500多家医疗机构的核心业务提供数字化医疗综合解决方案支撑，多年来，东华软件积累了大量的专业临床数据，形成了强大的数据能力，通过对海量数据的分析处理，又能为医疗应用系统提供支撑，实现了医疗大数据闭环应用，助力精准医疗实现。2016年6月，国务院印发了《关于促进和规范健康医疗大数据应用发展的指导意见》，为东华软件在医疗健康领域发力提供了重要契机。2016年10月，东华软件与IBM签署《软件许可和联合开发协议》，共同推动针对精准医学的医学数据分析与转化。金融科技领域，东华软件金融风险管控平台通过综合个人基本信息、还贷数据、信用卡数据、网络借贷数据、网络购物数据、社交行为数据，以及出入境记录、打车记录、O2O记录、违章记录等其他数据信息构建个人信用体系，以实现贷前、贷中和贷后的金融反欺诈和风险管控，该平台成功入选《互联网周刊》刊发的2016上半年度最佳大数据案例精选。

外延式发展增强竞争力。东华软件积极通过投资或合作方式，加大在大数据领域的布局力度，提升大数据领域综合竞争力。一是加大对东华光普大数据公司的投入，掘金大数据万亿产业市场。2016年10月，东华软件与东华光普大数据公司签署股权融资协议，加大在大数据产品、大数据资源与技术创新应用和大数据金融等方面的布局，积极抢占大数据产业链制高点。二是投资华中大数据交易所，积极布局大数据交易服务。华中大数据交易所是国内首个全网系标准化的大数据交易平台，旨在打造具有公信力的第三方数据交易和撮合平台，该平台可以支持机构用户和个人综合实时在线交易。2016年初，华中大数据交易平台完成了与航天信息股份有限公司的数据交付，创造了国内最大的单笔数据交易。此外，2016年11月，华中数交所与中南财经政法大学签订战略合作协议，共同建设大数据金融及大数据资产评估研究中心。三是依托与北京天鸿科技股份有限公司的合作，扩大在智慧城市布局。2016年7月，东华软件与北京光普数据信息技术有限公司以及北京天鸿科技股份有限公司共同签订“一种带有Wi－Fi模块的智能家用软水机与中国户联网”的大数据综合运营平台开发和建设战略合作协议，利用大数据推动智慧城市建设，提升公司在智慧城市布局上的占有率。

四、美林数据

（一）发展概况

美林数据是国内知名工业大数据领军企业，面向智能电网、智能制造等领域的企业客户，提供大数据分析产品以及以数据资产管理、数据分析挖掘为主的大数据解决方案，引领工业大数据应用和产业数据运营等创新服务模式。公司积极携手广大优秀厂商、行业客户及合作伙伴，致力于用大数据技术推动中国工业实现转型升级，服务于军工、船舶、航天、电力等行业上百家企业客户。

（二）发展策略

专注大数据技术与产品研发。公司拥有一流的大数据分析挖掘技术团队，掌握领先的大数据分析挖掘技术。在技术研究方面，与西安交通大学徐宗本院士团队开展深度合作，是大数据算法与分析技术国家工程实验室联合建设单位，先后取得专利及知识产权50余项。2016年联合成立河南中原大数据研究院有限公司，开展大数据关键技术研究和成功转化。在产品研发方面，2011年成功推出自主知识产权的数据挖掘平台——PLUTO；2015年，在PLUTO产品基础之上研发并发布Tempo大数据分析平台，该平台专注数据分析挖掘以及可视化，内嵌10种拥有自主知识产权的世界领先算法以及19种经典算法，覆盖数据集成、分析、挖掘以及可视化等大数据技术核心环节，可以帮助用户充分发掘并利用数据价值，已在电力、制造等领域广泛应用。

聚焦大数据分析和行业应用。公司凭借在工业领域近20年的经验积累，以深厚的技术能力和行业理解力构建核心竞争力，面向智能电网、智能制造等工业领域提供定制化的大数据解决方案。在智能制造领域，基于对海量的生产流程数据和机器数据的深度挖掘，为制造业客户提供大数据解决方案，有效地缩短产品设计、制造、服务全生命周期，优化企业经营和供应链管理。在智能电网领域，针对电力行业在管理、营销、运行检修等方面的特定需求，推出数据分析、数据服务、数据资产管理解决方案。

积极探索大数据运营服务。公司加速布局“打通产业数据链，贯通产业价值链”战略，一方面，致力于为用户提供数据运营方法论与解决方案，利用数据驱动企业管理和业务转型升级；另一方面，致力于打通包括电力、制造等在内的垂直行业数据链，链接产业上下游企业，构建全新的数据生态系统。2015 年公司联合成立西咸新区大数据交易所，2016 年联合成立河南中原大数据研究院有限公司，致力于推进数据资源、数据价值的共享融合。

注重参与构建大数据生态圈。公司注重加强与行业客户、合作伙伴的合作、共赢，已成为中国大数据产业生态联盟、中关村大数据产业联盟、清华大数据联合会、中国首席数据官联盟、陕西省大数据与云计算产业技术创新战略联盟等机构的理事及重要成员单位，并牵头成立中国大数据产业生态联盟工业大数据专业委员会、中关村大数据产业联盟智能制造与能源互联网专业委员会。此外，公司还联合易观、Talking data 等企业成立大数据行业规范化运营联盟，并成为首批《数据流通行业自律公约》签约企业。作为信标委大数据标准工作组成员，公司积极推动大数据技术、大数据产品、工业大数据标准的制定与研究，助力制造业向智能化转型。

五、软通动力

（一）发展概况

软通动力是中国领先的创新型技术服务商，公司依托“海外 + 中国”的战略布局，在全球 55 个城市设有近 120 个分支机构，市场遍及北美、亚洲、欧洲等区域国家，全球员工总数 38000 余人。软通动力已经形成了大数据集成开发平台、大数据可视化平台、数据开放及 API 开放平台、大数据中心、智慧规划洞察平台、产业大数据洞察服务平台等大数据应用及洞察服务，也重点打造出以政务及大数据、跨境电商、智慧文旅、智慧环保、智慧工业、智慧农业、智慧社区等为核心的智慧城市解决方案的产品体系，全方位开拓大数据产业价值链，为城市发展和产业升级提供科技支撑。

（二）发展策略

专注城市大数据中心的建设及运营。公司融合政务惠民服务、产业与企业服务、生活便民服务、大数据创新服务及政府管理服务，满足城市各个群体的智慧化应用需求。打通委办局数据，实现大数据汇集；建立基础信息库，为数据增值服务提供基础；建设信息资产管理平台，建立数据资产化的管理理念。在 IaaS 层，实现基础硬件资源整合，利用大数据中心的基础设施，兼容云计算的虚拟化技术，为政府、企业和个人提供计算能力、存储能力、安全保障等。在 DaaS 层，利用大数据管理工具将大数据资源进行整合，包括：人口库、法人库、空间地理库、宏观经济库等基础数据库，利用已有的应用系统或者互联网数据采集手段，将特定数据进行采集和入库的互联网数据库。具备基础数据的可视化展示，查询统计，专题管理等基础功能。在 PaaS 层，提供各类智能支撑工具，将基础数据进行了优化和提升，提供支撑工具集、分析工具集、开发测试工具集等二次开发接口。在 SaaS 层，提供各种智慧化的应用，服务于政府、企业和公众。

强化产业大数据应用。公司通过城市大数据，提供城市洞察服务、产业洞察服务和企业洞察服务以及通过万物互联网的物联网数据，更加深入地进行分析及提供服务，为决策和服务提供快捷、有效的支撑。主要包括以下四个能力的提升，一是大数据存储和计算能力，通过依托合作伙伴提供云计算服务“通云”大数据云平台，产业大数据洞察服务平台实现了根据数据和业务特征弹性可扩展的 7 ×24 小时的高可用、高可靠性的存储和计算能力。二是数据采集和处理能力，依托产业大数据洞察平台，采用了以城市基础数据为根基，第三方数据为枝干，互联网公开数据为枝叶的深度 + 广度共进的策略。三是产业洞察业务建模能力，通过以城市产业发展和规划专家的经验以及相关政策、报告和论文作为理论框架，通过逻辑回归、聚类、机器学习等算法和分析方法，对城市和产业运行数据进行洞察分析，实现城市产业洞察和产业规划决策支持。四是分析成果可视化呈现能力，通过 GIS、H5 cavana、D3 等前端可视化技术，以易读的、动态的、量化的方式，进行产业和城市相关的洞察结果展示，以友好的方式，辅助用户进行产业发展规划决策。

表 27－3 软通动力大数据研究成果及案例应用能力

云计算方面	●“微商云”平台，成功应用案例包括北京高希霸魅力微官网、北京特恩斯市场研究咨询有限公司微官网、云南少数民族希望工程微官网、河南省新县智慧旅游微官网、佛山市南海区经济和科技促进局微官网等。 ●中小企业云，成功应用到甘肃兰州西北中小企业云、齐鲁兴业云、广东兴业云、贵州兴业云、莆田政企云、软通通云平台、南通中小企业云等。 ●软通动力智慧农业云平台，成功应用案例包括河北永清智慧农业示范项目、河南新县农业云平台、吉林辽源现代牧业示范项目、陕西三网合一等。 ●软通动力城市云，成功应用案例包括辽源城市云、海驿智慧物流电商平台、辽源中小企业云（东北袜业园）、镇江凤凰智慧产业园等。
大数据方面	●大数据集成开发平台，成功应用案例包括国内中部某大型烟草公司等。 ●大数据可视化平台，成功应用案例包括（2016 年 4 月至今）电子商务项目、（2016. 4—2016. 5）廊坊政务可视化大屏项目、（2016 年 2 月至今）产业大数据项目、（2015. 12—2016. 1）商机招标可视化、（2015. 11—2015. 12）人才流通可视化、（2015. 9—2015. 10）舆情监测可视化项目、（2015. 8—2016. 1）环保可视化、（2015. 7—2016. 8）应急宝等。 ●数据开放和 API 开放平台，成功应用案例为国内东部沿海某城市。 ●大数据中心，成功应用案例包括无锡大数据中心、新县大数据中心、盐城大数据中心、南通大数据中心、武汉旅游大数据中心、湖南中烟大数据中心等。 ●智慧规划洞察平台，成功应用案例为国内东部沿海某城市。 ●产业大数据洞察服务平台，成功应用案例包括发展改革委、经济与信息化委员会、城市规划局、统计局、各行业协会等。 ●大数据智慧环保服务平台，成功应用案例包括福建某市空气质量预测预报及减排管理系统、江苏某市机动车尾气排放管理及控制决策平台、西北某自治区排污权交易平台、天津某化工园区环境应急指挥平台、江苏某市大数据应用平台、东北某市大数据服务系统等。 ●舆情分析系统，成功应用案例包括无锡市舆情监测系统、国元信托舆情监测系统、华夏银行舆情监测、软通动力市场部舆情监测、江苏某市环境舆情自动监控平台。

资料来源：赛迪智库整理，2017 年 3 月。

六、久其软件

（一）发展概况

北京久其软件股份有限公司是国内领先的管理软件供应商，20 年来持续聚焦数据业务，拥有完整自主知识产权的技术平台与产品体系，通过覆盖全国 31 个省区市及部分重点计划单列城市的分（子）公司，为客户提供基于云计算和移动互联网平台的电子政务、集团管控、大数据、数字传播等综合信息服务及行业解决方案，与 60 余个政府部门、近百家中央企业集团和数十家大型民营企业集团建立了长期合作关系。公司大数据战略定位于成为国内领先的、聚焦 B2B2C 的大数据综合信息服务提供商，致力于为政府、行业协会、企业集团等不同用户提供集“咨询 + 实施 + 技术 + 平台 + 运维 + 云服务”于一体大数据整体解决方案。

表 27 - 4　2016 年久其软件大数据相关大事记

	事件概述
获奖	1 月，久其大数据荣获 2016 年企业应用选型评选“十强品牌”； 8 月，入选 2016 中国大数据企业 50 强； 8 月，入选成为中国大数据产业生态联盟副理事长单位，公司总裁施瑞丰担任联盟副理事长； 8 月，入选《2016 中国大数据产业生态地图》； 8 月，荣获“2016 年度中国行业信息化政府大数据最佳解决方案”。
业务	2016 年 3 月，久其发布久其政府统计决策支持分析系统解决方案，为国家政府部门提供全面的政府统计咨询、产品、实施、运维一体化的解决方案； 2016 年 5 月，久其发布久其财政大数据解决方案，实现财政、工商、税务、央行等部门数据的横向共享，为政府经济决策提供可靠的数据支撑。
应用	2016 年 5 月，建设国务院扶贫办全国扶贫开发决策支持分析系统，实现全国建档立卡数据的整合，通过对扶贫对象、扶贫主体、扶贫措施的深入分析，并构建“贫困户画像”，对贫困特点、贫困根本原因进行量化分析，为国家扶贫开发政策制定、资金安排提供决策依据； 2016 年 7 月，建设中国科普研究所公民科学素质决策支持系统，实现对中国公民科学素质情况的统计和分析，以及对中国公民科学素质发展与国家科普设施建设之间的关系进行分析，为中国科普研究所科普设施建设规划提供决策依据； 2016 年 7 月，贵州交通厅大数据项目，是基于 Hadoop 大数据平台的交通行业动态监测平台，实现交通行业数据集中存储，统一归口管理；集中部署开发，共享分析结果，应用各种统计方法、挖掘算法、分析手段对相关数据进行精细化分析，建立了完善的交通运行预警机制，为交通主管单位日常监控、预警、统计、分析、决策、规划等工作提供第一手充实数据支撑； 2016 年 8 月，承建国家统计局第三次全国农业普查数据处理系统（三农普），对全国 31 个省份及新疆生产建设兵团 2.5 亿农户及农业经济单位的生产经营情况进行全面的调查，主要功能包括数据调查、数据稽核、数据汇总、数据查询和分析，以及普查全过程的进度监控，全面支撑国家第三次农业普查，为中国农业发展和规划提供翔实的数据支撑； 2016 年 9 月到 12 月，先后承建了湖南、云南、重庆等多个省份的财税综合大数据平台，整合了省级财政、工商、税务、央行等横向各委办局数据，通过以工商登记企业数据为基准，实现了各委办局数据的融合，打破了数据割据现状，实现数据共享与开放，并建立经济决策分析模型，为政府财政经济决策提供量化的决策依据。

资料来源：赛迪智库整理，2017 年 3 月。

（二）发展策略

技术与产品研发先行，构建自主研发“久其唯数”大数据产品体系。公司“久其唯数”产品体系包括：大数据应用支撑平台 Darwin，是基于 Hadoop

的企业级应用支撑平台，定位于大数据体系中的中间层，通过组件化、可视化的方式，帮助用户快速实现大数据的存、查、分析和管理，进而提升企业对市场的响应能力，降低企业大数据应用的实施成本和风险；互联网数据采集与集成工具“久其采云”，通过配置方式、无须开发即可自动化、可视化的抓取网页指定区域内的任意数据，并进行格式化转换，使其可以与企业已有的数据进行良好的整合；久其数据挖掘与统计分析产品，有效对 R 语言进行了集成，结合统计分析及数据挖掘算法模型，对久其大数据产品体系中存储的海量数据进行深度分析和预测预判。

以应用诉求为支撑，树立大数据行业应用标杆。公司通过构建数据资源规划体系、淬炼数据融合技能、提升数据中心服务水平，把数据规划、数据获取与数据服务对接，将数据挖掘与数据变现相连，实现技术模式与商业模式的深度融合，搭建公共的数据交易体系与平台。在国家大数据发展战略的指引下，公司以客户大数据应用诉求和生态体系支撑能力为基础，推出六大行业解决方案，聚焦民生、财经、司法、交通、数据传播和行业协会等六个大数据应用领域，构建起“咨询 + 实施 + 技术 + 产品 + 运维 + 云服务”一体化解决方案体系。

依托技术和资本优势，加速打造“久其 + ”大数据生态体系。公司顺应趋势、引领潮流，凭借技术和产品的积累和资本市场的优势，通过“内生 + 外延”相结合的模式，贯彻“久其 + ”的理念，成功实施大数据战略，依托积累的客户与资本优势，以应用场景为抓手，全面整合资源，在方案、技术、数据、人才等方面深度布局、积极开拓，打造生态体系。2016 年，收购社会化营销的龙头企业瑞意恒动，并正式发布“久其数字传播”，着力打造以大数据驱动的数字传播品牌。2017 年，收购上海移通、上海恒瑞，加速打造“久其 + ”大数据生态体系。截至 2017 年 3 月，公司大数据战略初见成效，成功实施了 136 个大数据项目，在国务院扶贫办、教育部、国家统计局、人民日报、中国气象局、中国地震局、国家外汇管理局、中国银联和中国建材联合会等客户单位成功应用，在技术平台、产品组件和解决方案方面均有突破，实现收入 5 亿元，获得专利及商标权 20 余项，软件著作权 35 项。

第二十八章 大数据服务企业

数据堂重视整合多渠道、各行业数据资源，通过线上、线下全面覆盖搭建更广的大数据销售体系；拓尔思坚持研发自由大数据应用平台，提升技术与数据变现能力；亿赞普多年服务于央视新闻节目，帮助政府不断提升影响力，积极谋求国内外共同发展；东方国信设立大数据产业基金，围绕大数据持续进行横纵向、跨行业发展布局；荣之联十分注重研发与应用的深度结合，在车联网、电信大数据方面都呈现出良好发展态势；百分点注重大数据方法论建设，深耕行业，帮助多家企业释放数据决策力，切实有效地推动国内大数据走向落地。

一、数据堂

（一）发展概况

数据堂（北京）科技股份有限公司（以下简称“数据堂”）成立于2011年6月，是一家专注互联网综合数据服务的公司。2016年，数据堂历经5年高速发展，在中美两地已建立4家子公司，在北京、南京、镇江、天津、保定建有5个专业数据处理中心，为大数据的采集、处理和挖掘提供全球化视野，成为领先的数据资源服务公司，其市值已超过25亿元。数据堂在移动互联网大数据资源领域积累多年，汇集了科技、信用、交通、医疗、通信、天气、地理、质监、环境、商户、电力等数十大领域数据通过融合应用各类大数据资源，实现数据价值最大化，推动相关技术、应用和产业的创新。数据堂已为多家国内外企业提供数据定制服务，包括百度、腾讯、阿里巴巴、奇虎360、联想、科大讯飞等国内顶级互联网和高科技企业，Microsoft、NEC、Canon、Intel、Samsung、Nuance、Fujitsu 等国外企业及在华研发机构。2016年，数据堂积极响应国家大数据战略趋势，进军政府大数据领域，并已与贵阳市政府、芜湖市政府就“数字生态城市”建设达成战略合作协议，开辟出一片蓝海新天地。

数据堂近日公布的2016年上半年报告显示，报告期内实现营收3017.11万元，较上年同期增长51.77%；归属于挂牌公司股东的净利润为-347.02万元，较上年同期的90.87万元，由盈转亏；基本每股收益为-0.02元，上年同期为0.06元。

表28-1　数据堂2016年大数据相关大事记

类型	概　述
荣誉	1月14日，入选中国最具价值投资公司； 6月21日，“2016新三板未来之星总评榜”中荣获“新三板创新科技之星”； 10月21日，荣获2016中国创新先锋20强； 11月16日，在第三届世界互联网大会（乌镇）上囊括中国大数据创新企业TOP100、中国大数据领军人物、中国大数据应用最佳实践案例三大奖项。
产品	10月12日，推出了面向网约车平台的“网约车出行安全系列产品”，助力大众网约车出行安全； 10月28日，推出自动辅助驾驶和车联网数据产品，基于语音和道路视频数据，实现智能设备的模型生成和深度学习，助推自动辅助驾驶和车联网的发展； 11月23日，线上业务平台新版上线，推出了20款基于场景应用的数据产品。
应用	1月26日，助力IBM《POWER8&巨杉数据库算法挑战赛》比赛唯一数据源提供方； 5月26日，借势贵阳国际大数据产业博览会，在贵阳国际生态会议中心首次发布政府大数据“数据生态城市”解决方案； 8月11日，助力IBM Spark全球大赛，成中国区数据源合作伙伴； 9月26日，数据堂为国际一流大赛ImageNet提供视频标注服务； 12月12日，发布京津冀大数据产业协同创新平台之数据资源运营平台建设成果。

资料来源：赛迪智库整理，2017年1月。

（二）发展策略

多渠道融合数据资源，跨界关联多行业。数据堂定位于数据资源运营商，致力于打造行业基石企业地位。数据堂通过合作、购买的方式，从纯线下、行业、政府、互联网数据等各领域获取数据资源，然后将这些数据整合、融合起来，从而实现数据增值。此外，数据堂通过对数据进行初步分析、过滤和分类，形成各种各样的数据产品，满足不同数据应用商的需求。同时，数据堂注重跨业资源的整合，将多个行业的数据整合在一起，并寻求关联，形成数据产品。2016年12月，数据堂展示了其参与的京津冀大数据产业协同创新平台建设成果。该平台由北京大数据研究院发起筹建，数据堂牵头实施数据资源运营平台，打通数据获取、数据处理、数据服务环节，融合和盘活各类数据资源，以数据库和API接口的服务形式满足上千家数据应用商需求，服务领域主要覆盖人工智能、金融征信、精准营销以及智慧交通。2017年初，数据堂入选中关村2016年度前沿企业。

线上线下全渠道覆盖，搭建更广的大数据销售体系。凭借深度的数据挖掘和强大资源整合能力，数据堂让数据的价值不仅限于数据本身，还可通过与数据堂自有数据相结合，实现异业跨界的大数据应用，让数据加倍升值。数据堂拥有国内第一家大数据电商平台Datatang，不仅有服务于国内和其他华语地区的中文平台，还搭建了面向全球的英文版在线销售平台，极大地扩展了大数据的销售覆盖面。同时构建了一支由各个大数据行业专家组成的销售团队，服务对象包括BAT等超一线企业。

二、拓尔思

（一）发展概况

北京拓尔思信息技术股份有限公司（以下简称“拓尔思集团”）是国内领先的大数据技术和服务提供商，也是国家规划布局内的重点软件企业。拓尔思集团拥有10多家全资、控股或参股子公司，并在全国设立了20多个分支机构，产品线覆盖大数据基础平台、行业应用和数据服务三大价值链，并已为4000多家高端企业级客户提供持续的技术和数据服务。拓尔思具有先进的内容管理平台，在媒体和政务领域官网建设中占据主导地位。截至2016年，80%以上的部委门户，一半以上的省级门户，50%以上的大型媒体集团均采用拓尔思的内容管理、大数据、智能搜索等方面的产品。

拓尔思注重自身创新发展及产业整合，重点以大数据技术和大数据服务开展驱动发展，自主研发推出了海贝大数据管理平台、水晶分布式数据库平台，大数据智能分析平台、用户行为分析系统等软件产品，产品线覆盖了大数据基础平台、行业应用和数据服务三大价值链。公司从事的主要业务有大数据、内容管理、知识管理、身份管理、信息安全领域的软件研发和产品开发销售，相关的技术开发和运维服务；面向政务、媒体、安全、金融领域的大数据应用解决方案；面向企业级用户的大数据增值运营服务。涉及领域包括政府、媒体、安全、金融、教育、企业等政府公共服务平台、智慧城市、媒体融合、云服务、大数据、信息安全、舆情分析等多种产业。

据2016年度业绩公告显示，2016年期间，拓尔思归属于上市公司股东的净利润盈利13311.86万—15732.20万元，比上年同期增长10%—30%。2016年，拓尔思在大数据平台方面的技术优势和行业应用方面的客户优势得到较好体现，在媒体融合、警务和网信大数据、金融大数据以及电子政务领域的开拓进展顺利，主要子公司也完成了预期的业务经营目标，公司继续保持了营业收入和利润持续健康增长。

表28－2　2016年大数据相关大事记

类型	概　述
荣誉	12月16日，荣获“2016年度中国大数据领域领军企业奖”； 11月16日，荣获乌镇互联网大会2016中国大数据创新企业、产品、领军人物三大奖项； 11月24日，荣获“2016中国‘互联网＋政务’创新企业”奖。
业务	5月7日，第二届中国数据新闻大赛，支持培养大数据时代的新闻人； 8月2日，参与发起工信部指导的中国大数据产业生态联盟； 9月5日，圆满完成G20官网安全保障工作； 9月10日，联合旗下广州科韵大数据公司斩获某市公安局千万级大数据项目； 11月，投资有数金服1000万元，进一步拓展大数据产业布局； 11月28日，携手山东工商学院设立专业学位研究生实践基地。

资料来源：赛迪智库整理，2017年1月。

（二）发展策略

坚持“技术＋服务”驱动战略，研发自有大数据应用平台。拓尔思不但注重大数据技术的创新，同时坚持大数据服务驱动发展。在该战略驱动下出了海贝大数据管理平台等一系列软件产品，产品线包含了大数据基础平台、行业应用和数据服务三大价值链。此外，拓尔思还拥有大数据分析挖掘云服务平台，为政府、媒体、安全、金融、教育、企业等领域提供领先的大数据应用解决方案。拓尔思还投资了数个大数据产业基金，以构建大数据产业生态圈。

依托“大数据 +”发展战略，提升技术和数据变现能力。基于在文本等非结构化数据处理领域的技术积累，发展“大数据 + 行业”，实现大数据技术与行业应用落地，向更多的行业推广大数据技术产品和服务，于近年分别收购政府行业的广州科韵、信息安全领域的天行网安、金融领域的金信网银、提升大数据技术服务的行业覆盖度。基于在技术产品销售业务中积累的互联网数据、八爪鱼数据交易平台数据等大数据资产，开发和运营基于数据的增值服务，拓展新的数据商业模式，如在线 SaaS 和 DaaS 服务、数据咨询报及数据驱动增值业务，先后收购耐特康赛，参股花儿绽放、微梦传媒等媒体企业，以精准营销的方式提升数据资产变现能力。

三、亿赞普

（一）发展概况

亿赞普集团成立于 2008 年，是全球领先的互联网跨境贸易及大数据应用公司，业务遍及亚太、拉美、欧洲、中东等多个国家和地区，旗下拥有大数据、金融、贸易便利化三大业务板块。亿赞普是我国唯一一家在海外（89 个国家和地区）部署有大数据平台的公司，在多数据源的采集与并发处理领域处于国际领先地位，连续两年承担国家“863”大数据项目的单位，并连续 2 年全程服务于全国两会，通过全球大数据洞察两会动态，在央视《新闻联播》等黄金节目中连续播出“大数据看两会”及“据说 APEC”节目。

亿赞普集团率先构建了中国通向世界的互联网信息流通道，通过与全球运营商及互联网网站合作，研发了基于自主创新的大数据智能处理技术，在全球互联网上部署一张跨多个国家、多个地区、多个语言体系，覆盖面最广的电子商务平台和互联网媒体。截至 2016 年，亿赞普已在欧洲、拉美、东南亚设立了三个海外运营中心，已有欧洲、拉美、亚太等地区 21 个跨国电信运营商和数十万网站加入亿赞普的平台，覆盖 89 个国家的 8 亿互联网用户，其中 50% 以上是国外的网民。亿赞普集团和国家发改委信息中心联手打造国家“一带一路”大数据中心，将承担“一带一路”数据库建设，并通过遍布全球的各类型综合服务平台网络，面向各国政府、企业和组织提供市场化、专业化的服务支撑。

（二）发展策略

构建"一带一路"大数据中心，谋求国内外共同发展。亿赞普集团和国家发改委信息中心联手打造国家"一带一路"大数据中心，"一带一路"大数据平台将采集全球港口贸易、金融、GIS 信息，国内外统计和行业业务数据，以及国内外互联网数据、主流新闻媒体和社交媒体数据等海量数据，并加以分析、挖掘和应用，目前平台已采集沿线 64 个国家的数据，并仍在以每天 100TB 的流量增量持续增加数据存量。此外，平台将通过开发中文、英文、俄文、西语、法语、阿拉伯语等多语言版本，为国家有关部门统筹协调"一带一路"工作提供数据支持和决策支撑、为海外国家提供"一带一路"信息共享、为国内外参与"一带一路"建设的相关企业、组织或个人提供有效的信息和服务。

连续服务央视数据新闻节目，提升政府影响力。亿赞普大数据连续 4 年服务于央视两会大数据——《数说命运共同体》和《两会大数据》。《数说命运共同体》是央视"一带一路"沿线的特别报道，利用亿赞普大数据挖掘超过 1 亿 GB 的数据，以大数据视角讲述"一带一路"沿线 65 个国家的互联互通和沿线 40 多亿老百姓生活休戚相关的密切联系，展现了"一带一路"沿线国家间前所未见的联系图景。2013—2015 年全国两会期间，亿赞普与央视合作推出了《两会大数据》专题节目，亿赞普利用先进的大数据引擎处理海量数据，汇集节目线索，有效支持了节目的成功播放。两次与央视大数据节目的成功合作，有助于加大品牌推广力度，提升影响力。

四、东方国信

（一）发展概况

东方国信成立于 1997 年，是中国领先的大数据上市科技公司。东方国信专注于大数据领域，紧跟全球大数据技术的发展趋势，通过自主研发，打造了集大数据采集、汇聚、处理、存储、分析、挖掘、应用、管控于一体的大数据核心能力，构建了云化架构的大数据产品体系，对标国外优秀软件产品形成了端到端的软硬件相结合的大数据解决方案，并打造了业内领先的大数据能力开放平台解决方案，成为国内民族软件的第一品牌。基于大数据的核心能力，东方国信以“大数据＋”为战略，紧锣密鼓地加快战略布局，以领先的大数据解决方案服务于通信、金融、智慧城市、公共安全、智慧旅游、工业、农业、医疗、媒体、大数据运营等行业和业务领域，帮助客户从数据中获得价值，得到行业与客户的广泛、高度认可，也铸就了东方国信大数据龙头企业的行业地位。

据东方国信发布2016年度业绩预告显示，东方国信归属上市公司股东的净利润预计比上年同期增长35%—55%，盈利预计3.08亿—3.5亿元。

表28－3　东方国信2016年大数据相关大事记

类型	概　述
获奖	荣获2016《中国大数据企业排行榜》工业4.0领域第2名。
合作	与摩比万思共同联合南开大学共建首家移动大数据实验室，深化互联网金融大数据实践。
业务	设立大数据产业基金，推动“大数据＋”战略落地，推进和完善大数据产业链和生态圈。
应用	医院大数据分析系统在对糖尿病辅助诊疗方面得到了广泛应用； 基于金仓数据库KingbaseES为国家教育管理信息系统部署共享存储集群KingbaseRAC，构建了可动态扩展的数据库管理解决方案，形成了“共享、开放、安全”的信息大数据平台，为教育部提供数据采集、教育服务、教育监管、决策支持等提供数据应用支撑。

资料来源：赛迪智库整理，2017年1月。

（二）发展策略

积极推进“大数据”战略，布局跨行业发展空间。东方国信以领先的大数据解决方案服务于通信、金融、智慧城市、公共安全、智慧旅游、工业、农业、医疗、媒体、大数据运营等行业和业务领域。随着大数据技术和应用的跨行业发展，布局各领域业务均具备良好的发展空间。东方国信凭借长期积累的雄厚技术实力，在大数据领域形成了覆盖全产业链的多层次产品结构，并在全国31个省份都设有分支机构或项目实施团队，构建了贴身式服务的大数据落地应用体系。2016年3月，东方国信与国家教育部直属重点综合性大学南开大学及谷歌核心合作伙伴摩比万思共同成立了“大数据联合实验室”。该实验室针对互联网金融行业进行数据挖掘和技术算法研发，逐步建立切实有效的大数据技术应用，挖掘大数据在“互联网＋”时代的商业价值、学术价值以及社会价值。

设立大数据产业基金，横纵向应用领域持续布局。作为国内大数据龙头企业，东方国信发挥大数据行业资源与能力优势，承担大数据企业责任，聚合数据价值，推动“大数据＋”战略落地，引领产业升级，全面优化产业生态链，发挥大数据价值，服务于社会、企业和民生。2016 年 5 月，东方国信引入专业投资管理机构和其他社会资本，设立大数据产业基金，持续布局大数据的横纵向应用领域，不断加大投资力度，进一步推进全产业链整合。大数据产业基金目标规模为 10 亿元，东方国信认缴 2 亿元，同时以货币形式认缴出资 1000 万元，投资重点为大数据、人工智能、机器学习、互联网等领域。

五、荣之联

（一）发展概况

北京荣之联科技股份有限公司是国内领先的信息技术公司，致力于融合云计算、物联网、大数据等技术，帮助企业实现核心业务的全面数字化和信息资源的应用创新。公司于 2011 年在深交所上市，总部在北京，目前有 3 个研发中心、9 个分公司和 9 个办事处，并形成覆盖全国的营销服务网络。公司业务板块主要包含：IT 服务/云计算、物联网/大数据、生物云。在云计算领域，公司帮助客户整合已有的 IT 资产，实现数据中心和 IT 基础设施的集约化管理，引导企业级 IT 系统向私有云和混合云演化；在物联网领域，公司提供数据采集和接入产品，通过边缘计算和数据平台技术支持车联网、工业物联网、农业物联网的建设和运营；在大数据领域，公司提供分析引擎、数据产品以及不同行业的业务解决方案；在生命科学和医疗健康领域，公司依托自有的基因分析算法提供快速分析和解读软件，依托生物数据平台构建了面向整个行业的生物云和健康云。截至 2016 年 12 月底，员工规模 1347 人，其中技术人员占比达 67%。2016 年度业绩快报显示，公司年营业额 15.43 亿元，年净利润 2.42 亿元。

（二）发展策略

注重核心研发与行业应用深入融合。荣之联的大数据能力从传统数据仓库、BI 前端展示和 EAI 能力外延，在大数据存储、数据应用方面积累了丰富的经验，在中文智能语义分析、MPP 并行数据库、数据可视化等方面技术优势明显，在电信媒体、银行证券、生物行业大数据处理方面应用能力突出。

构建完善的车联网生态圈。荣之联拥有多年的企业级数据仓库规划经验和先进的管理理念，能够按照企业的业务发展战略和信息化建设目标设计出先进合理的规划方案。在大数据领域实现了互联网技术、工业物联网技术和大数据技术的整合，在车联网、农业物联网、工程设备联网领域得到了长足的发展。其中，荣之联车联网通过专业的软硬件产品、业务平台及大数据服务，打造完善的车联网生态圈，为整车厂、4S 店、保险公司、政府等行业客户提供全面的整体解决方案，同时与英国 Floow 公司合作拓展 UBI 保险业务。

深耕细作电信大数据。荣之联结合大数据用户感知系统，为中国联通提供数据分析服务。用户感知系统通过安装于智能终端上的信息采集软件，记录用户业务应用的感知信息及相应的无线环境和信令消息，利用 3G、4G 网络实时采集数据并上传至集团云化的数据中心，对数据进行集中存储和处理，由后台用户感知评估体系根据不同的运营支撑应用需求，对所采集的信息加以整理、分析、呈现，为运营商及时发现网络问题、减少用户投诉、提升网络质量和服务质量提供数据分析服务。该系统打破了传统各地区、各部门烟囱式的重复系统建设方式，实现了数据的分散的灵活采集，实现了数据的集中存储和处理，实现了数据全国分权分域的管理和共享。

六、百分点

（一）发展概况

百分点集团成立于 2009 年，作为场景化智能解决方案的定义者，百分点拥有业界顶尖的研发团队、完善的自主研发体系以及成熟的商业实践，并专注于大数据底层技术平台以及场景化智能应用的搭建，使企业能高效、便捷地进行数据资产管理和价值实现。公司拥有 500 多名员工，包括 2 位国家“千人计划”入选者，30 多位博士，和来自于国内外一流大学与技术公司的 300 多人规模的研发团队。公司拥有 3 个研发中心和全球布局的数据中心，并且与北大、浙大、上海交大、中央财经大学等高校建立了五个合作研究中心，拥有大数据领域的软著、专利过百项。2016 年，百分点成功入选工信部评选的“中国大数据 50 强”，成为 2016 Garnter Cool Vendor 唯一入选的大数据公司，入围毕马威评选的中国 Fintech 50 强以及获得 2016 世界互联网大会最佳行业实践奖等。

（二）发展策略

重视大数据建设方法论，普及大数据思维，帮助企业释放数据决策力。百分点通过为超过 2000 家客户进行大数据建设的经验进行总结，认为基于数据进行科学决策并产生价值的能力即为数据决策力，它将是未来企业必须具备的核心竞争力之一。百分点为此联合北大、中计报等多家机构共同推出《数据决策力》白皮书，希望通过此白皮书能够对国内企业用户在大数据建设方法论和大数据思维上有重新的认识和提升。目前，《数据决策力》已经获得包括多个行业客户的认可。

打造大数据整体解决方案。百分点大数据整体解决方案由大数据操作系统 BD－OS、大数据全息建模 BD－OM、大数据智能应用 BD－IA 组成，涵盖了从大数据底层基础平台到大数据场景化智能应用。百分点大数据整体解决方案从大数据整体建设的角度考虑，融合人工智能、大数据当前最领先的技术，结合用户实际业务场景，能够全面、快速、准确地满足客户的大数据需求。目前，百分点大数据整体解决方案已经在国内多个行业得到验证。

深耕行业，加强合作，推动国内大数据落地。百分点致力于帮助金融、政府、媒体、制造、能源等国内多个行业的客户实现大数据的落地。2016 年，百分点已经与国内多个行业客户通过战略合作或者合资公司的方式来实现大数据的落地。与此同时，百分点也致力于大数据生态圈的上下游建设，以开放与合作的心态与大数据产业链包括微软、惠普、华为、浪潮、普天等诸多合作伙伴共同推动国内大数据走向落地。

第二十九章　大数据安全企业

启明星辰始终坚持自主研发与外延并购相结合，致力于覆盖全行业客户市场。同时加深与 IT 巨头的战略合作，深度布局云安全。绿盟科技长期致力于构建完整的安全产品链条，实施"智慧安全 2.0"战略，努力拓展客户市场，全面提升安全服务能力。明朝万达以数据安全为核心，高度重视技术研发创新，重点聚焦在公安警用产品线及政企大客户市场。北信源重视利用大数据加固内网安全，并以安全通信为切入点，推出面向企业应用服务平台。

一、启明星辰

（一）发展概况

启明星辰作为国内最具实力的、拥有完全自主知识产权的网络安全产品、可信安全管理平台、安全服务与解决方案的综合提供商。公司拥有完善的安全产品线，横跨防火墙/UTM、入侵检测管理、网络审计、终端管理、加密认证等技术领域，共有百余个产品型号，并根据客户需求不断延伸和拓展，形成了涵盖安全产品、服务、管理及集成在内的完整信息安全产业链条。公司在防火墙（FW）、统一威胁管理（UTM）、入侵检测与防御（IDS/IPS）、安全管理平台（SOC）等信息安全细分领域位居国内市场领先地位。公司具有强大的研发实力，是国内信息安全领域技术创新和产品研发最具实力的企业之一，主要包括黑客攻防技术研究团队积极防御实验室、专业安全运营服务团队 M2STM 安全运营中心、安全体系设计和咨询团队前线技术专家团、安全系统集成团队以及国内首家企业网络安全博士后工作站。2016 年前三季度，公司营业收入 10.23 亿元，同比增长 20.88%，净利润 4713 万元，同比下降 7.27%，但考虑到第四季度是公司订单回款较为集中的时段，预计 2016 年全年公司的净利润将保持在 3.26 亿—3.46 亿元，同比增长 33.54%—41.73%。

（二）发展策略

自主研发和外延并购相结合，完善产品布局，致力于打造综合性解决方案提供商。公司高度重视研发创新，研发投入年度也是逐步加大，当前在研项目重点聚焦云安全、大数据安全以及安全运营管理等，主要包括新一代防火墙 NGFW 产品研发项目、新一代 VPN 产品研发项目、工控防火墙产品研发项目、泰合新一代信息安全运营中心系统研发项目、针对云计算环境审计产品新型号研发项目、FlowEye 产品新型号研发项目、文件访问控制管理系统 FCM 研发项目、合众大数据基础平台研发项目。2016 年 6 月，公司以 6.37 亿元收购赛博兴安，进一步拓展军工加密和物联网安全业务，通过收购获取加密资质，拓展全新的军工行业客户渠道。依托近年来一系列的外延并购，公司产品也从原先单一的入侵检测扩展到包括 UTM、安全审计、APT、SOC、大数据安全等产品形态；从原先的网络安全逐步向云端安全和终端安全渗透。

致力于覆盖全行业客户市场，有效发挥客户协同效应。通过不断自主创新和外延扩张，公司基本实现了政府、电信、金融、能源、交通、军队、军工、制造等行业客户的全覆盖，成为众多领域企业级用户首选的信息安全品牌，在政府和军工市场占有率高达 80%，覆盖中央、国务院直属 100 多个国家级部、委、办、局，军工行业覆盖总参、总装、兵器集团、航天科技集团等；在大型企业客户方面，世界 500 强中 60% 的中国企业成为公司的优质客户；在金融领域，公司对政策性银行、国有控股商业银行、全国性股份制商业银行实现 90% 的覆盖率。在电信领域，公司为三大运营商集团总公司和 70 多家省级分公司提供安全产品、安全服务和解决方案。

加强战略合作，深度布局云安全，构建开放式安全新生态。公司高度重视与腾讯、华为等国内 IT 巨头的深度合作，与腾讯合作推出云子可信网络防病毒系统，建立企业安全服务战略联盟，重点布局终端安全领域；与华为公司联合推出全网安全协防解决方案，公司泰合下一代 SOC 安全管理平台与华为 SDN 网络控制器实现敏捷联动。2016 年 4 月，公司发布泰合安全威胁分析合作计划，将泰合 SOC3.0 安全管理平台对从事安全威胁分析的安全厂商开放，使得第三方安全分析能力以类似 APP 的形式接入平台并组合应用，实现数据的跨企业整合和共享，公司的平台属性得到进一步强化，安全业态从封闭迈向开放。

二、绿盟科技

（一）发展概况

绿盟科技作为国内信息安全产业龙头企业，产品线较为齐全，拥有入侵防御检测系统、抗拒绝服务系统等19类产品及多个解决方案，并在抗拒绝服务系统（ADS）、入侵防护系统（NIPS）、远程安全评估系统（RSAS）和网页防火墙（WAF）等众多细分领域市场位居全国前列。公司在国内外设有40多个分支机构，行业客户涉及政府、电信、金融、能源、互联网、教育、医疗、军工等众多领域。2016年前三季度，公司业务继续保持高速增长，营业总收入5.15亿元，同比增长40.79%，净利润为1450万元，同比增长206.3%。

（二）发展策略

打造完整的安全产品链条，重点加强攻防技术及产品研发。公司长期致力于构建完整的信息安全产品链条，从网络最外层抗DDoS攻击，到防火墙特定端口扫描，再到入侵检测防御系统抵御网络攻击，以及终端Web安全、审计、安全评估，均能够提供整套解决方案。公司在DDoS和IPS等多个安全攻防产品领域保持龙头地位，抗DDoS产品在国内市场占有率超过30%，入侵防御系统、Web应用防火墙的市场占有率均超过20%，位居国内市场首位。

实施“智慧安全2.0”战略，从传统安全产品模式向解决方案和安全运营模式转型。与传统专注于安全硬件、软件产品不同，公司将围绕用户需求，注重安全运营管理服务，将公司当前产品收入和服务（含解决方案）收入3∶1的比重发展成为1∶1。公司围绕“智慧安全2.0”战略，重点加强“绿盟云”安全服务平台、安全态势感知解决方案、云计算安全解决方案以及下一代威胁防御解决方案等研发。

加强战略合作，拓展客户市场。公司先后与“腾讯云”“华为云”“绿网”、云杉、青云、阿里云签署了云安全战略合作协议，提供专业的云计算安全解决方案。2016年4月，公司与阿里云发布抗DDoS云清洗合作，依托阿里云云盾强大的带宽资源，建立包括美国、日本、新加坡、欧洲等在内的云清洗中心，向全球客户提供相关的安全产品和服务。2016年6月，绿盟安全服务正式上线阿里云，对接阿里云平台180万客户的安全需求，提供包括Web安全、安全检测、数据安全、移动安全、邮件安全、威胁情报、流量清洗等在内的7个大类共9项安全服务。

统筹各方资源，提升安全服务能力。2015年12月，公司通过定增募集8.1亿元，推动智慧安全防护体系和安全数据科学平台两个建设项目，进一步整合公司云端能力和客户端解决方案能力，在公司原有安全云服务的基础上，实现云“线上环境或云端”“地”（线下环境或客户侧）、“人”（专家团队）、“机”（安全防护设备）协同体系，最大限度发挥安全云系统、客户侧安全设备、专家团队等的协同效应。

三、明朝万达

（一）发展概况

明朝万达于2005年成立，是国内领先的数据安全技术、产品和服务提供商。公司以自主数据加密、操作系统内核等技术为依托，以数据保护为核心业务，重点面向金融、政府、电信、能源、制造等行业客户提供数据综合防护产品、解决方案以及数据治理、安全运维等服务。公司产品围绕数据全生命周期安全防护，覆盖数据产生、存储、交换、使用等重要环节，实现对服务器、数据库、终端以及网络通信的数据进行识别、脱敏、加密和权限管理，辅以全程日志和操作行为数据审计，利用大数据技术进行关联分析和数据挖掘，及时有效发现针对数据的攻击和威胁，确保用户数据安全可控。公司产品和服务包括软件产品、硬件产品、技术服务和技术开发四大类，其中软件产品主要分为数据加密、移动数据安全和数据防泄露三大产品线。当前公司建成了覆盖全国的销售及服务体系，除北京总部外，在北京、西安、成都三地建有研发及技术支持中心，并在全国主要省会城市设有办事处，并通过全国上百家合作伙伴，能够为用户提供本地化的服务和支持。

（二）发展策略

以数据安全为核心进行业务布局。公司以数据安全为核心，自主可控的国密算法应用技术为基础，研发出数据安全系列产品，覆盖数据产生、存储、交换、使用等全生命周期重要环节，实现对服务器、数据库、PC终端、移动终端以及网络通信的全 IT 架构下数据安全的协同联动管理，致力于构建企业级的数据安全防护体系。

重点聚焦公安警用产品线。2016 年，公司完成对金之盾的收购，进入公安警用信息化产品领域，公司完成的公安部全国移动警务移动安全项目处于国内领先水平。该产品线主要包括公安数据安全和公安核心业务系统两大类产品，重点涉及安全集中监测与审计系统、安全数据分析系统、终端安全准入系统、主机监测、应用管控系统、数据防泄露系统、电信反诈骗自动化平台、刑侦一体化办案系统、禁毒信息管控系统、情报信息综合应用平台、陆网查控系统等具体系统和项目。

重点拓展政企大客户市场。公司最具优势的用户群体主要分布在金融、政府、能源、电信、制造等领域，主要包括国家开发银行、中国银行、交通银行、中国光大银行、中信银行、民生银行、中国人寿、银河证券等三十多家金融机构，公安部、海关总署、外交部、质检总局、审计署、最高法等政府部门机构，中国石油、中核核电、中海油、中国移动、中国电信、中国联通等大型国企。以政企大客户为主导的优质客户资源使得公司能够在政策利好的情况下获得较大收益，同时，也能够促进公司不断提升产品功能和性能，提高稳定性、易用性。

高度重视技术研发创新。当前公司在数据安全管理产品、移动安全管理产品、大数据威胁分析管理产品及整体解决方案等方面，已经形成 10 多项核心技术，拥有 16 项授权发明专利和近 60 项申报专利，成为国内最具技术创新和产品开发实力的数据安全主要厂商之一。公司研发团队实力突出，持续创新能力强。2015 年公司研发费用占营收比重高达 17.2%，公司研发人员占比高达 45%，且研发核心主要来自清华大学、中科院等科研院所，具有强大和稳定的创新能力。

四、北信源

（一）发展概况

北信源于 1996 年成立，是国内知名的信息安全产品及整体解决方案提供商，在终端安全管理和数据安全管理两大领域占据较大的市场份额，在信息安全领域，公司构建了三纵四横的新一代终端安全管理体系，从内网安全、数据安全、边界安全三个方向对 Windows 终端、国产终端、移动终端、虚拟化终端提供全方位、立体化的安全防护。在互联网领域，公司全力打造的“新一代互联网安全聚合通道”，打造跨终端、全方位、安全可信的通信聚合平台，为企业和互联网用户提供即时通信、协同办公、任务管理、ERP 改造、应用开发、互联互通等多层次、全方位的平台服务。2016 年前三季报，公司实现营业收入 2. 25 亿元，同比增长 34. 55%；实现净利润 2239. 73 万元，同比增长 10. 96%。

（二）发展策略

2016 年，北信源顺应市场发展潮流，启动并实施全新战略规划，重点布局信息安全、互联网、大数据三大战略领域，力争打造成为国内领先的平台及信息安全服务提供商。

在大数据业务方面，公司以大数据位工具，重点利用大数据加固内网安全、提升管理效率，加快大数据技术与现有产品的深度融合，打造“大数据”内网安全产品生态体系。同时，公司基于现有大数据产品及业务优势，推出内网大数据安全产品来提升服务深度和广度，并以安全通信为切入点，打造企业应用服务平台。

在互联网方面，公司推出“信源豆豆”，打造安全聚合通道。该产品可以为企业和互联网用户提供即时通信、协同办公、应用开发、万物互联等多层次的服务，使得公司能够实现业务拓展，促进双轮驱动业务格局形成，从而把握和分享物联网、人工智能等新兴领域的良好发展机遇。

在信息安全方面，持续加强与业务企业合作共赢，保持国内信息安全行业领先地位。2016 年 7 月，北信源与启明星辰等公司成立合资公司辰信领创，共同打造国内网络防病毒品牌；2016 年 10 月，公司与匡恩网络成立合资公司信源匡恩，共同打造“终端信息安全管理 + 工业控制系统网络安全”的整体解决方案。此外，公司还围绕信息安全领域开展一系列投资并购，力争进一步强化和巩固公司在国内信息安全领域的竞争优势，提高行业核心竞争力。

政 策 篇

第三十章 《国务院关于印发政务信息资源共享管理暂行办法的通知》

国务院印发的《政务信息资源共享管理暂行办法》（以下简称《办法》）确立了以共享为原则、不共享为例外，以需求为导向、无偿使用，统一标准、统筹建设，建立机制、保障安全的政务信息资源共享原则。《办法》要求编制政务信息资源共享及目录，搭建政务信息资源共享平台，建立国家政务信息化项目建设投资和运维经费协商机制。《办法》的出台标志着我国政务信息资源系统规范化和制度化取得实质进展，政务资源共享平台将实现各部门信息互联互通，未来将成为城市基建标配；政务数据的开放共享将开拓巨大的应用市场前景，为大数据行业的发展提供重大利好；数据互联互通将加速信用社会建设，对社会信用体系建设具有重大意义。

一、政策背景

当前形势下，近年来，政府各部门在实际工作因为缺乏有效的信息沟通方式，导致“信息孤岛”现象普遍存在，《办法》这份纲领性文件具有里程碑的意义，将彻底改变我国政务信息共享历史上存在的没有有效的依据，可以可靠地打破“信息孤岛”和“数据烟囱”，使政务信息共享工作的推进变得制度化、规范化和程序化。

经过近些年的努力，我国政务信息资源共享建设进度取得突破性进展，政府部门目前已经成为最大的信息数据生产、收集、使用和发布单位。但因多部门和跨部门共享机制不健全、不成熟以及政策制度滞后等原因，影响了数据资源共享应有的效果。为了进一步提高政府行政效率，推进政府服务质量的提升，国务院颁布了《政务信息资源共享管理暂行办法》。《办法》是国家推进政务信息资源共享管理制度建设的重大政策性举措，同时这也是我国首次出台的关于政务信息资源共享的规范性文件。

二、主要内容

《办法》内容涵盖6个章程，共26条规定。从原则以及多方面规定了政务信息资源共享的原则和使用办法。内容可以概括为五个方面：一是确立总体原则；二是制定政务信息资源目录的编写工作；三是政务信息资源分类与共享要求的准则；四是共享信息的提供与使用；五是信息共享工作的监督和保障。

政务信息资源共享应遵循以下原则：一是以共享为原则，不共享为例外；二是以需求导向，无偿使用；三是统一标准，统筹建设；四是建立机制，保障安全。

编制政务信息资源共享及目录。一是凡是列入不予共享类的政务信息资源必须要有法律、行政法规或党中央、国务院政策依据作为依据；二是人口信息、法人单位信息、自然资源和空间地理信息、电子证照信息等基础电子信息资源的基础信息项是各大政务部门履行职责的共同电子信息化的需要，必须依据整合共建基本原则，通过共享平台而实现基础数据统筹管理、及时更新，在相关部门间实现无条件共享；三是围绕经济社会发展的特定统一主题领域，由多部门共建项目从而逐步形成主题信息资源。

共享平台的搭建措施。共享平台是有效管理国家政务信息资源目录、支撑各政务部门开展政务信息资源共享交换的国家关键信息基础设施之一。通过三种途径来保障共享平台的建设，一是各政务部门业务信息系统原则上仅只通过电子政务内网或电子政务外网承载，借助共享平台与其他政务部门实现共享交换数据。二是有关政务部门应推进本部门业务信息系统整体向国家电子政务内网或国家电子政务外网迁移，并稳步接入本地区共享平台。三是遵照“谁主管，谁提供，谁负责”的原则，维持部门应及时维护和更新信息，保障数据的完整性、准确性、时效性和可用性，确保所提供的共享信息与本部门所掌握信息的精准一致性。四是按照“谁经手，谁使用，谁管理，谁负责”的原则，有关使用部门应根据履行职责需要依法依规使用共享信息资源，并加强对共享信息使用全过程管理。

建设国家政务信息化项目建设投资和运维经费应遵循协商机制。联合考核政务部门落实政务信息资源共享要求和网络安全要求的情况，凡考核后不符合政务信息资源共享和网络安全要求的，一律停止经费拨发。

三、政策影响

《办法》的出台是我国政务信息资源系统规范化、制度化的一个重要里程碑。同时也从多方面推动了市场和社会多方面的进一步发展。

一是共享平台实现各部门信息互联互通，将成为城市基建标配。在城市信息化建设的过程中，由于分散建设和监管落后等历史原因，信息孤岛成为当今政务信息化建设当中必经的尴尬过程。随着云计算、大数据、人工智能等技术的日趋成熟，解决部门划分所造成的信息孤岛等历史问题，技术上已经可行：在智慧城市建设中，采用云计算模式，将公共信息虚拟处理，形成一个虚拟化资源池，并将虚拟资源根据业务需要组装成独立运行的服务器资源对外提供，为智慧城市的公共信息提供共享服务。未来公共信息平台与公共基础数据库将成为智慧城市建设标配的基础设施，支持城市综合信息资源信息化整合、业务应用系统全面统筹，从而有效促成城市规划、建设和管理的创新管理模式，形成新的城市管理生态系统，市场空间空前巨大。

二是政府数据开放共享，应用前景广阔，打开巨大市场。过去大数据行业发展最大的瓶颈在于数据源的匮乏，抑制了行业应用和发展前景。数据的匮乏，从供给侧限制了行业应用模型建立和验证所需的数据，最终限制了行业的发展。作为占大数据比例达 80% 以上的政府数据共享开放的实施，对大数据行业无疑是重大利好，在极大地解决数据源匮乏的问题同时，也为其他类型数据开放建立了标杆和规范。未来大数据技术在各行各业的应用前景，以及新的应用方向将会层出不穷，整个行业将进入高速发展模式。

三是数据互联互通加速信用社会建设，开启业务第三阶段成长。我国社会信用体系的建设由国家发改委牵头，包括政府信用体系、企业信用体系、个人信用体系。政府数据的跨部门共享，对社会信用体系建设意义重大。信用平台的数据来源得到解决，且在泄密与否的安全性和数据本身的准确性都有政府相关部门背书，为平台的应用和推广扫清障碍。在政府端，仅国家级—

省—地市级三级联动的信用平台建设和运营预计就可达百亿市场，后续还可通过在政府采购、社会公共事务、特定行业特许征信等方面实现变现；企业信用领域，仅品牌管理等的泛舆情服务即有百亿市场，依托国家企业信用数据库，未来在供应链金融、精准营销等方面想象空间更大；个人信用领域的商业模式尚具有不确定性，多维度数据相结合未来有望在企业会员管理、企业招聘、金融服务等领域实现变现。

第三十一章 《国务院办公厅关于促进和规范健康医疗大数据应用发展的指导意见》

《国务院办公厅关于促进和规范健康医疗大数据应用发展的指导意见》（以下简称《意见》）从夯实健康医疗大数据应用基础，深化健康医疗大数据应用，规范和推动“互联网＋健康医疗”服务，强化健康医疗大数据保障体系建设，加强组织实施等方面提出了促进健康医疗大数据产业有序发展的指导措施和实施细节。《意见》的出台将加速健康信息平台的建设，健康大数据体系互联互通有望实现；将深化健康医疗大数据应用，健康医疗大数据产业链条发展空间进一步扩大；将有力解决健康医疗领域信息不对称问题，推动医疗资源扁平化和普及化发展。

一、政策背景

医院是医疗大数据的关键卡位，电子病历是医疗信息化的核心数据，随着医疗行业对于大数据的需求，健康医疗大数据行业蓬勃发展，智能穿戴设备迅速更新换代，健康医疗数据集成更加容易，当前我国的医疗健康数据达到PB级并飞速增长，健康医疗大数据的应用发展进入了新的时期。

国务院办公厅于2016年6月8日印发《国务院办公厅关于促进和规范健康医疗大数据应用发展的指导意见》。《意见》部署通过“互联网＋健康医疗”探索服务新模式、培育发展新业态，努力建设人民满意的医疗卫生事业，并为打造健康中国提供有力支撑。《意见》的出台为我国健康医疗大数据的发展提供了基本的意见指导和目标规划，顺应了未来全球健康医疗产业的基本发展趋势。从国家层面推动医疗数据平台的建设，医院之间长期存在的信息孤岛将得以打通，远程复诊和医保联网异地结算等将逐步实现，能够更好发挥政府作用，以保障全体人民健康为出发点，强化顶层设计，完善政策制度，推动政府健康医疗信息系统和公众健康医疗数据的有效融合、共享和交互。大数据技术与健康医疗服务的理念深度结合，能够使优势资源得到更好的推广和利用，不断推动分级诊疗落地，有力加快远程医疗普及，促进精准医疗发展。

二、主要内容

《意见》提出了三大基本原则，围绕就发展目标，不断夯实健康医疗大数据应用发展基础，加强健康医疗大数据的应用，深化“互联网 + 健康医疗”应用服务，加强健康医疗大数据统筹保障体系建设和组织建设实施方面等七大方面内容提出了具体有效的指导政策和实施细节。

一是确立了三大原则。一要坚持以人为本、创新是驱动力；二要坚持规范有序、安全有效并且可控；三要坚持开放融合的态度、共建共享。

二是夯实健康医疗大数据应用基础。在加快建设统一权威、互联互通的人口健康信息平台的同时，推动健康医疗大数据资源统筹开放共享。

三是深化健康医疗大数据应用。一要利用监管来推进行业治理大数据应用；二要推进临床和科研大数据应用在临床科研在基因测序、精准医疗、医研协同、智慧医疗等方面的应用；三要推进公卫大数据应用在免疫规划、网络直报、风险预警、卫生保健等公共卫生项目；四要不断推进健康医疗与养生、养老、家政等服务业协同发展；五要在研制推广数字化智能设备领域，加快研发成果转化，提高生产制造水平，促进健康医疗智能装备产业升级。

四是规范和推动“互联网 + 健康医疗”服务。一要发展智慧健康医疗便民惠民服务。二要建立全面覆盖的远程医疗应用体系。三要推动健康医疗教育资源管理培训应用。

五是强化健康医疗大数据保障体系建设。一要加强法规、政策以及标准体系建设；二要推进网络信用体系建设；三要强化健康医疗数据安全保障工作；四要推动健康医疗信息化综合型人才队伍建设。

六是加强组织实施。一要强化统筹规划，建立党委政府领导、多方参与、资源共享、协同推进的工作格局；二要抓住重点着力突破；三要加大政策扶持力度；四要加强政策宣传普及；五要推进国际交流合作。

三、政策影响

《意见》的出台为我国健康医疗大数据的发展提供了基本的意见指导和目标规划，也顺应了未来全球健康医疗产业的基本发展趋势。从国家层面推动了医疗数据平台的建设，医院之间长期存在的信息孤岛将得以打通，远程复诊和医保联网异地结算等将逐步实现，能够更好发挥政府作用，以保障全体人民健康为出发点，强化顶层设计，完善政策制度，推动政府健康医疗信息系统和公众健康医疗数据的融合、共享。加速推进健康医疗大数据的深度广度研究和创新应用，对于医疗改革服务模式，创新医疗大数据服务机制，提升医疗服务品质具有重要意义。利用健康医疗大数据，不仅有利于改革健康医疗服务模式，而且对社会经济的发展有着重要的推动作用。具体的政策影响有如下几点。

一是健康信息平台建设加速，健康大数据体系互联互通可期。《意见》强调了发展并且规范化健康医疗大数据，健康信息综合平台应当加速建设。依托国家电子政务外网和应用的统一数据共享交互平台，建成互通共享的国家、省、市、县四级人口健康信息汇总平台。2017 年底实现国家和省级人口健康信息平台以及全国药品招标采购业务应用平台互联互通，初步形成跨部门的健康医疗数据资源共享格局。2020 年建成国家医疗卫生信息分级开放应用平台，实现跨区域、跨部门的医疗信息全面有效的共享。建成 100 个区域临床医学数据示范中心，统筹区域布局，基本实现城乡居民拥有规范化的电子健康档案和功能完备的健康卡。

二是深化健康医疗大数据应用，健康医疗大数据产业链大有发展空间。基于基因组学、蛋白质组学构建临床决策支持系统，基因测序作为关键技术，成为精准医疗发展的基础。推广数字化健康医疗智能穿戴设备，与居民健康档案信息化建设相结合，扩大对可医疗智能穿戴设备需求，家庭医疗终端逐渐开始普及；基于健康医疗大数据的挖掘和分析，带动数据一体式产业链的发展，推动健康管理、咨询、服务等产业升级。

三是“互联网 + 健康医疗”，有力解决信息不对称的问题，推动医疗资源扁平化、普及化。健康医疗大数据可应用于临床科研、医药开发等多个方面。

医院、医生、患者、医药等作为数据采集基本入口，智能化健康医疗设备作为收集、分析、挖掘医学大数据资源的直接载体，迎来黄金发展机遇。当前我国优质医疗资源主要集中在大城市和沿海地区，地区分布严重不均，医疗信息化和大数据建设是远程医疗开展的必备基础，届时病人在原地、原医院即可接受到优质的远程会诊和治疗，可以有效节约医生和病人大量时间和金钱，实现医疗资源优化分配。探索互联网医疗教学模式，从建立医疗云平台到对基层医疗服务人员全面使用云平台的培训，全面提升基层医疗机构就诊服务和体验。

第三十二章 《交通运输部办公厅关于推进交通运输行业数据资源开放共享的实施意见》

《交通运输部办公厅关于推进交通运输行业数据资源开放共享的实施意见》（以下简称《意见》）要求建立健全行业数据资源开放共享管理体系，努力完善交通运输行业数据资源开放共享技术体系，开展行业数据资源开放共享典型示范应用，保障行业数据资源开放共享秩序。《意见》的出台将积极推动“互联网+”交通运输融合创新发展，有效促进智慧交通和智慧城市建设，催生更多周边新业态，有效整合信息资源的应用，强化交通运输行业网络安全保障，推动行业业务应用系统的建设。

一、政策背景

在当前的社会发展形势下，必须充分认识到推进交通行业数据资源全面开放共享的重要意义。要充分挖掘交通运输数据资源价值，全面推动建成与交通行业信息化发展相适应的一体化、全方位、多层次的网络交通运输资源平台。不断完善网络安全应急体系，努力提升行业网络安全综合防范能力，大力推进交通行业数据资源开放整合共享，以问题导向和需求导向，鼓励创新，并且督促落实，推进智慧交通规划和发展，提升交通行业综合治理能力和服务水平。

党中央、国务院高度重视现代物流业的高速发展，从发展道路货运无车承运到能够有效提升运输系统组织效率、优化物流系统的市场格局和架构、规范市场主体经营行为，是推进交通物流业供给侧结构性改革的重要内容。《交通运输部办公厅关于推进交通运输行业数据资源开放共享的实施意见》要求开拓创新体制机制，坚持以问题导向，不断完善政策标准，大力试点示范，正确有效处理政府和市场关系，加强信用建设，做好试点组织规范实施工作，及时总结推广典型先进经验，推动物流行业降本增效，全面有力支撑经济社会发展。

二、主要内容

《意见》要求遵循以目录管理数据资产、以共享促进数据融合、以开放实现数据增值的总体思路，坚持需求导向和问题导向，加强统筹协调，激发市场活力，着力突破交通运输大数据发展机制与技术障碍，提升行业数据资源开发利用价值，打造便捷高效的现代交通体系。

《意见》的基本原则从四个方面对交通运输业进行了要求。

一要统筹协调、联合推进。加强管理与技术体系统筹，强化行业数据资源治理，推动各类平台有效对接，打破部门分割和行业壁垒，政企合作，上下联动，共同推进数据资源开放共享。

二要需求导向、互利共赢。以跨部门、跨地区、跨领域业务协同需求为导向，注重盘活整合现有资源，实现行业数据资源有效共享。以提升综合交通服务品质为导向，推动行业数据资源向社会开放，充分释放行业数据红利，实现多方共赢。

三要激发活力、创新应用。创新行业数据资源开发利用模式，激活数据增值能力，引导鼓励企业和社会机构开展交通运输服务大数据创新应用，推动交通运输服务联动创新、融合创新、万众创新。

四要规范有序、保障安全。统一数据资源开放共享标准，完善相关业务规则，规范数据资源全生命周期管理，提升行业数据质量。妥善处理创新发展与保障安全的关系，强化大数据技术背景下的安全防护。

《意见》从主要任务和措施方面做出了四项规范。一是建立健全行业数据资源开放共享管理体系；二是努力完善行业数据资源开放共享技术体系；三是开展行业数据资源开放共享典型示范应用；四是保障行业数据资源开放共享秩序。

三、政策影响

《意见》的出炉，能激发市场活力，大力突破交通运输大数据发展机制与技术障碍，提高行业数据资源开发利用价值，为打造精准治理、多方协作的行业治理模式，构建贴近需求、便捷高效的运输服务体系提供有力支撑，促进安全便捷、畅通高效、绿色智能的现代综合交通运输体系建设。

一是以智慧城市交通建设为依托，积极推动“互联网＋”交通运输融合创新发展，新业态、新模式多点开花，社会公众正在共享交通运输转型升级发展成果。智慧交通建设蹄疾步稳。智慧交通建设已经在顶层设计、基础设施、信息资源、应用创新等多方面取得了丰硕成果。智慧交通基础设施体系基本建成。铁路特别是高铁、民航在智慧交通发展上已经稳步领先，并且在建设、管理、监测方面达到较高业务水平。行业整体网络基础设施日益完善。由交通运输政务内网、政务外网和行业专网三方面构成的交通运输基础通信网络架构体系已经建成并且投入使用。

二是智慧交通催生更多周边新业态。随着移动互联网技术的快速发展并且与交通运输深度融合，交通运输领域各种新业态、新模式和新服务模式相继出现，整体发展形势良好。“互联网＋货运物流”更高效，“互联网＋城乡客运”更便捷，“互联网＋出租车”风头劲，“互联网＋汽车维修”正当时。

三是在信息资源整合应用方面，有力推进了长江航运信息资源整合、海事业务数据整合等多项航运和海事资源整合工作，取得了丰硕的成果。城市道路运政、交通一卡通、水运信息共享等信息交互与行业整合应用也在普及之中。

四是交通运输行业网络安全是整个行业创新中的重中之重。以“以安全促发展”的思路为指导，积极从管理、技术、标准等多方面，全方位地强化网络安全保障。以行业网络安全技术支撑，建立了交通运输信息安全中心。交通运输部还建立并完善了覆盖行业59家单位、纵向对接国家、横向覆盖行业网络安全信息通报机制，建成了行业密钥管理与证书认证系统。

五是行业业务应用系统建设，也同样是智慧交通发展格局的重要点。交通运输部已基本建成了全国两级路网运行管理中心，搭建了31个省（区、市）重点营运车辆联网监控系统，建设了覆盖全国的两级交通运输统计分析监测和投资计划管理信息综合系统，开展并倡导了多项系统信息化建设，例如交通公安综合业务信息管理系统、全国综合交通信息执法系统、水路运输建设综合管理信息系统的建设。

第三十三章 《促进国土资源大数据应用发展实施意见》

国土资源部颁布的《促进国土资源大数据应用发展实施意见》（以下简称《意见》）提出完善国土资源数据资源体系，全面推进国土资源系统内部信息互联互通，大力推进政府部门之间的数据共享服务，稳步推进国土资源数据向社会开放，有效提升国土资源决策支持能力，加强地质环境与地质灾害分析和决策预警信息服务，大力推进地质调查信息服务，培育国土资源调查评监测应用新业态。《意见》的颁布有力推动了国土资源数据实现较为全面的资源信息共享和开放，并促进资源管理监督以及在公共服务领域的应用，形成国土资源数据在系统内和政府部门间充分共享和开放的新局面。

一、政策背景

信息技术与当代社会经济的交汇融合引发了数据指数级的迅猛增长，大数据已然为国家基础性战略资源。国土资源大数据作为基础国情信息的重要组成部分，在国民经济和社会发展中发挥着重要的作用。通过国土资源调查、监测、评价和管理工作，积累了海量的基础地理、土地、地质矿产、地质环境与地质灾害防治和海洋等数据，这些数据对于各级政府部门的规划、调控、监管以及社会各界开展与空间和资源相关的活动等需求具有极其重要的研究和分析价值。

因此，国土资源部在"十三五"期间计划构建全国统一的国土资源数据资源体系。梳理各类国土资源数据，形成数据资源目录。汇聚整合土地、不动产、地质矿产、地质环境与地质灾害防治等各类数据，建立完善并形成内容全面、标准统一的国土资源数据资源体系。

同时，建立国土资源数据共享开放新机制。构建统一的国土资源数据共享平台和开放平台，建立充分共享、适度开放、安全可靠的国土资源数据共享开放新机制，形成国土资源数据在系统内和政府部门间充分共享和向社会有序开放的新局面。

国土资源部计划在“十三五”时期，汇聚整合土地、不动产、地质矿产等各类数据，建立完善并形成内容全面、标准统一的国土资源数据资源体系。在统筹规划和统一标准的基础上，丰富与完善统一的国土资源数据资源体系，初步建成国土资源数据共享平台和开放平台。《促进国土资源大数据应用发展实施意见》的出台有力地推动了国土资源数据实现较为全面的资源信息共享和开放，并能够在资源管理监督以及公共服务等领域普遍应用。未来几年内的具体工作包括制定数据共享体系和标准、开发建立国土资源数据共享开放平台等。

二、主要内容

《意见》从指导思想、基本原则、发展目标、主要任务、保障措施五大方面详细指导并阐述了国土资源大数据应用的规划和相关政策。

一是基本原则。一要坚持统筹规划，共同发展。二要坚持共享开放，确保数据安全。三要坚持创新发展，以应用为导向。四要坚持政府主导，社会广泛参与。

二是发展目标。一要构建统一的国土资源数据资源体系。二要建立国土资源数据共享开放新机制。三要打造国土资源管理决策服务新模式。四要培育智能化国土资源调查评价监测应用新业态。

三是主要任务。一要不断完善国土资源数据资源体系。建立数剧资源目录，完善数据库开发建设与更新机制，整合并有效集成各类国土资源数据。二要全面推进国土资源系统内部信息互联互通。内部信息应当立纵向覆盖四级国土资源主管部门的数据共享与交换机制，构建横向国土资源系统内部数据共享开放应用机制。三要大力推进政府部门之间的数据共享服务。首先应当制定数据共享制度和标准，开发建立国土资源数据共享平台，其次加强国土资源专题信息产品制作与服务。四要稳步推进国土资源数据向社会开放。建立数据开放制度和标准，建设全国统一的国土资源数据开放平台，稳步推进各类国土资源数据向社会开放，加强面向公众的信息产品制作与服务，培育国土资源数据开发利用的市场化机制。五要有效提升国土资源决策支持能力。采集并汇聚其他行业相关数据资源，构建国土资源分析和决策支持系统，开展重点行业领域的智能决策分析应用，搭建国土资源国家智库信息化平台。六要加强地质环境与地质灾害分析和决策预警的信息服务。集成与整合各类地质环境与地质灾害有关的防治数据，构建智能化地质环境与地质灾害分析预警系统，开展地质环境与地质灾害防治数据信息综合分析与服务。七要大力推进地质调查信息服务。建设地质大数据支撑平台，构建地质信息协同服务体系。八要培育智能化国土资源调查评价监测应用新业态。建设并完善智能地质调查分析体系，培育智能探矿应用新业态，探索土地智能监测新模式。

四是保障措施。一要完善组织实施机制。二要建立健全数据管理制度。三要不断强化科技人才支撑体系。四要加大经费支持力度。五要保障信息数据安全。

三、政策影响

《意见》提出，通过国土资源调查、监测、评价和管理工作，产生和积累了海量的基础地理、地质矿产、地质环境与地质灾害防治等数据。这些数据对于各级政府部门的规划、调控、监管和社会各界开展与空间和资源相关的活动，以及满足人民群众对国土资源信息日益增长的需求具有重要的价值。国土资源数据实现较为全面的共享和开放。在基于数据共享的国土资源治理能力不断提高和基于数据开放的公共服务能力全面提升的情况下，国土资源大数据在资源监管和公共服务等领域得到广泛应用。国土资源大数据产业新业态初步形成。

一是持续完善国土资源数据资源体系，逐步形成横向覆盖地质矿产、地质环境与地质灾害防治等各专业领域，纵向包括国家、省、市、县四级，较为完整、准确的国土资源数据资源目录。同时，有序推进矿产资源规划、矿业权审批登记、矿产资源勘查资质、矿产资源开发利用、矿业权市场等矿产资源数据集，国土资源统计数据集，多种比例尺基础地质图和环境地质图、地质灾害防治与地面沉降等数据集向社会开放。利用物联网、大数据等新一代数据采集与分析技术，建立智能化地质环境与地质灾害分析预警系统，整合各类地质环境与地质灾害防治数据，全面提升地质环境与地质灾害防治信息的分析与预警、决策与处置能力和信息服务水平。

二是推进地质调查信息服务。开展地质大数据建设，构建地质数据协同服务体系，深化地质大数据在调查、管理与服务等方面的创新应用，提升地质调查数据获取、分析、处理和服务能力。

三是培育智能化国土资源调查评价监测应用新业态。充分利用大数据技术，推进国土资源调查、评价和监测技术研发，创新工作模式，培育智能地质调查、智慧探矿等应用新业态。一要建设与完善智能地质调查体系。推进数字地质调查系统向智能化、智慧化方向发展。在区域地质调查、矿产资源调查、地质灾害评价、地下水资源调查评价等地质调查领域实现数字调查全覆盖。二要培育智慧探矿应用新业态。积极引导和鼓励企业、高等院校、科研机构和社会公众开展智慧探矿创新应用研究，逐步形成以数据驱动的地质矿产调查评价与智慧探矿新业态。

第三十四章 《大数据产业发展规划（2016—2020年）》

工信部颁发的《大数据产业发展规划（2016—2020年）》（以下简称《规划》）明确提出加强大数据技术产品研发，推动工业大数据创新应用，促进行业大数据应用广泛发展，加快大数据产业主体培育速度，有利推进大数据标准体系建设，不断完善大数据产业支撑体系，全面提升大数据安全保障能力。《规划》的实施将为我国大数据产业发展提供良好契机，指导大数据产业体系创新发展，强化大数据跨行业应用，加快培育产业主体，进一步完善产业体系。

一、政策背景

当前世界已经进入以信息产业为主导的新经济发展时期，进入信息网络技术融合而成的新兴产业将以新经济引领新常态。同时，实施国家大数据发展战略已经在全国深入人心。2014年3月，大数据概念首次在我国《政府工作报告》中出现，至今国务院常务会议已经6次提及大数据运用。随着产业"十三五"规划工作不断推进，大数据产业发展将获得重大利好，产业进入密集增长期。大数据在如今已经能为政府与企业带来更强的决策力、洞察发现力和流程优化能力，因此，数据资源早已同能源一样，日益受到重视，尤其在互联网时代，信息流动与分享的范围和影响力正不断扩大，数据创造的价值不断增加，大数据显然已经成为了经济发展的全新助力。

"十二五"期间，我国信息化持续推进，信息产业迅速壮大，互联网经济日益繁荣，积累了丰富的数据资源，技术创新能力持续提升，大数据应用市场发展情况态势良好，产业体系逐渐成型，产业支撑能力不断增强，为我国加快大数据产业快速发展奠定了扎实的基础。"十三五"时期，大数据将在稳增长、促改革、调结构中承担越来越重的任务，在经济社会发展中的基础性、战略性、先导性话语权更加突出。大数据也将重新构建信息技术体系和产业格局，为我国信息技术产业的发展创造巨大发展机遇。为推动我国大数据产业持续健康发展，深入贯彻党的十八届五中全会精神，实施国家大数据战略，落实国务院《促进大数据发展行动纲要》，按照《国民经济和社会发展第十三个五年规划纲要》的总体部署和工业和信息化部“十三五”规划体系相关工作安排，工信部于 2017 年 1 月 17 日正式发布了《大数据产业发展规划（2016—2020 年）》。

二、主要内容

《规划》在分析总结产业发展现状及判断未来发展形势的基础上，围绕“强化大数据产业创新发展能力”一个核心、“推动数据开放与共享、加强技术产品研发、深化应用创新”三大重点，完善“发展环境和安全保障能力”两个支撑，构建一个“数据、技术、应用与安全协同发展的自主产业生态体系”，努力提升我国对大数据的“资源掌控、技术支撑和价值挖掘”三大能力。《规划》主要设置了七项重点任务、八个重点工程以及五个方面的保障措施。

一是从总体考虑的角度出发，有力度地抓五个方面。一要统筹协调推进大数据技术产品创新发展。二要全面提升大数据行业应用能力。三要繁荣大数据整体产业生态。四要建立健全大数据产业支撑体系。五要不断夯实完善大数据保障体系。

二是明确提出了 2020 年大数据产业发展目标。从总体目标来说，到 2020 年，技术先进、应用繁荣、保障有力的大数据产业体系基本形成，大数据相关产品和服务业务收入突破 1 万亿元，年均复合增长率保持在 30% 左右。在此基础之上，细化了 2020 年发展目标，即技术产品突出先进可控、应用导向能力显著增强、业界生态体系繁荣发展、自身支撑能力不断完善、数据安全工作保障有力。

三是布置七项重点任务。一是加强大数据技术产品研发。二是推动工业大数据创新应用。三是促进行业大数据应用广泛发展。四是加快大数据产业主体培育速度。五是有力推进大数据标准体系建设。六是不断完善大数据产业支撑体系。七是全面提升大数据安全保障能力。

四是规划八个重点工程。第一，大数据关键技术及产品研发与产业化。第二，大数据服务能力显著提升。第三，工业大数据发展突破创新。第四，泛大数据跨行业推进。第五，大数据产业集聚区多点创建。第六，大数据重点标准制定及应用典型示范。第七，大数据公共服务体系逐步建成。第八，大数据安全保障工作有序进行。

五是设置五个方面保障措施。一要推进体制机制推陈出新。二要建立健全相关政策法规制度。三要加大政策扶持力度。四要建设多层次人才队伍，健全人才培育体系。五要推动大数据产业国际化发展。

三、政策影响

《规划》聚焦大数据产业发展中的主要问题，以强化大数据产业创新发展能力为核心，以推动促进数据开放与共享、加强技术产品研发、深化应用创新为重点，以完善发展环境和提升安全保障能力为支撑，打造数据、技术、应用与安全协同发展的自主产业生态体系，全面提升我国大数据的资源掌控能力、技术支撑能力和价值挖掘能力。同时，《规划》对于提升政府治理能力，优化民生公共服务，推动创新创业、促进经济转型和创新发展也同样具有重大意义。《规划》全面部署“十三五”时期大数据产业发展工作和发展方向，为“十三五”时期我国大数据产业集体崛起，实现从数据大国向数据强国转变这个目标指明了方向。

一是为大数据产业发展提供契机 。一个国家掌握和运用大数据的能力已经成为国家竞争力的重要体现。“十二五”期间我国信息产业的迅速壮大为“十三五”时期我国大数据产业加快发展奠定了坚实基础。《规划》提出，到2020年，大数据相关产品和服务业务收入突破1万亿元，年均复合增长率保持在30%左右。目前，信息化已经积累了丰富的数据资源，大数据技术创新取得了明显突破，未来大数据应用发展势头良好，大数据产业体系继续完善，其支撑能力日益增强。

二是大数据产业体系创新发展。《规划》从关键技术到产品的全新研发。

围绕数据科学理论体系、大数据计算系统与分析、大数据应用模型等领域进行前瞻布局，加强大数据基础研究。以应用为牵引，自主研发和引进吸收并重，加快形成安全可控的大数据产品体系。当前形势下，技术和产品的发展的交互作用正推动着大数据服务模式创新，未来会树立数据即服务（Data As A Service）的意识，并且新意识会带动新模式和新业态。

三是加强大数据跨行业应用。《规划》提出推动电信、能源、金融、商贸、农业、食品、文化创意、公共安全等行业领域大数据应用，打破体制机制和行业领域的阻碍，培育交叉融合的大数据应用新业态。未来支持电信、互联网、工业、金融、健康、交通等信息化基础好的领域率先开展跨领域、跨行业的大数据应用。未来社会治理和公共服务领域的大数据服务应用会得到较快发展，政府数据和企业数据融合是大数据应用的热点，各个行业的创新发展和提高社会整体治理程度是大数据领域的蓝海。

四是完善产业体系，加快产业主体培育。在《规划》的支持下，各地将持续统筹布局大数据基础设施，建设发展创新服务平台，建立大数据统计及发展评估体系，创造良好的产业发展环境，集中力量建设一批大数据产业集聚区。资源丰富、技术先进的大数据产业领先企业将建设更多大数据平台，继续开放平台数据、计算能力、开发环境等基础资源，降低创新创业成本，加快服务模式创新和商业模式创新。

第三十五章 《关于组织实施促进大数据发展重大工程的通知》

国家发改委下发的《关于组织实施促进大数据发展重大工程的通知》（以下简称《通知》）强调进一步支持大数据示范典型应用，大力支持大数据共享开放工作，推动基础设施统筹发展，重点支持数据要素流通与共享。《通知》将有助于产业发展新业态的培育，以数据流引领技术流、物资流、资金流、人才流等多重要素，创造经济增长的新亮点。

一、政策背景

大数据产业促使数据共享开放是发展形势的要求，数据本身带来的信息使用的边际收益是递增的，但是信息流动和分享的范围和广度越大，其创造的总体价值就越高，而数据化和数据开放共享正是信息大范围流动的两大发展前提。在信息流动与分享的范围不断扩大的发展形势下，数据创造的价值不断攀升，大数据已经显著地成为推动经济发展强而有力的“新内核”。推动数据开放和流通已经在发达国家形成了共识，美欧多国通过国家战略为数据开放打开畅通渠道。

至“互联网+”树立为我国国家战略后，中央不断加大力度推动数据开放。为了进一步促进大数据发展重大工程，为了贯彻落实《国务院关于印发促进大数据发展行动纲要的通知》，加快推动数据资源共享开放和流通，深化数据资源在各领域的应用，促进产业生态转型升级，培育产业主体新业态，国家发改委办公厅印发《关于组织实施促进大数据发展重大工程的通知》。《通知》强调进一步支持大数据示范典型应用、重点支持大数据共享开放工作、重点支持基础设施统筹协调发展、重点支持数据要素无障碍流通。《通知》旨在通过多种举措积极培育产业发展新业态，去除数据要素流通障碍，以数据流引领技术流、物资流、资金流、人才流等多重要素，大力推动社会生产各大要素的网络化共享、集约化整合、协作化开发和高效化利用，创造经济增长的新亮点，加快实现经济发展方式的转型升级。

二、主要内容

《通知》主要从四个方面的重点方向加快大数据产业的发展以及项目申报要求和规范。

一是重点支持大数据典型示范应用。一要开展实施社会治理大数据应用。在企业监管、环境治理等相关方面领域推动政府部门、公共机构和组织以及社会企业监管数据，提升政府决策实施和风险预防能力。二要开展公共服务领域大数据应用。在健康医疗、社保就业等公共服务领域，促进传统公共服务数据与互联网、移动互联网、移动穿戴设备数据的交叉融合，鼓励社会机构深入开展应用研究，开发便民服务，研究公共资源优化配置，提高公共服务水平。三要开展产业发展大数据应用。提升大数据资源采集获取能力和分析利用能力用于工业制造、新型材料等方面领域，努力发掘数据资源的创新潜力，推动新兴产业发展和传统产业转型升级，探索形成协同发展的新业态、新形态，成为新的经济增长点。四要开展创业创新领域的大数据应用。实施大数据开放行动计划，尽快推动与民生保障服务相关政府数据集向社会层面开放，激发“双创”活力，推动大众创业、开放创新。

二是大力支持大数据共享开放工作。一要建立健全公共数据共享开放机制，制定公共数据共享开放的准则，明确公共数据共享开放的范畴、边界和使用方式，向社会公布公共数据的开放清单计划。二要搭建公共数据共享开放平台体系。遵循“平台整合共建、系统分布部署”的原则，构建互联畅通的公共数据共享平台和体系，促进公共机构数据资源依托统一的平台体系共享和开放。

三是推动基础设施统筹发展。一要整合目前已经分散的政务数据中心，强化政务数据中心的统筹规划布局，充分利用现有资源并且结合多方面条件，采用云计算等先进技术进行分散的数据中心集聚整合，避免资源浪费。二要探索构建国家数据中心体系，依托大型区域性数据中心的集聚作用，运用云计算等先进技术，建立国家数据中心体系。三要开展绿色数据中心示范试点工作。鼓励采用可再生能源、分布式供能、废弃设备回收处理等多种绿色节能方式，促进传统节能环保技术产品在已建数据中心的替代应用，引导数据中心走可持续低碳循环绿色发展健康之路。

四是重点支持数据要素流通。一要建立健全国家大数据标准体系，开展数据采集、数据开放、数据共享等标准的研究制定、推广应用等方面工作，努力解决政府内部数据共享、政府数据对社会开放以及政府和企业数据交换等突出问题。二要探索建立大数据交易平台和制度。提供丰富的数据产品、解决方案，以及统一的检索服务和开发环境等关键要素建立大数据交易平台，并健全大数据交易的法律制度、技术保障、真实性认证等多方面保障措施，标准化大数据交易行为，保障数据交易的质量和安全。

第三十六章 《国家发展改革委办公厅关于请组织申报大数据领域创新能力建设专项的通知》

《国家发展改革委办公厅关于请组织申报大数据领域创新能力建设专项的通知》（以下简称《通知》）提出通过建设大数据系统计算技术、大数据系统软件、大数据分析技术、大数据流通与技术交易、大数据协同安全技术国家工程实验室，提升大数据基础技术支撑能力；建设智慧城市设计仿真与可视化技术、城市精细化管理技术、医疗大数据应用技术、教育大数据应用技术、综合交通大数据应用技术、社会安全风险感知与防控大数据应用、工业大数据应用技术、空天地海一体化大数据应用技术国家工程实验室，提升大数据应用技术水平。

一、政策背景

为着力提高大数据领域自主创新能力，促进大数据产业快速发展，国家发改委办公厅决定组织实施大数据领域创新能力建设专项，构建大数据领域创新网络。在未来2—3年，建成一批大数据领域创新平台，为大数据领域相关技术创新提供支撑和服务。国家发改委办公厅印发《国家发展改革委办公厅关于请组织申报大数据领域创新能力建设专项的通知》。《通知》以推进经济发展方式转变为着力点，通过建立和完善大数据领域的技术创新平台，集聚整合创新资源，加强产学研用结合，突破一批关键共性技术并实现产业化，促进大数据产业的快速发展，为培育和发展战略性新兴产业提供动力支撑。

二、主要内容

《通知》主要从专项建设内容和重点的角度出发，围绕提升大数据基础技术支撑能力方面和提高大数据应用技术水平方面提出了要求。

一是从提升大数据基础技术支撑能力方面出发，建设5个类型的国家工程实验室。

第一类，大数据系统计算技术国家工程实验室。针对我国大数据计算平台安全可信性差和软件通用性低的问题，建设大数据系统计算技术创新平台，支撑开展通用大数据计算软件框架和算法库、智能诊断和自动纠错等可靠性信息高速转发、统一框架内不同类型和格式数据批处理和流处理等技术的研发和工程化。

第二类，大数据系统软件国家工程实验室。针对我国大数据系统软件开源创新不足的问题，建设大数据系统软件创新平台，支撑开展大规模多源异构数据一体化管理、交互式异构数据分析框架、数据可视化与智能数据工程、领域大数据应用开发运行环境、大数据混源软件可信验证等技术的研发和工程化。

第三类，大数据分析技术国家工程实验室。针对我国大数据挖掘与分析能力弱、大数据算法应用和综合能力不强等问题，建设大数据分析技术创新平台，支撑开展大数据复杂性和不确定性特征描述、异构大数据预处理、挖掘与分析计算系统、大数据挖掘结果与决策支持、基于大数据的智能知识获取算法等技术的研发和工程化。

第四类，大数据流通与交易技术国家工程实验室。针对我国大数据共享交换及交易流通不畅、标准不明、数据质量参差不齐等问题，建设大数据流通与交易技术创新平台，支撑开展政企数据资源共享交换、公共数据开放流通、云上公共大数据分析与处理、跨系统公共大数据共享交换标准、大数据资源与服务确权估值建模等技术的研发和工程化。

第五类，大数据协同安全技术国家工程实验室。针对我国大数据环境下数据安全和系统安全监测、预警和控制处置能力不足等问题，建设大数据协同安全技术创新平台，支撑开展数据源可信验证、大流量数据安全传输、非关系型数据库存储安全、数据汇聚隐私保护、非结构数据动态脱敏、数据防泄露、软件系统漏洞分析、大数据系统风险评估和安全监测等技术的研发和工程化。

二是从提高大数据应用技术水平方面出发，建设8类国家工程实验室。

第一类，智慧城市设计仿真与可视化技术国家工程实验室。针对智慧城市建设中设计局限化、信息碎片化、无法模拟仿真等问题，建设智慧城市设计仿真与可视化技术创新平台，支撑开展智慧城市总体规划与顶层设计，建设运营可视化、三维空间模型（BIM）及时空仿真建模，室内导航与定位，虚拟现实，图像智能，机器学习等技术、设备的研发和工程化。

第二类，城市精细化管理技术国家工程实验室。针对我国城市管理低效粗放等问题，建设城市精细化管理技术创新平台，支撑开展低功耗物联网、面向数据空间的协同感知和虚拟交互、城市管理数据流程重构、城市级信息融合与共享等技术的研发和工程化。

第三类，医疗大数据应用技术国家工程实验室。针对我国医疗质量监管、临床辅助诊疗、卫生经济分析、公共卫生政策评价水平不高等问题，建设医疗大数据应用技术创新平台，支撑开展医疗大数据整合管理、互联互通、互认共享、分析检索、标准规范、隐私保护等技术的研发和工程化。

第四类，教育大数据应用技术国家工程实验室。针对我国教学过程质量管理、学生学习成长监测、教育管理智能决策能力不足等问题，建设教育大数据应用技术创新平台，支撑开展多源异构数据汇聚、系统化监测与评估、教与学过程的综合建模和行为分析、数据可视化等技术的研发和工程化。

第五类，综合交通大数据应用技术国家工程实验室。针对我国综合交通跨行业、跨地域管理服务能力不足等问题，建设综合交通大数据应用技术创新平台，支撑开展交通运输大数据采集处理、分析挖掘、管理决策、融合应用等技术的研发和工程化。

第六类，社会安全风险感知与防控大数据应用国家工程实验室。针对社会安全风险防控能力不足的问题，建设社会安全风险感知与防控大数据应用创新平台，支撑开展社会安全防控大数据信息感知探测、多源异构信息融合理解、海量多维信息关联分析、社会安全风险预测预警等技术的研发和工程化。

第七类，工业大数据应用技术国家工程实验室。针对我国流程工业产品生命周期的质量管控和评价不足等问题，建设工业大数据应用技术创新平台，支撑开展面向海量在线设备的异构数据获取、数据甄别评价、聚类汇集和关联分析、云端处理、工业产品多维质量评价等技术的研发和工程化。

第八类，空天地海一体化大数据应用技术国家工程实验室。针对空天地海资源综合利用程度不高等问题，建设空天地海一体化大数据应用技术创新平台，支撑开展空天地海多源信息感知探测与存储管理、广域动态信息融合理解、多维重建与可视计算、多维情报关联挖掘与应用等技术的研发和工程化。

第三十七章 《生态环境大数据建设总体方案》

环境保护部发布的《生态环境大数据建设总体方案》（以下简称《方案》）提出推进数据资源方面整合共享开放，强化生态环境科学决策，创新生态环境监督模式，完善生态环境公共服务，统筹建设环保大数据平台与云平台。《方案》的推出有助于推进环境管理转型，提升生态环境治理能力，为实现生态环境质量总体改善目标提供有力支撑。

一、政策背景

目前，环境信息化存在体制机制不顺，基础设施和系统建设分散，“应用烟囱”和“数据孤岛”林立，业务协同和信息资源开发利用水平低，综合支撑和公众服务能力弱等突出问题，难以适应和满足新时期生态环境保护工作需求。

依照国务院《促进大数据发展行动纲要》等文件要求，推动政府信息系统和公共数据互联共享，促进大数据在各行业创新应用的指示，运用现代信息技术加强政府公共服务和市场监管，推动简政放权和政府职能转变；构建“互联网+”绿色生态，实现生态环境数据互联互通和开放共享。大数据、“互联网+”等信息技术已成为推进环境治理体系和治理能力现代化的重要手段，有利于加强生态环境大数据综合应用和集成分析，并为生态环境保护科学决策提供有力支撑。为落实党中央、国务院决策部署和环保部党组要求，充分运用大数据、云计算等现代信息技术手段，努力并全面提高生态环境保护综合决策、监管治理和公共服务水平，加快转变环境管理方式和工作方式，环境保护部办公厅于2016年3月8日正式印发了《生态环境大数据建设总体方案》。

二、主要内容

《方案》的主要内容，包括指导思想、基本原则、总体架构、主要目标、主要任务、保障措施。

一是主要目标，未来五年实现：一要生态环境综合决策科学性更加突出，二要生态环境监管精准性更加明确，三要生态环境公共服务更加便民。

二是就主要任务而言，包括六个方面：一要推进数据资源全面整合共享开放。第一，提升数据资源获取能力；第二，加强数据资源整合；第三，推动数据资源共享服务；第四，推进生态环境数据开放程度；二要强化生态环境科学决策。第一，提升宏观决策水平；第二，提高环境应急处置能力；第三，加强环境舆情监测和政策引导。三要创新生态环境监督模式。第一，提高科学应对雾霾能力；第二，推动环评统一监管；第三，增强监测预警能力；第四创新监察执法方式；第五，开展环境督察监管；第六，强化环境监管手段；第七，建立“一体式”污染源管理模式；第八，加强环境信用监管；第九，推进生态保护监管；第十，保障核与辐射安全；第十一，增强社会环境监管能力；第十二，开展环保党建大数据应用。四要完善生态环境公共服务。第一，全面推进网上办事服务；第二，提升信息公开服务质量；第三，拓展政府综合服务能力。五要统筹建设大数据平台。第一，建设大数据环保云平台；第二，建设大数据管理平台；第三，建设大数据应用平台。六要推动大数据试点。

三是保障措施。一要完善组织实施机制。二要健全数据管理制度。三要建立标准规范体系。四要实施统一运维管理。五要强化信息安全保障。

三、政策影响

《方案》中的内容主要是对未来五年的生态环境大数据建设的第一个阶段，通过生态环境大数据发展和应用，推进环境管理转型，提升生态环境治理能力，为实现生态环境质量总体改善目标提供有力支撑。

《方案》决定建设生态环境监测大数据平台，实现环保部与国土资源、住房城乡建设、交通运输、水务、农业等多部门的生态、环境质量、污染源数据集成开放共享，并有效与国家生态环境保护大数据平台对接，同时强化大数据应用，搭建生态环境信息共享和统一发布平台，有效服务于政府环境管理，确保发布权威性并且满足公众知情权。

《方案》明确了生态环境大数据建设的核心是改善环境，统一基础设施建设集中管理，通过五年努力基本建成大数据平台与云平台。生态环境大数据建设总体方案首先明确了集中管理基础设施建设，与此前环境监测事权上收相协调，有望加大监测力度，规范基础设施建设中的招标行为，利好具技术优势、经营规范的环境监测上市公司。另外，随着国家对数据重视程度加强，且计划努力在五年内建立大数据平台，推动数据资源整合，为未来累积完善的环境大数据，并利用数据进行决策奠定基础，为环境数据变现提供可能。

热 点 篇

第三十八章　阿里飞天云平台入选世界互联网领先科技成果

阿里巴巴的“以飞天开放平台为基础的大规模分布式高可用电子商务交易处理平台”入选2016年世界互联网代表性领先科技成果。飞天云平台是由阿里自主研发、服务于全球的超大规模通用计算操作系统，具有处理EB级数据的数据分析能力与实时处理技术，曾助力整个电子商务交易系统经受住了诸如“双十一”等多次交易洪峰的考验，创下了交易峰值17.5万笔/秒和支付峰值12万笔/秒的新纪录。数据分析成为阿里飞天云平台应用大数据技术的核心之一，实时处理成为平台一大亮点，新型云计算技术成为大数据技术应用的良好基础和未来发展趋势，开源技术有效促进了云平台对大数据技术的创新应用。

一、事件回顾

2016年11月，在乌镇开幕的第三届世界互联网大会上，阿里巴巴的“以飞天开放平台为基础的大规模分布式高可用电子商务交易处理平台”入选世界互联网代表性领先科技成果。飞天是由阿里自主研发、服务于全球的超大规模通用计算操作系统，它将遍布全球各地的百万数量级的服务器连成一个超级计算机网络，将公共服务放置于“线上”，为社会提供强大的计算能力。在2016年的“双十一”中，它助力整个电子商务交易系统创下交易峰值17.5万笔/秒和支付峰值12万笔/秒的新纪录，顺利通过交易洪峰的考验。飞天云平台融合了大量的新技术创新，如蚂蚁金服自主研发的大型分布式关系型数据库OceanBase，是可以处理EB级数据的大数据处理平台，可以在1秒内完成数据异地同步的异地多活技术以及云计算新技术等。在“互联网+大数据”时代，数据成为了最核心的资源，而强大的数据处理能力，也就成为了生产力的象征。

二、事件评析

在大数据时代，尤其是在电子商务迅猛发展的大背景下，网上交易平台每天都产生和积累着大量数据，而大数据本身除了数据的产生、采集、汇聚之外，更重要的是对数据的处理、挖掘、分析、可视化和应用。阿里云平台的案例表明，现实的应用场景和业务需求对数据处理的敏捷性和时效性提出了更高的要求，阿里飞天云平台所代表的高效快捷的计算和处理能力大幅提高了企业的竞争力。进入大数据时代，数据量呈现出爆发态势，因此而产生的海量数据必然无法依靠单台计算机或服务器去处理，云计算的发展为此提供了新的处理途径，分布式计算架构使其实现成为可能。基于云计算的分布式处理、分布式数据库、云存储和虚拟化技术，蚂蚁金服自主研发的大型分布式关系型数据库 OceanBase、异地多活技术以及云计算等新技术帮助阿里巴巴有效应对了交易洪峰时期海量数据冲击的考验。

阿里飞天云平台应用大数据技术的核心之一就是数据分析。显而易见，在拥有了海量杂乱无章的数据之后，对其的分析在数据处理过程中就凸显出异常的重要性，随着科技的进步和时代的发展，数据分析正逐渐成为大数据技术创新和应用的新天地。阿里飞天云平台所具备的处理 EB 级数据的数据分析能力保证了阿里整个交易系统在处理大量数据时的有效性和系统性，这也成为其在大数据技术应用中独占鳌头的重要保证和体现之一。大数据最重要的价值就体现为智能处理大规模的数据集合，终极目标是要在浩瀚而纷杂的数据中找到规律并获取有用的信息。阿里在多年的电子商务交易中积累了大量的用户消费数据，要想从这些数据中找到规律和有效信息，自然的途径就是对数据进行挖掘和分析，而在此之前，数据的采集、存储和管理都是数据分析必不可少的基础，阿里云平台所采用的大型分布式关系型数据库 OceanBase 有效地解决了数据存储和传输的问题，进而为数据分析奠定了牢固的基础和支撑。数据分析得到的结果则可应用于大数据相关的各个领域，如交通、金融、农业、医疗等。可以预见，未来大数据技术的进一步发展和应用情景的进一步创新，都将与数据分析紧密联系在一起。

实时处理成为阿里云平台应用大数据技术的亮点。在现如今人们的生活中，人们获取信息的速度越来越快，同时对数据处理的时效性要求也越来越高。随着人们需求的多样化和个性化发展，大数据系统的处理和分析数据的模式也应与时俱进和不断创新。目前大数据的处理系统主要采用批量化的处理方式，每隔一段时间集中处理一次数据，然而处理方式有很大的局限性，仅适用于数据报告频率低的场合，一般为分钟级别以上的情景，而对于数据处理频率较高的应用场景，这种处理方式很显然满足不了需求，如“淘宝”交易系统在高峰时期需要在数秒之内处理上万次的数据请求，这背后代表的是用户消费的体验和评价。传统的数据处理应用包括数据仓库系统、链路挖掘等，但它们集中处理数据的时间都在数小时甚至以天为单位，显然这与大数据快速处理和分析的发展趋势是不相适应的。例如在线搜索和个性化推送、实时路况、股票交易等系统对数据处理时间的要求都在分钟甚至数秒之内。在某些大数据应用的场景中，人们除了需要对获取的信息及时处理，还需要对处理后的信息进行及时的舍弃，否则会造成数据存储空间的不足。飞天云平台所采用的异地多活技术有效解决了异地数据快速传输的问题，推动了数据实时处理的技术进步，但就目前而言，大型网络平台在面对海量数据处理高峰时仍然会有不同程度的延迟，因此，在未来的发展过程中，还需进一步发展和推动实时性的数据处理方式，同时也可以预见，数据实时处理将成为大数据时代数据处理的发展方向。大数据技术也将沿着这个方向和模式不断发展和进步。

基于云计算的数据处理平台更加完备。随着近几年云计算技术的迅速发展，其应用范围也越来越广泛，应用平台也越来越完善。云计算和云平台的发展为大数据技术的发展和应用提供了技术支持和处理平台。阿里飞天云平台依靠新型云计算技术，借助分布式计算模式，利用弹性拓展且价格便宜的存储空间和计算资源，较好地实现了大数据的处理和应用，这些共同推动了阿里在大数据技术发展中取得领先优势。此外，IT 资源充足、分布广泛等优势使得云计算成为大数据技术发展和应用的良好技术基础。基于云计算技术的大数据处理平台是对未来大数据技术的进一步发展和应用所进行的一次尝试，它所取得的成功也代表着未来的数据处理平台将越来越多地依赖于云空间，同时也代表着基于云的大数据技术平台正走在越来越完善的道路上。可以预见，云计算技术的发展和完善，以及云平台应用的成熟和拓宽将共同促进大数据技术的快速发展，数据分析和处理能力也将随之得到显著提升。

开源推动了阿里飞天云平台的大数据技术创新。纵观开源的历史，开源软件的产生和发展正是伴随着大数据技术的发展而推进的，现在已经成为软件开发和产品创新的关键要素，也是加强信息产业基础和推动信息产业升级的重要途径。在大数据和云计算等新兴技术领域，基于开源模式的创新对整个产业的发展影响日益增强。开源对软件和信息技术服务领域，乃至包括云计算、人工智能等在内的新一代新兴信息技术的发展都有着至关重要的作用。开源软件可以有效地推动商业软件的发展，进而更好地支持应用程序开发工具、应用和服务等领域的发展。商业化软件的迅猛发展并不与开源软件的发展相矛盾，反而可以优势互补，互相促进。开源软件伴随着大数据技术的发展而发展，而其本身反过来也推动和促进了大数据技术的发展，阿里飞天云平台将其强大的计算能力提供出去，从而使得用户无须自己布置机器，而只需要把应用放到云平台上来就可以满足需求，这在一定程度上可以说比开源更有意义。随着大数据和云计算技术的进一步发展，开源合作将聚集全球智慧共同促进新一代信息技术的进步，最终大数据产业将依靠大量的开源软件实现跨越式发展。

第三十九章　徐工打造中国首个工业云平台

中国首个工业云平台——“徐工工业云”的发布构建了完整的研发、生产、供给、销售、服务全价值链的信息化体系，促进实现传统“制造 + 销售”的简单生产型制造业态向“技术 + 管理 + 服务”的复合服务型制造业态的转型。工业云平台有助于构建企业大数据资源，充分挖掘和管理工业企业多年积淀的数据资源；促进企业自身技术体系的成型，建立行业共性技术体系和实现技术知识组件流通共享；引领制造企业从“工业自动化”向“知识自动化”转变，让知识工作者将更多时间用于创新性工作；引导企业在研发过程中从“实际过程试错”向“虚拟过程优化”转变，充分利用大数据资源降低研发成本、提高研发效率。

一、事件回顾

2016 年 11 月，中国首个工业云平台——“徐工工业云”在上海隆重发布。这是徐工集团联合在国家工业和信息化部的指导下，携手阿里巴巴等互联网巨头和华为、中国电信等通信业巨头，共同打造的工业云平台。在“中国制造 2025”和德国“工业 4.0”等工业领域潮流的引领下，“徐工工业云”标志着徐工集团试图构建“互联网 + 云技术 + 制造”的全新工业经济发展模式。“徐工工业云”平台瞄准的是工业互联网领域的全球标杆——美国 GE 公司打造的 Predix 工业云平台，采用创新性思维，依托新兴信息技术，将徐工集团多年来积累的工业数据转变成工业输出能力，建设一个开放共享的全球性工业云平台，打造中国工业经济领域的中国版 Predix 平台。工业云平台构建了完整的研发、生产、供给、销售、服务全价值链的信息化体系，实现了传统“制造 + 销售”的简单生产型制造业态向“技术 + 管理 + 服务”的复合服务型制造业态的转型。

二、事件评析

云计算、大数据、工业互联网等新一代信息技术与生产制造各个环节融合渗透，正在引发制造产业革命性变革。随着德国“工业 4.0”、美国工业互联网等概念的宣传，工业大数据、智能生产、智能生产等引起了各行各业的激烈讨论。《中国制造 2025》明确提出以智能制造为主攻方向，构建新型制造体系已经成为一个国家命题。

经过近二十年的发展，我国制造企业通过购买大量国外先进设备和工具软件，生产条件得到了显著改善。但由于相对忽视自有技术沉淀积累，多数企业尚未形成完整的核心竞争力体系。对比分析国外工业巨头发展脉络，可以发现我国制造业存在如下问题：一是缺乏软件化自主技术体系，无法真正形成核心竞争力；二是技术知识显性化不够，植入机器自动执行和移植重用能力差；三是设计生产模式“太沉”，导致研制过程中设计更改纠错代价大；四是多年来发展积累的工业数据没有得到分享和充分利用，无法在大数据时代引领制造业走上智能化发展的道路。因此，采用知识自动化技术，建设工业云服务平台，面向工程制造领域企业和创新创业群体，提供在线协同合作、供需快速精准对接、技术资源交易流通和专业化知识服务的云平台，充分挖掘和利用工业大数据，对构建制造业软件化技术知识体系、实现制造业企业转型发展具有重要价值，建设工业云服务平台的必要性也完全凸显出来。

一是工业云平台帮助徐工集团构建企业大数据资源。工业大数据是企业重要的技术知识资源。通过长期推行信息化建设，大中企业多数普及了 CAD、CAE 等 IT 工具和 PDM、ERP、MES 等软件系统，实现了部分环节阶段上的数字化、信息化。但这些 IT 工具和软件系统来自不同厂家，相互分割独立，研发制造过程产生的数据散落其中，如同形成了一个个孤立的“数据岛”。一方面，分散在这些异构系统内的数据资源无法流通共享，难以有效形成工业大数据积累，更不能及时进行数据融合挖掘、通过实时知识植入实现设计生产过程中的价值闭环。另一方面，这些宝贵的数据资源许多处在近乎“不设防”的状态，一旦通过各种“后门”“漏洞”和网络攻击造成泄露，势必造成巨大损失。“徐工工业云”平台的建立借助工程中间件实现对各种 IT 工具和软件系统的连接、适配和驱动，实现了企业大数据资源的沉淀管控、流通共享和价值转化，进而促进了企业不同环节孤立“数据岛”向形成纵横连通的“数据湖”转变。

二是工业云平台推动了徐工集团自有技术体系的成型。由于缺乏技术体系生长机制，制造业各种设计制造技术往往散落在不同企业、沉寂在不同载体，或以经验、直觉等方式零散保存在技术人员头脑中。由于缺乏模型化、软件化等显性化表达，许多宝贵经验知识无法得到充分应用，且随着人员流动、退休，不少知识技术也随之流失，无法形成企业自有 OT 技术体系实现传承。所谓 OT 技术，就是将设计研发中的方法经验、隐性知识转化为显性化知识资产，形成可重复、可执行的自有技术体系。发达国家 OT 技术发展主要是靠在 IT 工具和系统软件上二次开发来实现，最终形成的技术体系与商业化软件工具骨肉相连，企业无法把控技术主导权，也无法在不同企业间移植复制。徐工集团通过工业云平台的建设，依托工程中间件实现与企业底层国外 IT 工具和系统的隔离，将徐工的技术数据、资源以及相关环境条件面向世界开放共享，聚集和协调全球智慧，在徐工专属的智能服务云平台上协同创新，解决行业层面的技术难题，促进形成企业差异化的核心技术竞争力以及企业独特的 OT 技术体系，这是对建立行业共性技术体系和实现技术知识组件流通共享的方法机制所进行的有效探索和尝试，对提升我国制造企业核心能力、加快实现智能化转型具有重要意义。

三是工业云平台将引领徐工集团从“工业自动化”向“知识自动化”转变。计算机技术、PLC 等嵌入式信息系统快速发展与广泛应用，推动工业自动化的全面发展。经过多年基础能力建设，多数制造企业员工 80% 的体力劳动已被各种数控机器、生产线代替，工厂生产效率成倍提高。但从另外一个角度看，企业知识工作者却仍然在大量从事基础性重复知识劳动，无法把更多时间精力放在高附加价值的知识劳动上，影响了企业创新活力。对于同一项知识工作，由于不注重对相应技术方法进行优化和实现 APP 化，只能常年一遍又一遍重复。特别是一些对知识经验要求高的复杂技术和工艺方法，往往要占据大量高端人才资源。“徐工工业云”平台通过促进企业形成可执行 OT 技术体系，将基础性重复性知识劳动交由平台驱动完成，使知识工作者解放出来，把更多时间用于创新性工作，显著提升了企业发展活力。“徐工工业云”平台的搭建也是对促进企业由“工业自动化”向“知识自动化”转变、加快实现转型发展的有效探索和推动。

四是工业云平台有助于徐工集团在研发过程中从“实际过程试错”向“虚拟过程优化”转变。目前多数企业从产品设计到制造缺乏真正有效的仿真优化工作，导致有些设计缺陷经常到产品生产阶段才能发现，甚至有些产品进入生产阶段还有重大技术缺陷出现。这种“实际过程试错”研发模式成本代价大、周期长，也需要从根本上加以变革。“徐工工业云”平台可帮助逐步实现基于模型的设计分析验证，产品设计可以依托各种设计仿真模块，在一个虚拟空间充分迭代，并与产品用户进行充分沟通，等到完成所有优化设计工作后，再放到实际厂家进行生产，可望实现一次成功，推动产品生产制造模式由“实际过程试错”向“虚拟过程优化”转变。同时基于虚拟空间中积累的大量试验数据，通过对这些虚拟数据进行建模、挖掘、分析和总结，进而得到有用的结果和信息，这对于未来大数据时代制造业降低研发成本、缩短研发周期、提高研发效率具有重要意义。

第四十章　百度首次向外界展示“百度大脑”

2016 年 9 月，百度首次向外界全面展示了百度人工智能“百度大脑”全貌，演示了语音、图像、自然语言理解和用户画像四大前沿能力。“百度大脑”以大数据和云计算为基础，借助深度学习实现了更高层次的人工智能，目前已基本能够模拟人脑的工作机制。百度大脑所代表的“云计算 + 大数据 + 人工智能”三者融合发展方向将成为未来发展的关键，对引领未来新兴技术和产业的发展、助力智能制造的实现具有重要意义。

一、事件回顾

2016 年 9 月，百度首次向外界全面展示了百度人工智能“百度大脑”全貌——语音、图像、自然语言理解和用户画像四大前沿能力。“百度大脑”已建成超大规模的神经网络，拥有万亿级的参数、千亿级的样本、千亿级的特征训练，基本能够模拟人脑的工作机制。“百度大脑”的智能应用离不开海量的数据储备和超强的计算能力，而随着大数据指数级的增长以及人工智能的突破性进展，“百度大脑”所代表的“云计算 + 大数据 + 人工智能”三者融合发展方向将成为未来发展的关键。在云计算和大数据技术日趋成熟和应用日渐广泛的背景下，人工智能的关键技术——深度学习在“百度大脑”中表现出突破性进展，云计算为“百度大脑”的深度学习提供了平台，大数据为“百度大脑”的深度学习提供了原料，因此“百度大脑”借助深度学习在云平台上和大数据中实现更高层次的人工智能。“工业 4.0”和“中国制造 2025”的重要内容之一就是由“制造”转变为“智造”，而此次发布的“百度大脑”以大数据和云计算为基础，带来人工智能的重大突破与进展，这将引领未来新兴技术和产业的发展，助力智能制造的实现。

二、事件评析

现代人工智能技术运用云计算、大数据等基础条件，通过训练，让机器获得类似人类的分辨和判断能力。以“百度大脑”为代表的人工智能以大数据为支撑，以云计算强大的计算能力为依托，取得重大突破，同时，“百度大脑”中所用到大数据的挖掘以及云计算的实现也少不了深度学习等人工智能技术。“百度大脑”的全面发布表明大数据、云计算与人工智能之间的界限正变得越来越模糊，人工智能与大数据、云计算呈现出一种彼此融合和相互促进的关系，而三者的协同发展也将引领未来智能化时代的潮流。

大数据一体化是“百度大脑”等人工智能迈向更高层次的必由之路。人工智能要取得实质性的发展，需要积累、处理和分析的数据量越来越大，其中包括人们日常的出行、消费、征信等。以此次百度发布的“百度大脑”为例，它在人工智能领域所取得的突破和进展正是得益于其所拥有的万亿级参数、千亿级样本以及千亿级的特征训练，基于对海量数据的分析和处理，“百度大脑”才得以具备智能化“思考”和“分析”能力，但人工智能的进一步发展和提高所需要的基础数据量远不止于此，而巨大的数据量不是一家公司或一个机构能够收集完成的，“百度大脑”的进一步升级仅靠百度一家公司的数据量必然是不够的。可以预想，国家级的大数据中心一体化将是“百度大脑”等同类人工智能产品取得更高程度的智能化水平的一条必由之路。数据中心一体化可以提高“百度大脑”的数据存储和挖掘能力，为提高自动化和智能化程度提供基础技术保障，尤其是公立国家级的大数据一体化中心，既能提升“百度大脑”所需数据的安全性和可控度，也能为整个人工智能产业的未来提供强有力的数据保障。“百度大脑”强大计算能力的背后是以成千上万台服务器为支撑的，它们可能分布在全国各地，所需的数据也从不同的数据中心调集而来，一体化的国家级数据中心可以消灭信息孤岛，实现不同地区不同领域的数据信息互联互通。但能否实现这一目标，核心在于数据共享。而大数据一体化有利于在规则的标准和框架之下统一调度和分配，进而推动数据的共享。“百度大脑”在数据共享方面所作出的努力以及取得的成效表明，数据共享不仅可以提高某一个人工智能产品的技术水平和应用范围，它更能让所有大数据相关的产业形成一种协同、配合和共享的产业生态，让所有企业都可以专注于自身业务的发展，进而实现一个健康、强大、充满创新活力的产业生态圈，最终达到支撑和推动人工智能产业发展的目的。

云计算在“百度大脑”中被重新定义。在大数据时代的背景下，云计算在人工智能的驱动下表现出以下两个特点。一是数据量激增，运算能力成为云计算的新焦点。随着移动互联时代的到来，用户在企业产品中留下的数据量大幅增加，电商、物流、医疗、教育、营销、金融等诸多行业均涉及其中，“百度大脑”所需处理的计算量也随着这些数据的激增而急剧增加，对于企业而言，通过用户的数据对自己的产品进行调整和规划对它们而言也是十分重要的，因此，“百度大脑”对于运算能力提出更高的要求，而其所采用的自动化和程序化计算等技术大幅提高了其在大数据时代的运算能力。二是用户交互方式多元化，企业面临的挑战增加。随着智能化水平的提高，用户与机器的交互方式不再局限于文字，而此次发布的“百度大脑”即可以处理图片请求、语音请求、视频请求等多种交互方式，随着虚拟/增强现实技术的出现和成熟，“百度大脑”将能应对和处理更智能化的交互方式。对这些全新的用户交互场景进行及时正确的响应需要强大的计算能力，而云计算在满足这一新要求的同时也对企业未来发展提出更大的挑战。

“百度大脑”的四大功能——语音能力、图像能力、自然语言理解能力、用户画像能力代表了新一代信息技术以大数据和云计算为依托，取得了重要的成就和突破，新兴技术的进步不但带动软件和信息技术服务产业的革新，而且有效地促进了软件和信息技术在其他领域的应用和融合。“百度大脑”的这四大核心功能面向公众开放后，将在各个专业领域造就一系列行业大脑，如“金融大脑”“医疗大脑”“农业大脑”等，全面普及大数据、云计算等新兴技术的实际应用范畴和深度，人工智能技术将在大数据产业的发展过程中扮演重要推手的角色。在过去的“十二五”期间，中国的大数据产业从无到有，迅速发展，逐步壮大，顺利完成了前期的技术导入阶段，现已进入应用普及的新时代。步入“十三五”，伴随着我国经济进入新常态的时代背景，依托大数据技术，带动以互联网为代表的新兴经济形式和以制造业为代表的实体经济融合发展，互相促进，助力国家经济结构调整，实现经济发展模式的转型，推动“大众创业、万众创新”。在大数据挖掘分析、人工智能应用等新兴技术发展需求的驱动下，新一轮的云计算浪潮将爆发，智能应用和分析将引领中国乃至全球市场新一轮的变革。成本和效率将进一步驱动企业将数据放到云上。随着云平台积累的数据越来越多，大数据搜索、挖掘和分析等需求也将越来越大，进而带来更多的产业发展机会。

“百度大脑”表明人工智能与大数据、云计算的界限正在变得模糊。在大数据和云计算的支持下，互联网正在向物联网扩展，人工智能则是升级体验、释放生产力的重要手段。以大数据和云计算等技术为基础，并与不同行业融合应用，“百度大脑”将更好地服务于人们的生活，推动时代的进步。以人工智能为中枢，以大数据为依托，以云计算为基础，这种“三位一体”的深度结合将改造传统行业，提升企业运营效率，释放商业潜能，创造全新机遇。

第四十一章　数据主权成为新型国家主权

随着大数据时代的到来、云计算技术的兴起，数据安全与保护重要性日益凸显。越来越多的国家与地区开始重视数据安全问题，数据主权概念正逐渐受到关注。2016 年，“数据主权”当选 2016 年中国大数据产业十大热词，彰显出我国开始重视和保护数据安全。我国应进一步突破高端芯片、操作系统等关键核心技术，超前布局新型信息技术研发与产业化发展，加强重点行业数据管理，健全国家关键信息基础设施安全保护体系，制定我国跨境数据流通管理总体战略，推进数据主权相关立法进程，切实提高我国数据主权保障能力。

一、事件回顾

在大数据时代，数据可以理解为一种矿产资源，那么数据主权就相当于国家对自然资源和领土的所有权和管辖权，数据主权成为继领土、领海、领空等传统国家主权之外的一种新形式的国家主权。随着大数据时代的到来和云计算技术的兴起，数据安全和保护的重要性日益凸显出来，“斯诺登事件”的爆发宣告以市场自主规范为主导的数据治理模式失败，同时也暴露出美国等发达国家对他国数据权利的漠视。数据主权的概念受到越来越多的关注，明确数据主权对于国家主权安全、国民经济建设、个人隐私保护都具有重要意义。“数据主权”当选 2016 年中国大数据产业十大热词也彰显出我国开始重视和保护数据安全，将其提高到国家主权的层面和高度，依靠国家立法规范数据使用的方法和流程，加强对个人信息安全的保护，同时还必须重视与大数据安全相关的核心技术的研究，切实加强我国大数据安全领域的技术基础和应用水平。

二、事件评析

在当今信息化的社会里，数据已经成为生产生活的重要因素，与水和石油一样成为一个国家重要的资产，也是大数据时代社会生活中的巨大财富，因此，对各类数据资源的掌控和利用悄然成为国家间博弈和抗衡的重要手段。与此同时，互联网时代的网络虚拟空间给数据传输和运用带来巨大的隐蔽性和风险性，依靠现有的技术手段和行政手段均无法实现数据的有效控制和监管，各国对本国数据的控制力不足，使得数据主权成为国际各方关注的重要概念。

对于数据主权的概念，目前尚未形成统一认识。我国一般认为数据主权是国家主权在网络空间的延伸，具体而言就是在该国政府管辖范围内的个人、企业和相关社会组织产生和应用的全部数据所具有的使用、控制、管理和保护的权力。跨境数据流动保护、个人数据保护都是国家行使数据主权的重要内容。

目前，数据主权仍未得到国际社会的一致认同。美国依靠全球领先的网络信息技术，众多的跨国 IT 企业以及发达的海底光缆等网络设施，拥有了汇聚全球信息数据的能力，因此美国极力主张信息与数据的“自由”流动，反对限制信息和数据的跨国跨境流动。欧洲国家长期以来强调公民与国家数据的安全和保护，因而对于数据主权的定义、性质和意义等没有系统而全面的阐述，但在“斯诺登事件”之后，欧洲国家也纷纷表达出对自身数据安全的担忧。德国和巴西在联合国大会上联名提出“数字时代的隐私权”决议草案，明确反对大规模网络监视，大力呼吁国家数据和信息的保密性和安全性。

我国一贯强调，《联合国宪章》确立的国家主权原则和精神也适用于网络世界。在刚过去的第二届乌镇世界互联网大会上，习近平主席所倡议的国际互联网治理四项基本原则之首就是尊重网络主权，全世界所有国家应联合起来构造网络空间安全共同体。我国颁布的《国家安全法》也提出推动构建和平、安全、开放、合作的网络空间，建立多边、民主、透明的网络治理体系。但在现阶段，我国基础核心技术支撑能力不足，跨境数据流动保护规则不健全，因此需进一步出台措施，加快相关法律法规的制定，切实提高数据主权保障能力。加强国家数据主权的保护可从以下几个方面入手。

一是进一步突破关键核心技术，加快核心器件、高端芯片、操作系统等技术的创新和突破，超前布局区块链、云计算、人工智能、高性能计算等与大数据相关的新兴技术研发和产业化发展。加大对基于大数据的安全技术研发和应用的投入，大力在高等院校、科研院所、科技企业等培养相关科技人才和科研人员，加快前沿网络安全技术研究成果的实际应用，发展自主可控的信息产业，为数据主权保障提供支撑。

二是加强重点行业的数据管理，健全国家关键信息基础设施安全保护体系，加强国家重要数据的保护。重点监测和管理金融、农业、健康、交通、军事、信息等关系国计民生的行业数据，加强对行业数据的挖掘和应用，着重注意数据泄露监测和网络恶意攻击防护。产业健康发展就是最大的安全，大力提高网络基础设施服务能力和高新技术创新能力，提高核心软硬件产品自主研发和自主控制水平，培育和整合国内龙头企业，以发展促安全。

三是制定我国跨境数据流动管理总体战略，建立数据分级分类管理、跨境业务合同监管、跨境数据流动安全风险评估等管理制度。对政府、事业单位、企业和个人的数据进行分类和分级，涉及国家安全和秘密的数据严格禁止跨境，公共部门数据的跨境流动加以条件限制。由政府制定跨境数据流动的合同标准，明确参与数据流动和转移双方的安全保护责任和义务。对于涉及政府、重要领域的数据跨境行为，还需建立事前和事中安全风险评估和预警机制，并制定相应的应急措施。

四是推动数据主权相关立法进程，制定涉及个人信息保护、数据跨境流动、外商投资等方面的法律法规。依法治国的精神就要求跨境数据流动的管理必须有法可依，符合一定的规范和约束。为此应从国家层面出发制定法律法规，指出可以跨境跨国转移和流动的数据种类、规模、范围、处理方式、保护措施等要素，一方面为数据主权的维护提供法律上的判断依据，另一方面也为国家对数据跨境流动的监管提供审查或执法依据。

五是加强国际合作交流，形成数据保护利益共同体，积极参与数据治理和跨境流动的国际规则制定，发表我国主张，争取广泛共识，谋求更多的话语权。数据的跨境流通不仅受国内法律法规的约束，更应该在国际化全球化背景下树立国际法意识，通过谈判、磋商等方式主动参与和负责更高层次更大范围内的规则制定，以保障数据在全球范围内安全流动的可能性和可行性，不仅可以维护国内利益，更能树立中国在互联网和数据安全等方面的国际大国形象。

第四十二章 两批次八个国家大数据综合试验区获批建设

2016 年，全国两批次八个国家大数据综合试验区获批建设是贯彻落实国家大数据战略的有效举措。贵州和内蒙古基础设施统筹发展类综合试验区强化大数据基础设施建设，京津冀和珠三角地区跨区域类综合试验区更注重大数据产业各环节发展要素在不同地区和城市间流动。上海、河南、重庆和沈阳四个区域类综合试验区分别引领东部、中部、西部和东北四大板块的大数据产业发展，拉动区域整体发展水平。两批次八个国家大数据综合试验区将突出发挥统筹布局作用、先试先行作用和示范带头作用。

一、事件回顾

2016 年 2 月，国家发改委、工信部、中央网信办联合发函，在贵州建立中国首个国家级大数据综合试验区。同年 10 月，三部门再次发函批复，在京津冀、珠三角、沈阳、重庆、河南等七个地区和省市进一步推进国家大数据综合试验区建设。这是继贵州获批全国首个大数据综合试验区建设之后获批建设的第二批国家级大数据综合试验区。至此国内共有八个大数据综合试验区，形成中部、东部、西部和东北“四大板块”格局，共同引领全国大数据产业的全面发展，实现数据共享、区域内协同发展、产业转型升级和经济结构调整。

按照规划要求，贵州的大数据综合试验区目标是建成全国数据汇聚应用新高地、综合治理示范区、产业发展聚集区、创业创新首选地以及政策创新先行区。第二批七个国家级大数据综合试验区的建设定位分为三类：两个跨区域类综合试验区（京津冀和珠三角地区），定位于落实国家区域发展战略；四个区域示范类综合试验区（上海、河南、重庆和沈阳），定位于主导“四大板块”的大数据产业发展；以及一个大数据基础设施统筹发展类综合试验区（内蒙古），定位于加大资源整合力度，强化基础设施跨越式发展。

国家大数据战略实施以来，国务院颁布了《促进大数据发展行动纲要》，而2016年两批次八个国家级大数据综合试验区获批建设正是贯彻落实国家战略的具体体现。大数据综合试验区将开展全方位的试验探索，具体包括大数据制度创新、技术创新应用、产业聚集发展、产业要素流通、国际交流合作、公共数据开放共享、数据中心整合利用等，在探索中积累大数据产业创新发展的经验。

二、事件评析

2015年，国务院印发《促进大数据发展行动纲要》（以下简称《纲要》），明确提出实施国家大数据战略，全面推进我国大数据产业的发展和应用，建设数据强国。2016年，两批次八个国家级大数据综合试验区的获批建设正是贯彻落实《纲要》的重大举措之一。作为国家发展大数据产业的重要措施和项目，此次建设综合试验区不是简单地建产业园，更不是单纯地建数据中心，而是要在现有的基础设施和数据资源的基础上，充分做好试验区规划，避免重复建设和资源浪费。

从两批次八个国家级大数据综合试验区的规划和布局中可以看出，内蒙古属于基础设施统筹发展类综合试验区，要求充分发挥区域气候、能源、地质等基础条件，加大自然资源和科技资源的整合力度，强化大数据基础设施建设，打造一批大数据领先产品，培育一批大数据骨干企业，建设一批大数据“双创”空间，培育一批大数据技术人才，推动大数据产业制度创新和技术突破，挖掘数据资源价值，提升政府公共服务能力，助力经济转型升级。同时注重与中东部地区在人才、产业以及应用方面的合作，实现跨越式发展。

京津冀和珠三角地区是跨区域类综合试验区，围绕国家区域协调发展战略，更注重于大数据产业各环节发展要素在不同地区和城市间的流动，有效发挥区域内各城市的特色优势，以数据和信息的流动带动物质、技术、人才和资金的流动和共享，助力区域间公共服务、产业转移、社会治理等方面的共同推进和发展，减小区域内发展差距，推动各地一体化发展，实现互相促进共同发展的良好局面。跨区域类综合试验区以大数据时代的思维、技术、产品、模式以及服务突破行政壁垒和地域界限，加快区域内不同地区的基础网络设施建设，扩大互联网覆盖区域，推动多地协调共同发展。在京津冀综合试验区中，北京强化大数据的创新和引导，天津强化带动和支撑，河北强化承接和转化，三地形成协同发展功能格局，利用各自优势共同推动京津冀地区大数据产业快速健康发展。而在珠三角综合试验区，依托广州、深圳等地区的电子信息产业发展优势，充分发挥广州和深圳两个国家超级计算中心的资源聚集作用，在腾讯、华为、中兴等一批龙头企业的带动下，逐渐形成大数据产业聚集发展的趋势，通过抢占大数据产业高地促进地方经济转型升级，为国家大数据战略的实施和推进探索新路径、提供新经验。

上海、河南、重庆和沈阳四个区域示范类综合试验区引领东部、中部、西部和东北四大区域的大数据产业发展，统筹数据资源，聚集大数据产业各个环节，以本地大数据产业发展的优势带动区域类其他城市大数据产业发展，充分发挥辐射带动作用，拉动区域整体发展水平，助力经济转型升级。具体而言，上海围绕自贸区建设和科创中心建设两大战略，在推动公共治理大数据的应用、推动大数据科技创新和基础性治理的研究、推动大数据与公共服务基层社会治理相结合、进一步加强与长三角地区和长江经济带城市在大数据方面的合作等四个方面大力推动大数据的发展。河南着重深化大数据应用，探索大数据在数据汇聚共享、产业聚集发展、管理机制创新、重点领域应用等四个方面的试验，在传统产业转型升级的大背景下，促进大数据技术对其的引导和辅助作用，推动大数据产业与传统行业融合和协调发展，摸索适应大数据产业创新性发展的运营和监管机制，切实贯彻和落实国家大数据战略，积累有益的发展经验。重庆在建设国家大数据综合试验区建设中更偏向于数据资源统筹，强化大数据产业聚集，充分发挥辐射带动效应，以核心环节为中心，统筹大数据产业布局，努力建设兼具国内外影响力的大数据产业基地和数据枢纽。沈阳大数据综合试验区按照以大数据发展为主体、智慧城市建设和传统产业转型升级为两翼的发展思路，重点推动大数据产业发展和智慧城市建设，将沈阳打造成国家级大数据产业创新发展试验区、东北地区大数据聚集区，在大数据领域形成立足沈阳、辐射辽宁、带动东北的局面。

两批次八个国家级大数据综合试验区具有以下三个重要作用。一是统筹布局作用，依托综合试验区，承接中央部门的数据中心应用需求，带动地方政府大数据产业发展，强化国家层面的大数据中心统筹布局，促进地方政府层面的有效规划和布局，既能有效地管理数据中心的新建数量，又可激活已有资源，促进优势资源聚集发展。二是先试先行作用，在试验区内探索新的大数据交易模式和方法，全面开展以应用为导向的大数据交易市场，推动产业链不同环节之间的数据交换和互通，探索数据资源定价机制和规范行为，促进形成产业链新态势和新局面，加快区域经济的发展，促进产业转型升级，更好地服务国家大数据战略。三是示范带头作用，试验区充分利用已有的基础设施和公共服务，更好地推进数据资源开放共享、数据技术创新、大数据产业配套支撑和数据安全保护等方面的发展，进而为其他地区的大数据产业发展形成示范带动效应。

在中国经济结构整体更新换代的大背景下，建设国家级大数据综合试验区还有助于供给侧结构性改革。促进数据要素与其他生产要素的整合和聚集，提高行业组织水平，形成高质量多层次的供给体系，实现供给要素的优化配置，推动供给侧结构性改革。除此之外，国家级大数据综合试验区还将带来更多的机遇，在政府和公共部门的数据资源整合、开放和共享方面取得突破，在政府治理和社会民生服务等应用领域取得突破，在推动传统产业转型升级和互联网融合方面取得新的突破。

第四十三章　上海发力大数据软件开源社区建设

上海市以大数据软件开源社区为着手点，以政府大数据开放与共享为推动力，积极探索大数据开源发展模式与政府大数据共享模式，借助开源模式推动整个大数据产业不断发展，全面探索开源对大数据技术创新的发展和大数据应用生态的繁荣所具有的作用。云计算、大数据、虚拟/增强现实、人工智能等新兴信息技术创新性发展离不开开源技术的支持，开源也成为上海以大数据技术创新带动大数据产业发展的新路径，这标志着上海市全面探索开源对大数据技术创新的发展和大数据应用生态的繁荣所具有的作用。

一、事件回顾

2016 年 12 月，上海市大数据技术与应用创新中心在上海交通大学成立。创新中心以大数据软件开源社区为着手点，以政府大数据开放与共享为推动力，探索大数据开源发展模式和政府大数据共享模式，大力推动上海大数据产业的进一步发展，凸显出上海市在促进大数据产业发展方面的新模式和新思路。在大数据产业尚未形成规模带动效应的背景下，上海提出搭建大数据软件开源社区，建设政务大数据共享平台，借助大数据技术的创新和应用，实现城市精细化管理，着力推动上海的大数据产业发展。中心在未来三年内建成包含论坛、众包、代码托管等功能的大数据软件开源基础平台，在开源社区中提供 200 种左右的大数据开源软件，力争建成国内外都具有巨大影响力的大数据开源软件社区，利用开源全面支持大数据软件，孵化一批规模大、影响力广、吸引力强的大数据软件项目，推动大数据产业创新发展。开源已经成为推动大数据产业发展的重要驱动力，开源解决方案在推动落实国家“互联网 +”战略，促进各行各业转型升级方面提供关键的数据资源支撑，借助开源模式促进大数据技术进步，完善我国大数据产业环境，为繁荣我国大数据产业生态提供新动力。

二、事件评析

自国家大数据战略实施以及国务院《促进大数据发展行动纲要》颁布以来，上海市加快了推动大数据产业快速发展的步伐。上海市借助较好的大数据基础设施优势，以大数据研究中心为依托，重点突破大数据关键技术和核心产品。此次成立的上海大数据技术与应用创新中心以开源模式为突破口，在全国范围内探索促进大数据产业进一步发展的新思路和新模式。

云计算、大数据、虚拟/增强现实、物联网以及人工智能等新兴信息技术实现了创新性跨越式发展，从中不难看出，开源活跃在其中。随着全国乃至全球科技巨头公司的加入和竞争，开源模式正成为大数据等新兴科技领域创新发展和广泛应用的新兴力量。在此背景下，上海市成立大数据产业创新中心，标志着上海以大数据开源软件社区为突破口引导大数据技术创新和行业应用方面的有益探索。开源在引领大数据技术创新和促进大数据基础平台进步方面展现出越来越大的重要性，而大数据开源软件的研发、应用和推广的基本力量则在于科技企业的创新。

开源已经成为上海以大数据技术创新带动大数据产业发展的新路径。大数据技术自诞生起就具有开源的基因，并在开源的基础上不断前进发展。经过多年的积累和发展，大数据产业的各个环节都有了开源软件和工具的应用，企业可以借助开源软件和工具快速简单地构建的大数据应用平台，完成大数据技术的开发和应用。目前，从中小微企业到科技行业巨头公司，在基于大数据的数据处理、分析和预测中都在使用开源软件和工具。上海市大力推行“中小企业数据支撑创新计划”，积极探索中小企业在数据服务和应用方面的模式，将大数据与产业和公共服务相互融合，营造良好的开源技术开发环境，促进中小企业利用开源工具和软件进行大数据技术的创新，服务于企业的发展。

上海不仅在大数据技术创新和应用推广方面充分利用开源，而且还借助开源模式推动整个大数据产业不断发展，全面探索开源对大数据技术创新的发展和大数据应用生态的繁荣所具有的作用。从 2016 年初上海开源大数据研究院的成立，到此次大数据技术与应用创新中心的成立，上海市一直致力于大数据开源的技术创新和产业应用研究。上海市成立开源大数据研究院，从组织机构上予以高层次的全力支持，打破大数据技术上的障碍，突破行业间的壁垒和界限，汇聚众行业的智慧和优势，重点研究大数据科学、技术和应用，引导新时代下数据化思维的形成和应用。上海开源大数据研究院在研究方向、服务内容以及运营模式上进行超前的探索，体现了上海贯彻落实国家大数据战略所做的探索和创新，以大数据产业的发展带动传统行业的转型升级。

开源软件和工具发展的重要力量在于各种规模的科技企业。表面上看，大数据产业链中的基础平台和核心环节的技术革新是在开源模式下进行的，全球各领域人士均有机会参与，但从技术演进和应用的一般化规律来看，大数据技术的创新更依赖于全球主要的科技企业的参与和推动。上海大数据创新中心将重点引进和扶持一批大数据开源软件领域的高新技术企业，以政府支持为基础，鼓励相关企业创新发展，探索开源模式为大数据技术的研究和应用带来的推动作用，充分利用世界范围内的开源资源，积极吸收国内外先进科学技术，借鉴国外先进经验，助力创新中心实现跨越式发展，以此为全国大数据产业发展提供有益经验。科技企业既要充当大数据技术创新发展的主导力量，还要在开源世界的运行规则方面不断扩大影响力，紧跟技术前沿，争夺大数据技术和标准话语权，引领形成以核心企业为中心、以开源模式为主要方式的新型大数据产业链生态。

展望篇

第四十四章　主要研究机构预测性观点综述

Gartner 预测，未来数据中心的八大新兴技术包括次世代数据中心设计、安全挑战、物联网的影响、开放式标准、更好的度量方法、可再生能源、液态冷却、DCIM 和自治系统。IDC 认为 2017 年大数据行业将呈现深度学习、物联网、内存中分析、云计算、Apache Spark 等五大发展趋势。艾瑞指出，隐私界限、数据归属以及定价标准将形成统一行业标准，大数据产业链上还存在较多机会点，企业方面更加注重产业生态营造和商业模式创新。易观则认为数据管理成为核心竞争力，直接影响企业财务表现，大数据交易将带动生态体系进一步完善，大数据方案将向更多垂直化领域拓展，大数据算法优化的重要性将更加凸显。

一、Gartner 的预测

借助多项新兴数据中心技术趋势，未来几年到 2020 年，众多数据中心将至少降低 30% 的物理空间占用率。Gartner 认为，增长的密度、虚拟化、迁移至托管设施以及云计算都是影响数据中心内部运作的因素。数据中心管理者必须跳出现有思维模式，思考更高密度对能耗、冷却以及空间的影响，还有自始至终都必须考虑的安全防护问题。管理者们还需规划更好的技术设施计划，考虑物联网可能带来的潜在影响，为其广泛应用做好相应的准备。Gartner 对未来数据中心的八大新兴技术预测如下：

一是次世代的数据中心设计。与之前相比，现在的数据中心更多地以千瓦每机架或每平方千米为单位。例如，几年前，数据中心设计多为每机架 4 千瓦到 5 千瓦，而现在则通常达到每机架 8 千瓦到 12 千瓦，甚至更高，这就意味着每平方千米可容纳更高的计算能力。新的技术，如超收敛基础设施、微服务和容器，对每机架的能源需求也越来越高，与之相对的是数据中心也需要新的配置和设计方法。Gartner 认为，较好的规划可以帮助避免电力瓶颈。建设一个新的数据中心需要近一年的时间，这有时也会为未来的电力规划制定过程带来挑战。

二是安全挑战。Gartner 认为，物联网、云计算和软件定义基础设施对安全问题的影响越来越引起人们的关注。工业企业和政府都在规范法规和加强审查，特别是对银行业以及金融业务。我们不能只保护边界，还要应对新类型安全威胁。安全措施必须集成到整个流程中，应用 DevSecOps 替换 DevOps 这样的办法，来确保安全措施可以在全流程中发挥作用。

三是物联网的影响。物联网带来的外部影响为数据中心产生了新的需求。Gartner 预测，到 2020 年将有 250 亿台设备连接到互联网，创造出存储和通信的巨大需求，而这些都要借助数据中心实现。Gartner 认为，物联网也会成为数据中心运营工作的一部分，例如资产管理应用传感器来监控温度和物理安全的应用。

四是开放式标准。开放式计算项目（Open Compute Project，OCP）是由 Facebook 研发的，应用在超大规模数据中心来削减运营成本。Gartner 认为，这些创新性的技术在数据中心业务的增长中将占有一席之地。OCP 已经开始影响现行的标准。企业级数据中心正在越来越多地实施 OCP 来降低运营成本。原创设计制造商服务器的市场占有率从几年前的 0% 增长到了目前的 6%—7% 的水平。未来网络和存储领域的开放式标准也会改变 IT 行业对数据中心设施的看法。

五是更好的度量方法。不少的数据中心仅仅关注简单的度量方法，如能源利用效率（PUE），但只有 PUE 是不够的，还需要更多宏观的度量方法来改善数据中心整体的效率。IT 专业人士所需要测量的不仅仅是用电情况，还需要测量水以及从热通道到办公区的热水是如何引导使用的。我们需要更好的测量方法，而不是只用 PUE。

六是可再生能源。环境问题将继续在数据中心领域具有举足轻重的作用。超大规模数据中心承诺遵守绿色倡议，企业级数据中心越来越多地投资于可再生能源以满足环境合规的要求，以让公众了解自己的公司是“绿色”的。

七是液态冷却。液态冷却已被提及多年，很多年前就已经成为冷却的主要方法。现在，新技术的应用可以达到单一机架 250 千瓦的水平，浸液式冷却已经在诸如高性能计算等系统中起到了关键作用。液态冷却的好处包括可以按照行和机架的方式部署在特定区域，并且具备静音和可靠性高的特点。Gartner 预计液态冷却的新技术将在未来的两到三年内得到广泛应用。

八是 DCIM 和自治系统。数据中心基础设施管理（DCIM）软件不仅与数据中心的不同区域进行了高度集成，更具备了预测性的分析功能。Gartner 认为，DCIM 将融合智能因素，它的功能将继续存在，但不同的产品将具备多级别的全新智能和精细的自动化管理功能。最终，一系列的因素将导致数据中心内部仅需更少的 IT 人员。

二、IDC 的预测

（一）2017 年大数据行业五大趋势

IDC 预测，到 2020 年时，大数据技术和服务市场规模将从 2016 年的 1301 亿美元增加到 2030 亿美元。预计今后几年将有更多大中型企业进入大数据和物联网领域，IDC 认为 2017 年将塑造大数据行业的以下五大趋势：

第一，深度学习。

深度学习是一种基于神经网络的机器学习技术，它仍处于发展之中，但已经在解决业务问题方面显示出巨大潜力。这种技术让计算机从大量非机构化数据和二进制数据中找出感兴趣的内容，然后推导出关系，而不需要特定的模型或编程指令。

深度学习所涉及算法的原动力主要来自人工智能领域。人工智能的总体目标是模拟人类大脑观察、学习、分析和作出决定的能力，特别是处理非常复杂的问题。深度学习的一个关键概念就是数据的分布式表示，这样就可以对输入数据的抽象特征进行大量的组合，从而可以紧凑地表示每个样本，最终获得更丰富的泛化。

深度学习主要用于从海量未标记的数据中学习，因此对于从大数据中提取有意义的表示和模式有很大的吸引力。例如，它可以用来识别众多不同类型的数据，如视频中的形状、颜色和对象。因此，更多的注意力将投向半标记式训练算法来处理进入的大量数据。

第二，物联网（IoT）。

物联网和大数据就像一枚硬币的两面，数十亿与互联网连接的“物件”将生成大量的数据。这本身不会引发另一场工业革命，也不会改变日常的数字化生活。真正让企业与众不同的是来自设备外部的数据。结合具体情景来捕获和分析这种数据将给公司带来新的发展空间。

研究表明，与计划维修相比，预测性维护最多可省下12%的成本，从而使维护成本降低30%，将设备故障造成的停运时间缩短70%。对于制造工厂或运输公司而言，从数据驱动的决策获得这些结果，意味着在改进运营和节省成本方面大有作为。

第三，内存中分析。

常规的商业智能（BI）软件对存储在服务器硬盘上的数据运行查询，而内存中技术查询的是载入到内存中的信息，从而减少甚至消除磁盘输入/输出瓶颈，进而显著提升分析性能。就大数据而言，正是由于TB级系统和大规模并行处理，内存中分析技术更令人关注。

在现阶段，大数据分析的核心其实就是发现数据。只有延迟达到毫秒级，面对数百万次/数亿次的迭代，运行迭代以查找数据点之间的关联才会成为现实。在内存中处理的速度比磁盘上处理要快三个数量级。

早在2014年，Gartner就描述了这样一种新技术——HTAP（混合事务/分析处理）：在同一个内存和数据库中处理和分析事务。它让应用程序的开发者通过更强的情境意识和改进的业务敏捷性来进行创新，而这需要彻底改变原有的框架，还需要相应的技术和技能才能让内存中分析技术成为赋能者（enabler）。

很多公司已经在充分利用HTAP了，例如零售商能够迅速识别在过去一小时内最畅销的商品，然后立即为该商品定制优惠促销活动。另外，很多公司一直在过度使用它。如果用户需要在一天内多次以同种方式查看同一数据，数据又没有显著的变化，那么使用内存中分析技术就是一种浪费了。

第四，云计算。

混合云和公共云服务越来越受到欢迎。大数据成功的关键即在弹性基础设施上运行平台。我们可以看到数据存储和分析趋于融合，进而带来新的更智能的存储系统，它们在优化之后，用于存储、管理和排列PB级数据集。展望未来，我们预计会看到基于云的大数据生态系统在整体方面继续迎来发展，而不仅仅局限于“早期采用者”。

通过大力投资于最终僵化的数据中心不可能扩展已有的平台。例如，人类基因组计划最初是一个 GB 级项目，但很快就达到了 TB 级和 PB 级。一些领先的公司已经开始以双模的方式来拆分工作负载，在云端运行一些数据工作负载。可以预计，随着这种解决方案在采用周期上深入发展，这种潮流的发展会越来越快。

第五，Apache Spark。

流行的 Apache Spark 项目提供了 Spark Streaming 技术，它采用一种在内存中微批量处理的方法，接近实时地处理数据流。Apache Spark 已经从 Hadoop 生态系统的一部分变成了许多企业青睐的一种大数据平台。但 Spark 旨在改进而不是替换 Hadoop 架构。因此对于企业来说，综合使用 Hadoop 和 Spark 能获得更好的分析和存储能力。

Spark 现在是最庞大的大数据开源项目，与 Hadoop 相比，其数据处理速度有显著提高，它为并行执行提供了一种高效的通用框架。Spark Streaming 是 Spark 的主要部分，用于借助处理器核心，流式传输大块的数据，为此将大数据分割成更小的数据包，然后对其进行转换，从而加快弹性分布式数据集的创建。这在当下非常有用，因为数据分析通常需要一组协同运行的机器资源。

（二）2017 年全球数据中心预测

IDC 发布了其关于 2017 年全球数据中心预测的报告。报告强调，数据中心内一系列成熟的技术对于那些寻求数字化转型的企业机构而言至关重要。未来“DX 经济”需要一个高度精确、完全自动化的无人数据中心，利用预测分析减少停机时间。尽管云改善了效率和敏捷性，但目前对很多老旧组织机构来说，现实是数据中心环境中仍然存在明显的技术复杂性。IDC 关于全球数据中心的预测内容如下：

一是数据中心愿景，到 2018 年，数据密集型行业内 35% 的企业将采用正式的数据中心规划、采购和治理流程来加速数字化转型；

二是下一代工作负载，到 2019 年，企业机构的数据中心投资中将有 25% 用于支持下一代上下文工作负载，例如认知计算/人工智能、机器学习和增强现实；

三是PAYING IT，到2018年之前，付费即用/使用模式将在内部和外部物理IT和数据中心资产开支中占比25%，加强业务和IT合作伙伴关系；

四是智能数据中心，在2017年，只有20%的企业将按照计划部署软件定义数据中心，因为对关键设置的容量限制会拖慢转型速度；

五是多云操作，随着企业对不断变化的数据使用模式做出反应，2018年之前他们的ICT开支中将有45%是主机托管、托管云以及公有云数据中心混合的模式；

六是本地云支付，到2019年，20%的本地基础设施将支持地域独立的下一代工作负载，这些工作负载通过集成一体机上的IaaS/PaaS堆栈直接连接到公有云或者托管云上；

七是机架级IT，在3年内，机架级超融合和超大规模将在服务器/存储/网络部署中占比30%，推动电源和冷却设计的变化；

八是动态连接，在2017年，25%的企业将采用基于策略的叠加网络在数据中心、云和分支机构之间快速且安全地迁移数据和工作负载；

九是电能保障，到2019年，领先的数据中心运营商将减少对电网的依赖，所有数据中心能源需求中有10%将通过专有的、私人发电电源来满足；

十是数据中心淘汰，在接下来的2年中，将有30%的大型和中型企业遭遇由电力支付和硬件淘汰所导致IT工作负载配置不匹配带来的服务器故障。

三、艾瑞的预测

艾瑞对不同时期的大数据发展特征做出如下总结：一是多元化，补全数据基础，大数据使用门槛降低，数据来源更加广泛，可分析维度更加多样化，催生更多大数据应用类型；二是智能化，改善交互方式，大数据结合云计算、机器学习等技术，将为产业智能提供解决方案，改善用户与场景的交互方式；三是应用化，优化用户体验，人与场景的交互方式变得更加智能，具体应用在使用中的用户体验不断优化；商业上互动增强，促使转化效率提升，实际提高企业运营效率。在最近发布的中国数据型互联网企业大数据产品研究报告中，艾瑞对中国大数据产业的发展趋势做出如下预测：

（一）隐私界限、数据归属以及定价标准将形成统一行业标准

我国大数据交易刚刚起步，数据的商品化引起了行业关于用户数据的隐私界限、数据归属及数据资产定价标准的思考，但暂未形成统一的行业标准，不利于数据资产的商业化探索以及行业的长远发展。

各种场景聚集，数据维度、密度增加，在数据安全事故频发的情况下，用户对于安全隐私问题尤为关心，同时，数据资产的价值保护越来越受到重视。艾瑞分析认为，在需求驱动下，未来国家将出台相关法律法规，明确用户数据的隐私界限，以及数据在不同情境下的归属权，提高违法成本；同时，在资源聚集的条件下，行业联盟、第三方数据机构、行业巨头等将带头推动行业形成数据归属的界定和数据资产的定价标准。

此外，目前已出现了黑盒对接、差分隐私等技术，能够在一定程度上规避隐私问题，未来将在数据管理全环节的基础上，产生划分标准更合理、稳定性更高的技术手段，在不泄露个人隐私信息的情况下，帮助企业获取群体特征。

艾瑞认为，中国大数据产业中隐私界限、数据归属及定价标准的发展将朝向以下两个方面发展：一是隐私界限方面包括数据采集、数据精度处理，数据共享发布、数据的匿名处理、人工加扰，数据分析、脱敏、加密、权限控制，以及隐私数据可信销毁等；二是数据归属与数据资产定价标准包括出台相应法律法规界定数据归属权，行业联盟、第三方数据机构、行业巨头将推动行业统一数据归属界定和数据资产定价标准。

（二）大数据技术链上还存在较多机会点

大数据的运作效率始终是行业发展的痛点之一，制约了其发展的速度，但伴随着人们对音乐、影视等多媒体内容的需求逐渐增大，互联网媒体的呈现形式越发多元，产生了大量非结构化数据，既提高了对大数据处理效率的要求，又对海量视频进行高精度搜索和多维度分析的技术形成了尤为迫切的需求。

在现有的机器算法固有缺陷（如完全依靠用户历史行为数据的精准推荐范围越来越窄等）的驱动下，已经涌现出了协同过滤、混合智能算法等更加贴合用户需求的算法类型，未来可采集的数据维度将会越来越丰富，需通过

要基于大数据的数据挖掘、机器学习和人工智能技术进行理解、学习、预测和适应，以满足产业发展的需要。但各行业数字化程度不均匀，针对具体行业特征进行洞察与决策的智能产品还存在较大缺口。在需求驱动之下，新进企业还有较多机会点，涉及大数据基础设施、视频分析技术、智能算法、垂直领域 BI 等各方面。

艾瑞认为中国大数据技术产业链上存在如下机会点。一是大数据基础设施，对大数据基础设施的技术改进，将提高大数据存储与计算效率，给行业带来极大动力；二是视频分析技术，在大数据与机器学习结合的基础上，视频内容的识别精度将逐步提高，应用范围更加广泛；三是智能算法，数据维度越加丰富，数据挖掘、机器学习和人工智能技术将助力业务运营决策制定，并输出相关智能产品；四是垂直领域 BI，细分领域的商业智能将兴起，落地解决各行各业发展中出现的问题，支持决策制定。

（三）企业方面更加注重产业生态营造和商业模式创新

智能终端成布局一环，多端布局使数据入口更加广泛。大数据时代，数据资产的价值越发凸显，拥有大数据能力的互联网企业在整合内部数据资源之余，还通过企业并购、数据交易和企业合作等方式，积极扩充数据源。在企业层面的数据扩张之余，未来互联网企业还将继续布局其他层次的数据链条，以采集更丰富立体的用户行为数据，联动数据生态。除了基本的电脑、手机、平板电脑外，可穿戴设备、智能家电等智能终端也将成为数据入口，一方面，通过应用软件跟踪（软件）和智能模块内置（硬件）等方式实现数据回传，结合其触网行为数据，运用大数据系统进行多维度综合分析和关联应用；另一方面，判断其使用习惯，利用算法为用户提供智能产品的个性化体验及后续增值服务。中国大数据企业数据入口拓展。多端布局，打造数据生态。积极整合自身数据，扩充内外部数据源，布局智能终端，推动产业生态逐步完善，产业链协作持续升温。具体方面包括电脑/手机/平板电脑、可穿戴设备、智能家居、智能汽车、智能飞行器等。

从单一广告服务向多元方向拓展，服务出口更加全面。网络媒体通过提供广告服务变现已成为一种成熟的商业模式，在此基础上，大数据的出现使广告投放效果更加精准，针对市场分布、受众属性、触网行为、媒体策略等具体投放环节的服务更加精细化，并且能够在投后进行多指标的投放效果监测评估，形成了定制化的全案广告服务。在继续深耕广告服务的同时，基于广泛用户数据的网络媒体大数据产品，还将在提升内容质量和内容触达效率的基础上，进一步进行拓展：从应用形式来看，产品与服务的结合将更加紧密，产品应用形式将更加灵活；从业务类型来看，应用方向将向指导产品优化、支持运营决策等方面拓展，探索更多数据价值实现形式，也为数据变现提供更多想象空间；从输出范围来看，在服务于自有业务之余，正在逐步探索大数据能力的对外输出，向其他行业渗透，同时赋能海外，助力数据应用水平相对落后国家的数字化发展。

四、易观的预测

根据易观发布的大数据市场年度综合报告，大数据产业的发展将有以下四种趋势：

（一）数据管理成为核心竞争力，直接影响财务表现

当数据资产是企业核心资产的概念深入人心之后，企业对于数据管理便有了更清晰的界定，将数据管理作为企业核心竞争力，持续发展，战略性规划与运用数据资产，成为企业数据管理的核心。易观分析，数据资产管理效率与主营业务收入增长率、销售收入增长率显著正相关；此外，对于具有互联网思维的企业而言，数据资产竞争力所占比重已超过企业整体竞争力评估的 30%，数据资产的管理效果将直接影响企业的财务表现。

（二）大数据交易将带动生态体系进一步完善

随着大数据产业的不断发展和完善，国内大数据市场的生态体系也将随之不断完善，这体现在除了传统的大数据方案使用方与提供商之外，生态体系中将会出现越来越丰富的新成员。同时，越来越多的服务职能也将大量涌现并随着服务的推进不断完善，包括建立数据交易中心、完善数据质量评估和定价、数据真实性检验、增强数据安全和隐私保护等。

根据易观发布的中国大数据交易市场专题研究报告，中国大数据交易的宏观环境和产业链发展趋势将有以下五种趋势。一是大数据交易的相关法律法规以及行业标准将出台。大数据交易标准应当包括数据标准、数据定价、

数据安全、数据质量、交易标准、产品与平台、应用与服务等众多方面。二是大数据交易路径短期仍处于探索期。高昂的人力资源成本将驱动大数据交易机构进行业务方面的探索，尝试不同的盈利模式。三是大数据交易的行业范围将不断扩大。目前的数据定价方式使得大数据交易的买方集中于金融、医疗、交通等支付能力比较强的行业之中。随着未来数据定价标准的出台，将使得更多的行业能够通过大数据交易机构获得所需数据。四是不同大数据交易机构间的数据交易可能出现。大数据交易的真正价值在于流通，地方性大数据交易机构的出现将辐射周边的地区，聚拢当地的政府与企业数据资源，形成一定的带动效应。五是新技术的发展将丰富可交易数据类型。自然语言处理、图像识别、语音识别、机器学习等新技术的发展提升了机器对于文本数据、图像数据、语音数据等数据的处理能力和识别能力，拓展了数据采集的范围。

（三）大数据方案将向更多垂直化领域拓展

随着国内不同行业对大数据应用意识的不断提高，以垂直行业和垂直应用领域为代表的大数据创新方案将获得不断拓展。在行业方面，包括金融、电信、零售、汽车等领域将是拓展的重点方向，提供商会将产品打包以解决方案模式提供给垂直行业。而在垂直应用领域方面，人脸识别、声音识别、多重身份匹配等将是拓展的主要方向。同时，垂直化厂商的融资门槛将会进一步提高，除了行业的深耕经验及技术积累，线上与线下数据源整合能力的重要性将会比2015—2016年更加重要。

（四）大数据算法优化的重要性将更加凸显

大数据分析的理论核心就是数据挖掘算法，数据只是基础，如何建构起有效的算法、模型比数据本身更重要。如果说只有数据，没有分析没有算法是没有发展性可言的。如何利用好数据，利用算法进行数据挖掘和分析，才是王道。

第四十五章　2017 年中国大数据产业发展形势展望

展望 2017 年，我国大数据产业规模将继续保持快速增长的态势，大数据综合试验区的建设将推动各产业聚集区进一步特色化发展，大数据技术与物联网、云计算、人工智能等新兴技术的融合与创新更加深入，工业大数据将进一步推动中国智能制造战略的实施，大数据技术将进一步提升政府服务能力，大数据安全和数据跨境流动安全性将成为国家和社会关注的焦点。从大数据产业各细分领域来看，数据采集设备将呈现网络化、智能化等特点，构建软硬一体化的自主产业生态趋势明显；大数据软件产业将进一步壮大，中小型企业将成为大数据软件发展重要力量；大数据服务产业规模将持续提升，发展方向呈现在内通用型大数据服务和面向行业应用场景的定制化大数据服务双向性特征，更多的行业企业成为新的生力军；大数据安全与人工智能技术融合进一步深化，安全管理平台（SOC）将成为重要的产品形态。

一、整体产业发展形势展望

（一）产业发展将迎来“黄金期”

2016 年，政府持续发力，推动大数据产业发展进入“快轨道”。继 2015 年国家发布《促进大数据发展行动纲要》之后，2016 年“十三五”规划纲要中明确提出实施国家大数据战略，把大数据作为基础性战略资源，全面实施促进大数据发展行动，加快推动数据资源共享开放和开发应用，助力产业转型升级和社会治理创新。此后，10 月 9 日，习近平总书记在实施网络强国战略的讲话中，指出我们要深刻认识互联网在国家管理和社会治理中的作用，以推行电子政务、建设新型智慧城市等为抓手，以数据集中和共享为途径，建设全国一体化的国家大数据中心，推进技术融合、业务融合、数据融合，实现跨层级、跨地域、跨系统、跨部门、跨业务的协同管理和服务。此外，2016年国家发改委还出台了《关于组织实施促进大数据发展重大工程的通知》《促进大数据发展三年工作方案（2016—2018）》等配套政策。国家政策的接连出台为推动产业快速成长提供了良好发展环境，根据赛迪智库预测，2016年我国包括大数据核心软硬件产品和大数据服务在内的市场规模将达到3100亿元。目前，我国大数据产业生态系统日趋完善，典型的大数据公司主要分为两类：一类是传统互联网IT企业，如百度、阿里巴巴、腾讯、华为、联想、浪潮、中兴等，业务范围涵盖数据采集、数据存储、数据分析、数据可视化、数据安全等领域；另一类是初创的大数据公司，它们依赖大数据工具，针对市场需求，为市场带来创新方案并推动技术发展。其中大部分的大数据应用还是需要第三方公司提供服务。

展望2017年，我国大数据产业规模将保持继续快速增长的态势。工信部出台的《大数据产业“十三五”发展规划》明确提出要进一步支持大数据技术和产业创新发展，提升大数据产业支撑能力，培育新业态、新模式。2017年，我国将推进重点领域大数据高效采集、有效整合，深化政府数据和社会数据关联分析、提高宏观调控、市场监管和公共服务的有效性。初步建设国家政府数据统一开放平台，推动政府信息系统和公共数据互联开放共享。研究制定数据开放、保护等法律法规，制定政府信息资源管理办法。随着国家大数据战略配套政策措施的制定和实施，我国大数据产业的发展环境将进一步优化，大数据的新业态、新业务、新服务将迎来爆发式增长，产业链进一步成熟和扩张。同时互联网的高速发展，将带动社会各领域对大数据服务需求进一步加强，政务、工业、电信、金融、交通、医疗等领域的应用层出不穷。据赛迪智库预测2017年我国大数据产业规模有望达到4185亿元，未来2—3年的市场规模的增长率将保持在35%左右。

（二）产业聚集将进一步特色化发展

大数据综合试验区建设，是国家推进大数据产业发展的重要工作，2016年，我国通过批建8个大数据综合试验区，对大数据的区域发展进行整体规划布局。2016年2月，国家发展改革委、工业和信息化部、中央网信办发函批复贵州省组建我国的第一个国家级大数据综合试验区。此后，10月，三部委又批建了第二批7个国家级综合试验区，其中北部是京津冀、南部是珠三角（以广州市、深圳市为重点）、东部是上海市、西部是重庆市、中部是河南省、东北是沈阳市，以及一个大数据基础设施统筹发展类综合试验区内蒙古自治区。国家三部委将在大数据发展重大工程、国家大数据工程实验室等各类专项及推动工业转型升级、两化融合等相关政策方面，对试验区给予重点和优先支持。届时，将共同引领东部、中部、西部、东北等“四大板块”的大数据产业发展，实现数据共享、区域内协同发展、加快产业转型。

展望2017年，随着各个大数据综合实验区建设和落实，产业集聚区推动地方形成特色领域。围绕京津冀和珠三角跨区域类综合试验区，将更加注重数据要素流通，以数据流引领技术流、物资流、资金流、人才流，支撑跨区域公共服务、社会治理和产业转移，促进区域一体化发展；围绕上海、重庆、河南和沈阳四大区域示范类综合试验区，将更加注重数据资源统筹，加强大数据产业集聚，发挥辐射带动作用，促进区域协同发展，实现经济提质增效；围绕内蒙古自治区的基础设施统筹发展类综合试验区，将充分发挥区域能源、气候、地质等条件基础上，加大资源整合力度，强化绿色集约发展，加强与东、中部产业、人才、应用优势地区合作，实现跨越发展。

（三）技术融合创新将更加深入

2016年，习近平总书记在“10·9”讲话中提出“网络信息技术是全球研发投入最集中、创新最活跃、应用最广泛、辐射带动作用最大的技术创新领域，是全球技术创新的竞争高地”，要“建设全国一体化的国家大数据中心，推进技术融合、业务融合、数据融合”。大数据、云计算、物联网、人工智能等新一代信息技术是最典型的网络信息技术，创新驱动是其发展的原动力，新兴技术间的融合创新更是产业发展的主基调。2016年，我国大数据骨干企业研发投入不断加大，技术融合创新取得重要进展。阿里巴巴电子商务交易系统实现了“双十一”每秒钟17.5万笔的订单交易和每秒钟12万笔的订单支付，主要归因于飞天云平台的重要支撑，而该平台本身就是大数据和云计算融合创新的成果。此外，“百度大脑”“讯飞超脑”等重大科技项目，其本身也是超大规模计算（云计算）、先进算法（人工智能）和海量数据分析（大数据）融合创新的成果。

展望2017年，大数据的技术发展与物联网、云计算、人工智能等新技术领域的联系将更加紧密，物联网的发展将极大提高数据的获取能力，云计算与人工智能将深刻地融入数据分析体系，融合创新将会不断涌现和持续深入。

（四）工业大数据对智能制造的赋能效应将进一步释放

2016年，工信部作为工业和大数据产业主管部门，支持大数据关键技术研发和产业化，推进工业大数据公共服务平台建设，支持工业企业推进大数据全生命周期和全产业链环节的应用，以工业大数据应用全面支撑智能制造和工业转型升级。4月，工信部组织实施两化深度融合创新推进2016专项行动，利用工业转型资金等手段，面向工业大数据服务平台领域，选择若干应用基础好、前景广阔、示范带动作用强的项目，开展制造业与互联网融合发展试点示范。在《大数据产业发展规划（2016—2020年）》中，提出深化工业大数据创新应用的重点任务和实施工业大数据创新发展工程，加快工业大数据基础设施建设，推进工业大数据全流程应用，培育数据驱动的制造业新模式。

展望2017年，随着《国务院关于深化制造业与互联网融合发展的指导意见》《大数据产业发展规划（2016—2020年）》《智能制造发展规划（2016—2020年）》等政策规划的落地实施，我国将进一步深化工业云、大数据等技术在工业领域的集成应用，探索建立工业大数据中心，实施工业大数据应用示范工程，工业大数据对智能制造的赋能效应将进一步释放。

（五）政务大数据将成为提高政府服务效能的有力支撑

近年来，政府和企业各司其职，将政策和技术有效结合，共同促进政务大数据创新发展。早在2013年，国家统计局与中国网通、百度、阿里巴巴等11家企业加强战略合作，共同启动“国家统计局大数据合作平台”建设。2016年，国务院出台了《关于加快推进“互联网+政务服务”工作的指导意见》，提出开展政务服务大数据分析，把握和预判公众办事需求，提供智能化、个性化服务，变被动服务为主动服务。后又制定了《政务信息资源共享管理暂行办法》，为政务大数据应用发展提供了基础数据资源保障。工信部在《大数据产业发展规划（2016—2020年）》中，提出强化社会治理和公共服务大数据应用，探索大众参与的数据治理模式，提升社会治理和城市管理能力，为群众提供智能、精准、高效、便捷的公共服务。地方层面，2016 年 10 月，河南省印发《河南省运用云计算大数据开展综合治税工作实施方案》，把运用大数据开展综合治税工作作为政府提升财税治理能力的重要手段；福建省印发了《福建省政务数据管理办法》，加强政务数据管理，推进政务数据汇聚共享和开放开发。2016 年 12 月，贵阳市人大常委会对《贵阳市政府数据共享开放条例（草案）》进行初次审议，并对外公开征求意见。

展望 2017 年，随着国家发展改革委《政务信息资源目录编制指南》的出台实施以及地方政府推动政务信息资源互联开放共享的进程不断加快，大数据在政务领域的应用将会逐步深化，成为提高宏观调控、市场监管、公共服务有效性的重要手段，有力支撑政府行政服务效能的提升和社会治理手段的优化。

（六）大数据安全和数据跨境流动将成为国家和社会关注的焦点

数据资源作为信息社会的重要生产要素、无形资产和社会财富，成为一个国家的基础性战略资源。近年来，由于数据在网络空间传播迅速，且当前技术手段和行政手段都无法对其实施有效监管，使得大数据安全问题和数据跨境流动安全风险日益加剧。2016 年，国家和地方大力推动大数据安全创新发展。国家层面，11 月，全国人大常委会正式通过《中华人民共和国网络安全法》，明确提出“国家鼓励开发网络数据安全保护和利用技术，促进公共数据资源开放，推动技术创新和经济社会发展”“关键信息基础设施的运营者在中华人民共和国境内运营中收集和产生的个人信息和重要数据应当在境内存储”，从国家法律法规层面进一步明确了对大数据安全和数据跨境流动的管理规范。工信部出台的《大数据产业发展规划（2016—2020 年）》中，明确提出大数据产业要安全规范发展，指出“坚持发展与安全并重，增强信息安全技术保障能力，建立健全安全防护体系，保障信息安全和个人隐私。加强行业自律，完善行业监管，促进数据资源有序流动与规范利用”。地方层面，贵州省作为全国首个大数据综合试验区，高度重视大数据安全产业发展，建设大数据安全靶场和大数据安全产业园，并设立“贵阳市大数据信息安全产业创业投资基金”，截至 2016 年 12 月，贵阳市围绕大数据安全产业已经签约 25 个项目。

展望2017年，随着《中华人民共和国网络安全法》及相关配套细则的正式实施，大数据安全的市场空间将进一步释放，政府和企业在大数据安全技术、产品和服务创新方面的投入将进一步加大，国家将大力推进双边区域性跨境数据流动合作，建立国家间数据流通保护的协调机制，参与数据跨境流动国际标准和规则制定的积极性将不断提高。

二、重点细分领域展望

（一）大数据硬件

数据采集设备呈现网络化、智能化等特点。2016年9月，工信部、国家发展改革委联合发布了《智能硬件产业创新发展专项行动（2016—2018年）》，并对智能硬件做了相关定义，指出“智能硬件是指具备信息采集、处理和连接能力，并可实现智能感知、交互、大数据服务等功能的新兴互联网终端产品”。总体而言，大数据采集设备属于智能硬件的范畴，更加突出和强调其信息采集、数据预处理的能力。大数据采集设备是“互联网+”人工智能、提供大数据服务的重要载体，大数据采集设备的智能化水平，涉及智能硬件的应用普及和大数据应用服务的延伸和覆盖范围，对于促进大数据产业健康持续发展具有至关重要的作用。大数据采集设备重点强调关键共性技术创新的基础性作用，需要不断实现和强化更多的感知、交互等智能化功能，并结合具体的大数据行业应用领域，发展智能车载设备、智能医疗健康设备、工业数据采集系统等具有行业特色的大数据采集系统。

构建软硬一体化的自主产业生态趋势明显。在自主可控、安全可靠的大背景下，信息技术产业国产化进程稳步推进，2016年，国内整机集成适配取得阶段性进展，自主生态体系建设初步建成。以中国电子（CEC）集团为例，其已经有能力完成全套IT设备和生态的构建，能够提供从芯片、整机、网络设备、操作系统到系统集成全套的产品和服务，在其自主生态体系中，芯片是飞腾，终端和服务器整机平台是长城电脑，网络设备是中国软件（迈普通信），操作系统是中国软件（中标软件和麒麟），数据库是中国软件（武汉达梦），系统集成是中国软件（特一级资质）。此外，在系统布局自主可控方面实力较强的单位还包括中国电科（CETC）、紫光集团、浪潮集团、中科院等。

（二）大数据软件

数据和应用将加速大数据软件产品创新。数据的采集是数据处理的基础，大数据时代，传统的结构化数据将不再成为大数据中重点关注的内容，大量存在的非结构化数据和半结构化数据带来的技术和应用问题将成为大数据软件创新的重要动力。同时，不同行业对大数据应用的需求也不尽相同，数据的分析手段、可视化方式均有所区别，因此符合实际应用需求的价值获取将是未来大数据软件关注的重点。因此，多样类型的数据分析、复杂的数据组合、多源的数据融合、面向不同行业的大数据解决方案等问题将成为大数据软件创新的重要聚焦点。

中小型企业将成为大数据软件发展的重要力量。大数据市场正呈现多样化、定制化发展趋势，各类企业特别是中小企业将成为市场的主力。一方面，大数据技术的开源特征和企业级计算能力的开放使得大数据分析的技术门槛逐步降低；另一方面，应用需求的多样化使得定制化服务成为主流，小型企业能够获得更多的市场发展空间。因此，很多大数据创业企业均是针对特定领域提供多样化、定制化的服务方案。

大数据软件产业将进一步壮大。国内龙头企业面向大数据新需求，积极推出新产品和新服务，一批新兴的专业化大数据企业崛起，数据清洗加工、数据交易、数据分析即服务等新业态新产品不断涌现，基于大数据的创新创业日趋活跃，大数据软件也已成为社会资本投资的热点，在各方面利好形势推动下，未来几年，大数据软件产业将快速发展，成为软件产业的重点领域。

（三）大数据服务

大数据服务产业规模将持续提升。随着大数据底层技术的加快成熟和大数据软硬件基础环节的不断夯实，面向行业应用的大数据服务将成为未来大数据产业发展的主攻方向。从资源要素来看，随着全国各地大数据中心发展格局基本定型，聚焦大数据应用的数据资源汇集能力得到大幅提升，同时，大量的数据开放平台和交易服务不断涌现，为数据的流通提供了有效的途径，基于此，聚焦于大数据服务的企业在数据资源汇集中的障碍逐渐减少。此外，随着大数据技术和理念被众多的行业所接受，支撑各行各业大数据服务发展的产业政策体系将更加完善，引导行业大数据服务健康发展。预计 2017 年，大数据服务整体产业规模将保持较高速度的增长态势，成为推动大数据产业规模提升的主要细分方向。

产业发展重点方向呈现双向性特征。大数据服务产业所含领域较多，如围绕大数据产业链服务环节的通用型大数据服务、支撑大数据产业发展的关联环节（大数据教育、大数据交易等）以及面向重点行业应用的大数据服务。当前，支撑大数据产业发展的关联环节发展模式相对成熟，未来，大数据服务产业的重点方向将呈现出双向性特则：一是包括大数据清洗加工、价值挖掘、可视化等在内通用型大数据服务；二是面向重点行业应用场景的定制化大数据服务。预计2017年，在大数据清洗加工、价值挖掘、数据可视化等领域的大数据服务业态将更加成熟，同时，在金融、医疗、交通等信息化水平较高的行业应用，大数据服务的市场空间将持续扩大。

行业企业将成为新的生力军。大数据服务主体具有多样性，既有拥有软件核心技术的软件企业，也有在信息技术服务领域具有广阔的市场渠道的信息技术服务企业，也包括拥有大量数据资源的互联网企业以及在网络服务中占据主导地位的运营商等。随着大数据服务业发展模式与形态逐渐成熟，未来的大数据服务必将是与行业应用场景紧密结合的，具有定制化、服务化、灵活性等特点，其主要的服务业态将是行业解决方案的提供以及特定服务的定制开发。因此，随着大数据底层技术的开源开放，熟悉行业应用场景以及拥有丰富行业数据资源的行业企业将成为大数据产业发展的新的主体，从而推动大数据服务主体结构的不断调整与升级。预计2017年，将有更多的行业企业开始从事大数据服务业务，其中，在金融、物流、航天等行业领域有望率先培育发展大数据服务新主体。

（四）大数据安全

随着云计算、大数据、移动互联网、物联网等新一代信息技术的快速发展，对数据安全技术提出了更高要求，数据安全防护呈现从静态到动态、从确定性到智能化的需求转变，数据安全技术与人工智能深度融合，融合机器学习、数据解释、数据加密机自然语言理解的融合智能数据安全技术将逐步出现并持续发展。

大数据安全与人工智能技术融合进一步深化。人工智能技术与网络安全深度融合，当前国内大多数云安全平台已经采用了深度学习智能技术，基于大数据分析和人工智能的云安全平台能够实时地根据黑客攻击调整防护策略，平台本身具备了自我学习能力，通过对攻击数据的学习，形成动态的防御体系。2017 年 1 月，麻省理工学院研究出一个新型混杂系统，基于人工智能梳理数据，并将分析的异常行为提交给分析人员，能够检测出 85% 的攻击，提出通过人和人工智能的协同能够构建更为强大的网络安全体系。展望 2017 年，以大数据分析为基础的威胁情报分析和安全态势感知将成为应对未知威胁的重要途径，人工智能技术在大数据安全领域的应用将进一步成熟，安全智能化也将为改进信息集成和协同、风险和业务决策提供助力。

大数据安全产品平台化趋势明显，安全管理平台（SOC）成为重要的产品形态。安全管理平台（SOC）就是把网络设备、安全设备、系统设备的日志信息收集起来，通过 SOC 系统从全局的角度分析和处理安全问题，反映安全风险状况，并形成有效的安全事件处理决策，制订统一的处理流程规范，统一对安全事件进行响应和处理。随着大数据时代的来临，当前的安全管理平台已经从原先的以资产设备为核心、以业务系统为核心向以数据为核心转变，依托原有的基于规则的关联分析，再充分利用更加丰富的情境数据（漏洞、情报、身份、资产等信息）进行情境关联，借助行为分析、机器学习、数据挖掘等技术来做到感知未知，构建起以数据为核心的安全管理体系，强调更加主动、智能地对网络安全进行管理和运营。

后 记

《2016—2017年中国大数据产业发展蓝皮书》由赛迪智库软件产业研究所编撰完成，力求为中央及各级地方政府、相关企业及研究人员把握产业发展脉络、研判大数据产业前沿趋势提供参考。

本书由樊会文担任主编，潘文、韩健统稿。全书共计30万多字，主要分为综合篇、行业篇、应用篇、区域篇、企业篇、政策篇、热点篇和展望篇八个部分，各篇章撰写人员如下：

综合篇：潘文、陈光；行业篇和企业篇：韩健、陈光、蒲松涛；应用篇：王宇霞、刘倩、薛栋；区域篇：吕海霞、杨婉云、王宇霞、刘倩、薛栋；展望篇：潘文、韩健、蒲松涛、陈光；政策篇：钟新龙、石健；热点篇：钟新龙、石健。在研究和编写过程中，本书得到了工业和信息化部信息化和软件服务业司领导以及行业协会等专家的大力支持和指导，在此一并表示诚挚的感谢。

本书虽经过研究人员和专家的严谨思考和不懈努力，但由于能力和水平所限，疏漏和不足之处在所难免，敬请广大读者和专家批评指正。同时，希望本书的出版，能为我国大数据产业管理工作和相关产业的健康发展提供有力支撑。

赛迪智库
面向政府 服务决策

思想，还是思想
才使我们与众不同

《赛迪专报》
《赛迪译丛》
《赛迪智库·软科学》
《赛迪智库·国际观察》
《赛迪智库·前瞻》
《赛迪智库·视点》
《赛迪智库·动向》
《赛迪智库·案例》
《赛迪智库·数据》
《智说新论》
《书说新语》
《两化融合研究》
《互联网研究》
《网络空间研究》
《电子信息产业研究》
《软件与信息服务研究》
《工业和信息化研究》
《工业经济研究》
《工业科技研究》
《世界工业研究》
《原材料工业研究》
《财经研究》
《装备工业研究》
《消费品工业研究》
《工业节能与环保研究》
《安全产业研究》
《产业政策研究》
《中小企业研究》
《无线电管理研究》
《集成电路研究》
《政策法规研究》
《军民结合研究》

编 辑 部：赛迪工业和信息化研究院
通讯地址：北京市海淀区万寿路27号院8号楼12层
邮政编码：100846
联 系 人：刘 颖　董 凯
联系电话：010-68200552 13701304215
010-68207922 18701325686
传　　真：0086-10-68209616
网　　址：www.ccidwise.com
电子邮件：liuying@ccidthinktank.com

编 辑 部：赛迪工业和信息化研究院
通讯地址：北京市海淀区万寿路27号院8号楼12层
邮政编码：100846
联 系 人：刘 颖　董 凯
联系电话：010-68200552 13701304215
　　　　　010-68207922 18701325686
传　　真：0086-10-68209616
网　　址：www.ccidwise.com
电子邮件：liuying@ccidthinktank.com